D1806195

ISBN 978-0-364-24746-4
PIBN 10995764

alästina ahrbuch

des

Deutschen evangelischen Instituts für Altertumswissenschaft des heiligen Landes zu Jerusalem

Im Auftrage des Stiftungsvorstandes

herausgegeben von

Prof. D. Dr. Gustaf Dalman

Dritter Jahrgang

Mit 2 Textskizzen, 5 Tafeln, 1 Plan und 1 Karte in Steindruck

Berlin 1907

Ernst Siegfried Mittler und Sohn, Königliche Hofbuchhandlung

Kochstraße 68–71

Richard Hartmann
1907.

Palästinajahrbuch

des

Deutschen evangelischen Instituts für Altertumswissenschaft des heiligen Landes zu Jerusalem

---

Im Auftrage des Stiftungsvorstandes

herausgegeben von

Prof. D. Dr. Gustaf Dalman

Dritter Jahrgang

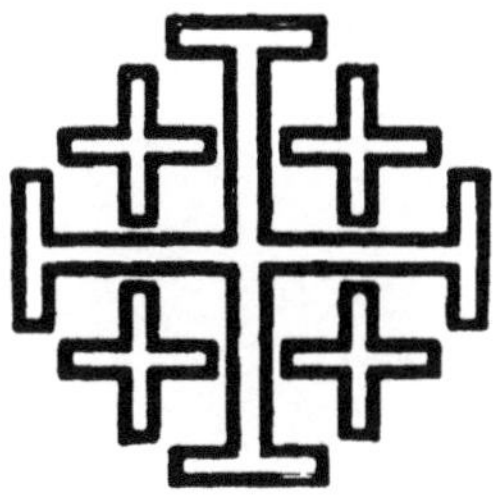

Mit 2 Textskizzen, 5 Tafeln, 1 Plan und 1 Karte in Steindruck

---

Berlin 1907
Ernst Siegfried Mittler und Sohn
Königliche Hofbuchhandlung
Kochstraße 68—71

Inhaltsverzeichnis.

Abbildungen.

und die [illegible] Kuppel über der auf dem Dache leicht zu erkennenden Vierung, unter dem [illegible] Ende des [illegible] die [illegible] mit dem Doppel[illegible] [illegible] die Kuppel des Aufgangs zu Golgotha und das [illegible] des [illegible], [illegible] über ihm die beiden kleinen [illegible] in [illegible] das [illegible] des [illegible], auf dem [illegible] des [illegible] die [illegible] Kuppel über dem leeren Raum oberhalb [illegible] und die [illegible] Kuppel des [illegible] zu [illegible]. Am rechten Ende des [illegible] die [illegible] einheitliche platte [illegible] des [illegible] des [illegible] und ihrer Anbauten, dahinter das [illegible] das Dach der [illegible] [illegible]. — Aufnahme von Bruno Hentschel, Kunstverlag, Leipzig.

Taf. 2. 1. [illegible] im Innern des Kreuzganges der Domherren [illegible] Kapelle. — Aufnahme von G. Dalman.

2. [illegible] — Aufnahme von G. Dalman.

3. [illegible] des Kreuzganges [illegible] der nordwestlichen [illegible] der Kirche. — Aufnahme von G. Dalman.

Taf. 3. [illegible] im Hintergrund ein Teil der [illegible] — Aufnahme der Amerikanischen Kolonie, Jerusalem.

Taf. 4. 1. [illegible] nördlich vom Anfang des [illegible] — Aufnahme von Dr. Jeremias.

2. [illegible] — Aufnahme von K. Zickermann.

3. [illegible] — Aufnahme von Dr. Jeremias.

Taf. 5. 1. [illegible] — Aufnahme von Dr. Jeremias.

2. [illegible] — Aufnahme von Ritter v. Je[illegible]

3. [illegible] — Aufnahme von K. Forder.

[illegible] Von G. Dalman.

[illegible] Von G. Dalman.

Im Text.

Berichtigung zu Jahrgang II.

[illegible] — S. 75 [illegible] — [illegible] [illegible] zu [illegible]. S. 12 [illegible] — [illegible] wird der [illegible]

— — —

I.

Jahresbericht

des Deutschen evangelischen Instituts für Altertumswissenschaft des heiligen Landes

für das

Arbeitsjahr 1906/07,

abgestattet

vom derz. Vorsteher Professor D. Dr. Dalman

im Mai 1907.

Seit einem Jahrzehnt ist das heilige Land erkennbar mehr als seit langem Gegenstand allgemeiner Teilnahme geworden. Es wird von Touristen in jährlich steigendem Maße aufgesucht, und die Zahl der frommen Pilger römischen und griechischen Bekenntnisses wächst. Die Juden ziehen nach dem Lande ihrer Väter. Die Tätigkeit der drei wissenschaftlichen Anstalten Palästinas, der École Biblique der Dominikaner, des Amerikanischen Archäologischen Instituts und des unsern, die Ausgrabungsarbeiten des Deutschen Palästina-Vereins, der Deutschen Orientgesellschaft, des Palestine Exploration Fund und Professor Sellins bezeugen, daß auch für die Erforschung des heiligen Landes neuer Eifer erwacht ist, der notwendig dem besseren Verständnis der heiligen Schrift zugute kommen muß und schon begonnen hat, helles Licht in Gebiete und Epochen zu werfen, von denen bisher jede klare Vorstellung fehlte.

Unser deutsches Institut hat zu allererst die Aufgabe, den ihm von den deutschen evangelischen Landeskirchen zugesandten Mitgliedern das heilige Land nach dem jetzigen Stande der ihm geltenden Wissenschaft zu zeigen und zu erklären. Aber es vermöchte dies nicht, wenn die an ihm arbeitenden Männer nicht selbst in der Arbeit der Palästinaforschung mitten drin stünden. Diese kann nicht in bloßen Buchstudien bestehen, obwohl hier wie in jeder anderen Wissenschaft die Anknüpfung an das früher Geleistete unerläßlich ist. Vielmehr muß das Land, seine Natur, seine Altertümer, seine Sitte beständiger Gegenstand sorgsamer Beobachtung sein mit dem Zweck, der wissenschaftlichen Arbeit neuen Stoff zuzuführen. Die Ausflüge und Reisen des Instituts wären verfehlt, wenn sie nicht auch in dieser Richtung Ergebnisse lieferten. Sie können deshalb unmöglich darin bestehen, daß lediglich in bequemer Gemächlichkeit die Pilgerstraße entlang gezogen wird, sondern — unbeschadet der notwendigen Berührung der für die heilige Geschichte wichtigsten Punkte — müssen immer wieder neue Wege eingeschlagen, neue Ziele gesteckt werden, damit grade auch das nicht von allen Gekannte Gegenstand der Untersuchung werde. Geschähe dies nicht, so würde unser Institut für den Fortschritt der Altertumswissenschaft des heiligen Landes eine Null sein, aber auch seiner Lehraufgabe nicht gerecht werden können. — Wir sind bemüht gewesen, auch in diesem Jahre der dem Institut gestellten Aufgabe nachzukommen. Aber auch der Stolz der deutschen evangelischen Kirche, welche durch die Gründung des Instituts in den Wettbewerb der Palästinaforschung eingetreten ist, kann nicht zulassen, daß hier jemals Stagnation eintrete, sondern fordert von allen im Institut Arbeitenden die ernsten Leistungen, ohne welche es der heimatlichen Kirche die Früchte nicht tragen würde, welche von ihm erwartet werden dürfen.

1. Mitarbeiter und Mitglieder.

Von Schleswig-Holstein wurde als diesjähriger Mitarbeiter in das Institut entsandt Lic. Dr. Greßmann, Privatdozent an der Universität Kiel. Er langte im Oktober 1906 in Jerusalem an und verließ Palästina Ende April 1907 nach hingebender und erfolgreicher Tätigkeit im Interesse des Instituts, für die wir ihm Dank wissen.

Als Mitglieder wurden entsandt

von Preußen, ältere Provinzen:

Pfarrer Lic. Dr. Böhmer aus Raben bei Wiesenburg, Mark,
Kadettenhauspfarrer Hagemeyer aus Naumburg a. S.,
Pfarrer Lic. Lettau aus Kietzig bei Stargard,
Oberlehrer Dr. Rothstein aus Friedenau bei Berlin;

von Preußen, neuere Provinzen:

Pastor Brederek aus Breklum;

von Mecklenburg-Schwerin:

Pfarrer Lic. Appel aus Kastorf.

Auf eigene Kosten beteiligten sich an der großen Reise des Instituts Vikar Gottlob Faber und stud. theol. Wilhelm Faber aus Württemberg.

2. Vorlesungen und Vorträge.

Die Vorlesungen des diesjährigen Lehrkurses im Februar und März 1907 galten folgenden Gegenständen:

1. Topographie von Jerusalem und Umgebung, Professor Dalman, Dienstag und Freitag 5—6 Uhr.
2. Die Resultate der Ausgrabungen in Palästina, Lic. Dr. Greßmann, Montag und Donnerstag 5—6 Uhr.
3. Sitte der Bauern und Beduinen Palästinas, Professor Dalman, Montag und Donnerstag 6—7 Uhr.

4. Lektüre des „Palästinischen Diwan" als Ergänzung zur ethnologischen Vorlesung, Professor Dalman, Dienstag und Freitag 6—7 Uhr.

Öffentliche Vorträge wurden im Hause des Instituts über folgende Themata gehalten:

am 11. März: Der Felsendom in Jerusalem, Lic. Dr. Greßmann,

am 18. März: Die heilige Schrift und die theologische Wissenschaft, Pfarrer Lic. Dr. Böhmer,

am 25. März: Die Stätten des Todes und der Auferstehung Jesu, Pfarrer Lic. Appel,

am 30. März: Die Grabeskirche in Jerusalem, Professor Dalman.

3. Die Arbeit im Institut.

Dieses Jahr war den Mitgliedern die Aufgabe gestellt worden, den Anfang zu machen mit einer vollständigen Aufnahme der Nekropole von Jerusalem. Steinbrucharbeiten und die Ausdehnung der Stadt bedrohen wesentliche Teile derselben mit dem Untergang. Es durfte deshalb mit der Verzeichnung nicht gezögert werden. Auch war wünschenswert, eine Übersicht zu besitzen, in welche später neu auftauchende Einzelheiten eingereiht werden können. Mitarbeiter und Mitglieder des Instituts haben jetzt zunächst den Norden Jerusalems beschrieben. Es handelte sich dabei um das Gebiet, welches von wādi umm el-ʿamad südlich vom Dorfe schaʿfāṭ bis zur Nordmauer Jerusalems und von der Ölbergskette im Osten bis zum Höhenzuge der ḥaṣāḥiṣ im Westen sich ausdehnt. Jedes Mitglied hatte einen bestimmten Teil des Gebietes übernommen und Herr Lic. Dr. Greßmann außerdem die Redaktion sämtlicher Arbeiten und die Sammlung des hierher gehörenden literarischen Stoffes. Eine Vorlesung Professor Dalmans und ein Rundgang durch das Forschungsgebiet hatten die Aufgabe, in Art und Ziel der Arbeit einzuführen.

Herr Lic. Dr. Böhmer hat sich außerdem mit den modernen Friedhöfen der Moslems bei Jerusalem befaßt. Herr Lic. Appel widmete eingehende Studien der Frage nach der Echtheit des Golgotha und des heiligen Grabes der Tradition, deren Resultat er in dem obengenannten Vortrage öffentlich vortrug.

4. Die literarische Tätigkeit.

Als „Studien aus dem Deutschen evangelischen archäologischen Institut in Jerusalem" Nr. 10—12 ist in der Zeitschrift des Deutschen Palästina-Vereins, Jahrgang XXIX erschienen:

Professor Dalman, Das phönizische Grab und der Messiasthron bei mērōn, S. 195—199.

—, Das Löwenbild an der Felsenburg des wādi el-ḥamām, S. 199—201.

—, Das Stierbild und andere Skulpturen aus er-rummān, S. 201—203.

Ebendaselbst ohne obige Bezeichnung:

Fenner, Die Ortslage von Bethanien, S. 151—177.

Sonst ist zu nennen:

Dalman, Nochmals Milch und Honig, Mitteilungen und Nachrichten des Deutschen Palästina-Vereins 1906, S. 81—83.

Volz, Ein heutiger Passahabend, Zeitschrift für neutestamentliche Wissenschaft 1906, S. 247—251.

Eberhard, Jüdische Heiligtumsstätten in Obergaliläa, Der alte Glaube 1906, Sp. 991—96, 1016—20.

—, Die Arbeit der deutschen Katholiken im heiligen Lande, Die Reformation 1906, S. 265—267, 295 f.

Fr. Jeremias, Nibiru-maʿ(a)bārā-ʿabar, Orientalische Literatur-Zeitung 1907, Sp. 53—64.

—, Die Osterfeier am heiligen Grab in Jerusalem, Das Pfarrhaus 1907, S. 51—53.

—, Ein mohammedanisches Volksfest, Die Reformation 1907, S. 184—188.

Eckardt, Zickermann, Fenner, Palästinensische Kulturbilder (260 S. mit 64 Illustrationen), Leipzig, Georg Wigand, 1907. Mk. 5,50.

5. Ausflüge und Reisen.[1]

Die sonnabendlichen Tagesausflüge führten meist zu schon öfters besuchten Zielen. Der tell bei dēr diwān (das biblische Ai), die byzantinische Kirchenruine burdsch bētīn (Bethel) und die öfters, aber irrtümlich für einen Steinkreis ausgegebene Felsengruppe nördlich von bētīn wurden zuerst aufgesucht (2. Februar). Eine Woche später (9. Februar) besahen wir ed-dschīb (Gibeon), seinen Treppenbrunnen und seine Kirchenruine, das schwerlich mit Recht meist für Mizpa gehaltene en-nebi samwīl mit seiner Kreuzfahrerkirche, und das für Emmaus ausgegebene el-ḳubēbe mit seiner schön aufblühenden Niederlassung der deutschen Katholiken. Am 16. Februar wurden im wādi eṣ-ṣwēniṭ die berühmten historischen Pässe beschaut, am 23. Februar südwärts an der Grenze der Wüste chirbet teḳuʿ (Tekoa), die Heimat des Propheten Amos, mit ihrem Taufstein, und auf dschebel ferdēs das in die Bergspitze gebettete Kastell des großen Herodes, am 2. März das romantische Kloster des heiligen Sabas und

[1] Die Ortsnamen entnehme ich stets dem Munde der Anwohner, nicht den Karten. — Zur Orientierung diene die dem Jahrbuch beigegebene Karte.

die unvergleichliche Aussicht über das Tote Meer von el-munṭār. Liebliche Bilder judäischer Landschaft zeigten im Südwesten am 9. März ḳarjet es-sa'ide mit seinem Eichenhain und dem alten Anwesen des „Diakonos Marinos", der Philippusbrunnen nicht fern von chirbet el-jehūd (Bettir) und das olivenreiche bēdschāla. Auf dem Rückwege wurde vermessen die einzigartige Grabanlage von chirbet el-chamīs, in welcher die Steintür des Grabes und die Verschlußplatten der numerierten Kammern erhalten sind. Am 16. März fuhren wir zu Wagen über el-ḳerje (Kirjath Jearim) nach tell dschezer (Geser), wo Prof. Macalister seine Ausgrabungen im Gebiet der uralten Stadt zeigte. Der letzte Ausflug am 23. März galt dem 'anāta (Anathot) Jeremia's und der Laura des wādi fāra im Nordosten.

Aus Rücksicht auf das Osterfest wurde die diesjährige große Reise des Instituts erst am 2. April angetreten. Wir vollendeten sie in 22 Tagen bei sehr günstigem Wetter. Die in dieser Zeit unvermeidlichen heißen Ostwindtage blieben zwar nicht aus; aber gerade in der Niederung der Jordansenke, wo man Grund hat, sie zu fürchten, verschonten sie uns, so daß von ernstlicher Erschwerung des Reiselebens nicht die Rede war.

Durch bekanntes Gebiet führte zunächst der Weg über dschifna nach el-lubban, wo wegen Überfüllung des gewöhnlichen Zeltplatzes bei der Quelle das Lager diesmal in der Höhe nahe dem Dorfe aufgeschlagen wurde (Nachtquartier I). Unterwegs erregte bei der Ruine dschāmi' es-sittīn in sēlūn (Silo) unsre Aufmerksamkeit der Türsturz, in dessen Mitte eine Vase abgebildet ist, die links und rechts Lorbeerkränze und gehörnte Altäre umgeben. Offenbar hat sich hier — an der mutmaßlichen Stätte des alten Heiligtums Elis — ein heidnischer Tempel befunden. Am nächsten Tage wurde vor nāblus (Sichem) die von den Griechen im Vorjahre ausgegrabene Ruine der Kreuzfahrerkirche über dem Jakobsbrunnen skizziert, dann direkt von da steil zur Spitze des Garizzimberges hinaufgestiegen, wo wir auf der Felsplatte des alten Tempels der Samaritaner und auf der Stätte ihres jetzigen Passahopfers standen. In sebasṭie (Samaria) (Nachtquartier II) wurde früher Versäumtes nachgeholt[1], indem die Peristyle am Ostende und auf der Nordseite des Stadthügels näher untersucht wurden. Es ergab sich, daß bei dem ersteren noch acht Säulen stehen, von denen sechs zu einer Reihe von zwölfen gehören, welche die westliche Langseite des Tempels bildete. Die übrigen zwei Säulen gehören beiden Giebelseiten an, die wohl Reihen von sechs Säulen hatten. Eine Reihe von sieben kleineren Säulen auf der Ostseite dürfte dem Hofe des von

[1] Vgl. Palästinajahrbuch II, S. 40 f. Die dortigen Angaben sind durch das hier Gesagte zu berichtigen.

Norden nach Süden gerichteten Heiligtums angehört haben. Ebenfalls nordsüdlich ist gerichtet das größere nördliche Peristyl. Hier stehen auf der Nordseite acht Säulen von früheren einundzwanzig, im Westen acht, im Osten zwei von früheren achtundsechzig, im Süden keine.[1] Das Südende ist durch vom Berge heruntergewaschenes Erdreich verschüttet, weshalb die Längsseiten sich möglicherweise noch über die genannte Säulenzahl nach Süden ausdehnten. Die Anlage möchte ich jetzt für einen Marktplatz halten, ein Gegenstück zu der Marktstraße auf der Südseite des Stadthügels.

Von sebasṭie aus nahmen wir diesmal den Weg über das Dorf burḳa, des man sonst rechts liegen läßt, und stiegen hinauf zu dem Heiligengrab ḳbāb eḍ-ḍhūr, wo, wie man uns in burḳa versicherte, die zehn Töchter Jakobs (benāt jaʿḳūb el-ʿaschara) ihre letzte Ruhe gefunden haben.[2] Bemerkenswerter als das Grabgebäude war die dort gebotene entzückende Fernsicht vom Mittelmeer bis zum Hermon. Eine alte Heerstraße führte in der Landschaft belād esch-schaʿrāwīje durch wādi deʿūḳ nach der Ebene von ʿarrābe und den beiden Brunnen (bijār el-ḥafīre) am Fuße des tell dōtān. An dem durch die Erinnerung an Josef und Elisa geweihten Platz nahmen wir unter blühenden Mandelbäumen unser Mittagsmahl und zogen dann an ḳubāṭie vorüber nach wādi belʿame und weiter nach dschenīn (Nachtquartier III). Der Weg war bedeutsam, denn er bewies, daß das scheinbar abseits liegende Dotan den Zusammenlauf zweier Wege beherrschte. Beide führen vom wādi belʿame nach dem wādi deʿūḳ, dem Passe einer wichtigen Straße nach Samaria, der eine durch den im Frühjahr schwer gangbaren Ostteil der Ebene von ʿarrābe, der andere durch das trockene wādi el-ḥafīre über die Höhen südlich des wādi belʿame in dasselbe hinab, grade da, wo gegenüber auf der Höhe das alte Jibleam gelegen hat.[3] Das letztere wurde diesmal eingehend gewürdigt. Es war einst auf seiner Bergplatte zwischen zwei steilwandigen Nebentälern des wādi belʿame, auch nach Norden zu durch eine Bodensenkung geschützt, eine starke und ihrer Ausdehnung nach (250 zu 390 Schritt) nicht unbedeutende Stadt,[4] die erste in der Reihe uralter Ortslagen, welche sich südlich von der Ebene Jesreel hinzieht und im tell ʿamr bei el-ḥāriṯīje ihren westlichen Abschluß findet.

---

[1] Die Entfernung von Säulenmitte zu Säulenmitte beträgt 3,15 m Das ergibt einen Platz von 63 m Breite und wenigstens 211 m Länge.

[2] Andere Meinungen über das Grabheiligtum s. Palästinajahrbuch II, S. 32; andere Stätten, an denen die Tradition der Töchter Jakobs haftet, Palästinajahrbuch I, S. 82, 92, wo ihr Grab bei der nach ihnen benannten Brücke nachzutragen wäre.

[3] Durch das hier Ausgeführte ist Palästinajahrbuch II, S. 29 f. zu ergänzen.

[4] Ihr Wasser fand sie unten im Tal in der dort wenig unterhalb entspringenden starken Quelle.

Zu: Palästinajahrbuch III.

Der Wunsch, den Spuren der Ausgrabungen von Dr. Schumacher und Prof. Sellin nachzugehen, führte uns von dschenîn durch die Landschaft belâd ḥârṭe zunächst nach den Trümmerhügeln der Städte Taanach (ta'annak) und Megiddo (tell el-mutesellim). Wir überzeugten uns aufs neue, wie wenig gesichert die Deutung gewisser Punkte als gottesdienstlicher Stätten ist und daß die kulturhistorischen Resultate der Ausgrabungen die religionsgeschichtlichen überwiegen. In romantischer Einsamkeit lag über den Sümpfen der Ebene unser Zeltplatz am Fuße des tell ḳêmûn (Nachtquartier IV), von dem aus der hervorragendste, wenn auch nicht absolut höchste Gipfel des östlichen Karmel bestiegen wurde, welchen kirchliche Tradition als die Stätte des Eliaopfers (el-muḥraḳa) bezeichnet. Man muß der Wahl der Tradition beistimmen. Der Kison, der erst hier zum perennierenden Bache wird, tritt in dieser Gegend an den Fuß des Gebirges heran. Die Ostspitze des Karmel empfiehlt sich außerdem durch die Beziehung der Erzählung auf Jesreel und das israelitische Land. Nicht das Karmelheiligtum der Seefahrer und Küstenbewohner, sondern Israels, war der Mittelpunkt jener Geschichte. Zu ihr stimmt auch, daß die Aussicht über das Meer keine allseitige und selbstverständliche ist, aber gerade nach Westen zu einen großen Teil der Mittelmeerküste umfaßt.

Der Eichenwald von el-ḥâriṯije, der Heimat Siseras, an der Fahrstraße nach Nazareth, über dem die waldige Kette des Karmel aufsteigt, versetzte eine Weile in thüringische Frühlingslandschaft. In Nazareth (Nachtquartier V) beschäftigte die Frage nach der Lage der alten Ortschaft. Ein jetzt bebauter Hügel auf der Südseite des Tals scheint sich dafür anzubieten. Aber ein alter Nazaretaner versicherte, daß man dort vor der Bebauung keinerlei Trümmer sähe. Reste alter Bauwerke fänden sich nur auf der Nordseite des Tals zwischen dem Marienbrunnen und der Verkündigungskirche. Nur sei das Tal ursprünglich tiefer gewesen. Das alte Nazareth war also wirklich eine die Straße entlang laufende Hangsiedelung und konnte nie ein fester Platz sein.

Über den Tabor, dessen Aussicht durch starken Höhendunst beeinträchtigt wurde, erreichten wir Tiberias (Nachtquartier VI, VII), wo wir das Zeltlager nahe den heißen Quellen aufschlugen. Ein den Pferden hier gegönnter Ruhetag gab Zeit zu einer Bootfahrt nach tell ḥûm (Kapernaum), bei welchem die Beduinen das Grab von naḥûm zeigen, was für die Identifikation der Ortslage wichtig ist. Pater Wendelin machte uns hier auf einen älteren Bau aufmerksam, an dessen Stelle das skulpturenreiche Bauwerk trat, welches man meist als die vom „Hauptmann" gebaute Synagoge betrachtet. Rätsel gibt auf ein Türsturz, auf welchem ein heiliger Wagen abgebildet ist. Dieser hat die Form eines auf Rädern ruhenden Tempelchens mit fünf ionischen Pilastern auf der Seite, einer sich öffnenden Tür am Giebel und einem gewölbten Dache. Ein Gegenstück dazu soll noch im Boden verborgen liegen. Verwandt ist das Bild einer geöffneten Tür[1] zwischen Rosette und Palmzweig mit Zitrone, einem jüdischen Symbol, auf einem zweiten Türsturz. Am Nachmittag konnte der komplizierte Mauerlauf der mit Tiberias fortifikatorisch verbundenen Burg des Herodes Antipas festgestellt werden. Der Blick von dieser hohen Warte über den See wird nur durch den von dem alten Gamala (s. u.) übertroffen.

Am Wege nach ṣafad über ʿēn eṭ-ṭābṛa und ʿaḳbara wurde die Tarichäa-Frage[2] in Verbindung gebracht mit der Landzunge el-kūlije südlich von medschdel, welche den von Josephus gegebenen Voraussetzungen sehr wohl entsprechen würde. Unter anderem Gesichtspunkt bestiegen wir den tell el-ʿörēme bei ʿēn eṭ-ṭābṛa, wohl der ältesten Ortslage in dieser Gegend, an dem Punkte, wo die via maris und die von tell ḥūm kommende Straße[3] sich vereinigen. In ṣafad (Nachtquartier VIII, IX) war das Haus Maaß wie stets ein willkommener Ruhepunkt. Die geplante Besteigung des dschebel dschermaḳ vereitelte dunstiges Wetter, das aber erlaubte, die Gräber von mērōn und chirbet eschschamaʿ zu besuchen. Auf demselben Wege wie vor zwei Jahren ritten wir nach ḳadas (Kades), wo außer der Tempelruine moderne Bauernhäuser und ihre Backöfen genauer inspiziert wurden. Statt im obergaliläischen Hochland weiter entlang zu ziehen, stiegen wir von ḳadas nach der ḥūle-Niederung[4] hinab und zelteten bei der mit hohem Papyrus und Seerosen bestandenen Quelle ʿēn el-balāṭa (Nachtquartier X). Am nächsten Tage erregten im midrādsch el-ṛarbi, dem westlichen Uferlande des Sumpfes, die Papyrushütten und die Mattenfabrikation der ḥūle-Beduinen unsere Aufmerksamkeit. Wir überschritten die „Goldquelle“ bei

---

[1] Ich kenne das Motiv der sich öffnenden Tür von römischen Grabdenkmälern, jetzt auch von neuerdings bei Jerusalem gefundenen jüdischen Ossuarien.

[2] Vgl. Palästinajahrbuch I, S. 108.

[3] Die letztere verläßt vor dem Quellgebiet des Heptapegon die Küste und geht nördlich am tell vorüber. Die Felsenrinne südlich am tall ist ein Kanal (irrig Palästinajahrbuch I, S. 108) zur Bewässerung einer hochgelegenen Feldflur im Westen.

[4] Neu war mir, daß die Beduinen hier die Gewässer in folgender Weise benennen. Die Flüsse el-loddāni und abu frēch (sonst nahr bāṇiās genannt) bilden nach der Vereinigung mit el-ḥāsbāni den Fluß eṭ-ṭurra, der in den See birket el-wazz mündet. Südlich von ihm beginnt der Name esch-scherīʿa für den Wasserlauf, der sehr bald in baḥret el-ḥūle einläuft. Dies ist aber nur der große Papyrussumpf nördlich von der offenen Seefläche, welche baḥret el-chēṭ heißt.

el-chālṣa, den „Flohfluß“, den wild rauschenden ḥāṣbāni[1] und fanden eine schöne Mittagsrast im ehrwürdigen Hain des schēch izrēḳ am Mühlbach der leddān-Quelle[2] am tell el-ḳāḍi, dem mutmaßlichen Dan.

Alles bisher Geschaute übertraf in landschaftlicher Hinsicht bāniās-Caesarea Philippi (Nachtquartier XI) mit seinen alpinen Bächen zwischen einer Fülle von Grün (Eiche, Terebinthe, Ahorn, Pappel, Weide, Storax, Weißdorn, Lorbeer, wilde Feige). Das Zeltlager am Zusammenfluß des nahr es-sa'ār mit dem bāniās-Bache unter hohen Oliven war das schönstgelegene der ganzen Reise. Eine Hochzeit, bei welcher die bāniāsīje in gutmütigem Eifer uns alle ihre Tänze und auch das schon von Hieronymus zu Sach. 12, 3 erwähnte Steinheben vorführten, gab dem Abend einen originellen Inhalt. Die mittelalterliche Nimrodsburg, die imposanteste Ruine Palästinas, die wir am anderen Tage besuchten, bot wieder in anderer Richtung Einzigartiges. Über den Eichenhain des schēch oṯmān und chirbet ḥauārīṯ, die Ortschaft 'ēn ḳinje[3] rechts lassend, erreichten wir nach Überschreitung des nahr es-sa'ār den mehr birnen- als kreisförmigen Kratersee birket rān (Phiala), von dem aus wir nun in direkt südlicher Richtung die Landschaft dschōlān durchzogen. Die Ortschaften el-buḳa'ti, 'ēn ḥōr, manṣūra, el-ḳunēṭra (Nachtquartier XII), 'ēn ez-zuwān, mumesi, el-fizāra[4], el-chuschnīje, tell dschōchadār[5] (Nachtquartier XIII) bezeichneten unsern Weg über die eintönige Hochebene, deren mit Gänseblümchen, Ehrenpreis und Ranunkeln besäte Wiesen an die Heimat erinnerten. Das große Dolmenfeld an der Brücke über den ruḳḳād, einen Quellfluß des Jarmuk, und der imposante, 60 m hohe Wasserfall desselben Flusses, der hier et-tēm genannt wird, bildeten einen Wendepunkt, von dem ab wir eine südwestliche Richtung nahmen, um über chisfīn[6], dessen Antiquitäten wir uns zeigen ließen,

[1] Man unterscheidet hier die Brücken dschisr er-raddschar, deren Namen ich früher mit Unrecht beanstandete, und weiter südlich dschisr el-ḥāṣbāni, beide über dem ḥāṣbāni. Über den nahr ibrēṛīṯ führt dschisr aḥmad il-mūsa.

[2] Die eigentliche Quelle ist eine kleine Sumpflache am westlichen Abhang des tell im Pappelwäldchen, unterhalb deren am Fuße des Hügels der Fluß wie ein kleiner Teich hervortritt. Der unmittelbar von der Quelle kommende Mühlbach ist, wie mir der Besitzer des tell erzählte, eine neuere künstliche Anlage, was ich zu Nutz und Frommen späterer Forscher erwähne, weil er mich im Jahre 1900 täuschte.

[3] Palästinajahrbuch I, S. 91, irrig 'ēn er-riḥān, was aber nur eine Quelle in der Nähe der Ortschaft ist.

[4] Auf Schumachers Karte irrig östlich von dem tell gleichen Namens. Es liegt nordwestlich.

[5] Nicht schōchadār, wie Schumachers Karte angibt.

[6] Ein Stück Römerstraße war zwischen dschisr er-ruḳḳād und chisfīn unverkennbar, während nach Norden zu keine Römerstraße zu laufen schien.

nāb und el-ʿāl das am Westende des Plateaus gelegene fīḳ (Aphek) zu erreichen (Nachtquartier XIV). Die bedeutsame Lage des letzteren, in der es eine wichtige Straße nach Damaskus beherrscht, macht es in der Tat geeignet, für das Aphek der Syrerkriege Israels (1. Kön. 20, 26 ff., 2. Kön. 13, 17) zu gelten.[1] Noch eingehender vertieften wir uns in die wundersam auf schmalen Berggraten thronenden Ortslagen sūsie und ḳalʿat el-ḥöṣn (Hippos-Gamala),[2] von denen das letztere wie eine Königin auf den schönen See von Tiberias herabschaut. Ein Mittagsmahl unmittelbar am östlichen Seestrande unter dem Rauschen seiner Brandung schloß den dem nördlichen Palästina geltenden Teil unserer Reise.

Südlich von samach ritten wir diesmal auf der linken Seite des Jordan, überschritten den Jarmuk bei einer Stromschnelle auf einer siebenbogigen Brücke und gelangten so zu der Doppelbrücke dschisr el-medschāmiʿ (Nachtquartier XV). Auf der linken Jordanseite verharrend zogen wir durch üppige Felder den ġōr entlang und kreuzten nach dem wādi el-ʿarab vor dem Dorfe waḳḳās das wasserlose wādi il-iḳṣēb und hinter ihm, noch vor dem Bachtal wādi eṭ-ṭaijibe, eine wichtige, von Damaskus über eṭ-ṭaijibe nach bēsān führende Straße, welche bei der Furt mchāḍet schēch eḥsēn (seit 1906 mit Brücke dschisr schēch eḥsēn) den Jordan überschreitet. Weitere wasserführende Nebentäler des Jordan waren wādi zidschlāb mit Dorf ʿarāḳ rudschdān, wādi abu ziād mit chirbet merḳaʿ und wādi el-ḥamme mit der heißen Quelle ḥammām abu ḏabele. Südlich vom Tafelberge dschebel eṭ-ṭabaḳa bogen wir östlich ab und gelangten nach ṭabḳat fāḥil (gesprochen faḥl), dem alten Pella, am dschurm-Bache, wo indes die Reste der für die Geschichte des jungen Christentums bedeutsamen Stadt den Erwartungen nicht entsprachen. Den Spuren einer Römerstraße entlang stiegen wir nach dem Hochlande des ʿadschlūn hinauf, durchquerten dabei das wādi el-ḥamām, den Unterlauf des wādi eṣ-ṣāliḥ, sein Nebental is-slēkīje und die Mulde von en-nḳūb, und bewunderten in dem quellenlosen hochgelegenen kufr abīl (Nachtquartier XVI) den in Palästina ungewöhnlichen Horizont von Waldbergen, von deren Abhängen die Dörfer bēt īdis, kufr ʿawān, dschdēta, bāʿūn und ḥalāwa herüberschauen. Die Berge gehören zumeist zur Umgebung des wādi jābis und seiner Nebenzweige, in welchem gewiß mit Recht das „Jabes in Gilead" gesucht wird, bei welchem Saul seine

[1] Es liegt in der Tat am Rande der Ebene. Wer sich hier festgesetzt hatte, genoß den Vorteil, in der Ebene zu kämpfen, auf welche die Israeliten erst hinaufsteigen mußten, so daß sie auch dadurch im Nachteil waren.

[2] Vgl. Palästinajahrbuch I, S. 76 f.

erste Heldentat ausübte (1. Sam. 11). Unser Weg führte dann auch bei der Einmündung des wādi er-rummān in das wasserreiche Haupttal zu einer starken Ortslage, chirbet maḳlūb, deren strategische Bedeutung für das Wegenetz des Tales außer Zweifel steht. Es ist die einzige Ortslage im Zentrum des wādi jābis und darum vor allen anderen berechtigt, für das alte Jabes zu gelten. In bāʿūn besahen wir eine primitive Ölpresse und gelangten durch das wādi el-ʿalaḳa in das durch seinen Wald ausgezeichnete wādi meḥna, in dem man tatsächlich eine Weile im Schatten von Eichen dahinreitet. Sorgsame Untersuchung der Lage von chirbet meḥna und der auf einer Bergspitze ihm gegenüber liegenden chirbet umm ed-damūs ergab das Resultat, daß das alte Mahanaim, die Residenz Isboseths, hier nicht gelegen haben könne. chirbet izdib und mār eljās, die Heimat des Propheten Elia, die Burg ḳalʿat er-rabaḍ und das Dorf ʿadschlūn zu ihren Füßen blieben westlich von unserem weiteren Wege, der über ʿēn dschenne und sūf wieder durch Waldgebiet nach dscherasch (Nachtquartier XVII) führte.

In der Ruinenstadt Gerasa nahm uns diesmal besonders der Artemistempel in Anspruch, dessen Cella über einem zweigeschossigen Souterrain erbaut ist. Hier und anderwärts zeigte sich, daß die Arbeit Dr. Schumachers nur als eine Vorarbeit für eine wirkliche Aufnahme des palästinischen Pompeji gelten kann, die sich die klassischen Archäologen nicht entgehen lassen sollten.

Um nach ʿammān, dem alten Rabba der Ammoniter, zu gelangen, überschritten wir den nahr ez-zerḳa (Jabbok) und bogen von der Quelle von er-rummān (Nachtquartier XVIII) nach der Ebene el-buḳēʿa ab, an deren Rande chirbet ṣāfūṭ mit seiner Kirchenruine, dann das junge Tscherkessendorf eṣ-ṣuēlaḥ, und weiterhin chirbet idschbēha (Jogbeha, Ri. 8, 11) berührt wurden. Zwischen den beiden Theatern von ʿammān wurden unsere Zelte aufgeschlagen (Nachtquartier XIX). Hier, bei der „Wasserstadt" (2. Sam. 12, 27) von Rabba, trennte sich unsere Karawane. Zwei der Reisegenossen begaben sich mittels der bei ʿammān vorüberführenden Hedschaz-Bahn nach Damaskus, drei reisten auf derselben Bahn südwärts, um von maʿān aus Petra zu besuchen. Der Rest zog über das alte Schloß von ʿarāḳ el-emir und esch-schūne (Nachtquartier XX) bei tell nimrīn nach der Jordanbrücke am sēl nimrin, welche ein sonderbares Geschick auf der Karte von Fischer und Guthe, auch bei Baedeker und Brünnow, 3 Kilometer nordwärts verschlagen hat. Noch wurde die Taufstelle am Jordan, das Norduser des Toten Meeres und Jericho (Nachtquartier XXI) mit den Ausgrabungen Prof. Sellins besucht. Am 23. April war Jerusalem wieder erreicht. Nur fünf Tage später, am 28. April, verließen die Mitglieder des Instituts das heilige Land, wie wir hoffen, mit tiefen Eindrücken von seiner großen Natur und dem in sie eingewebten Netz zahlreicher Stätten seiner einzigartigen Geschichte.

Daß auch abgesehen von der offiziellen Tätigkeit des Instituts die Arbeit in demselben nicht geruht hat, beweisen zwei in diesem Jahr privatim ausgeführte Reisen nach Petra, welche der Vollendung von Arbeiten galten, die auf zwei früheren Reisen dort begonnen wurden. Vom 30. Oktober bis 23. November 1906 dauerte die erste Reise, vom 20. April bis 2. Mai 1907 die zweite. An der ersten Reise nahm neben dem Vorsteher der Mitarbeiter des Instituts teil, an der zweiten die beiden Herren Faber. Die Untersuchung galt in erster Linie den etwa 25 Opferhöhen, welche in Petra teilweise schon bekannt waren, teilweise vom Vorsteher neu entdeckt wurden, den einzigartigen Denkmälern eines der kanaanitischen Religion nahestehenden und in den Formen auch der Religion Israels verwandten Gottesdienstes. Unterwegs ließen sich im moabitischen und edomitischen Lande auch eine Anzahl topographischer Fragen fördern. Besonders erwähnt sei die Beachtung der Lage von ḏībān (Dibon), der moabitischen Hauptstadt, von bṣēra (Bosra), der Hauptstadt Edoms, und der für Sela vorgeschlagenen chirbet silʿ nahe dem letzteren. Eine größere Publikation über „Petra und seine Felsheiligtümer" soll den Hauptertrag der Petrareisen mitteilen.

6. Bibliothek und Museum.

Um etwa 96 Bände ist im vergangenen Jahre die Bibliothek gewachsen. Aus dem Nachlasse von Baurat Schick wurde eine Anzahl von Plänen erworben, die für die Topographie Jerusalems von Bedeutung sind. Die keramische Sammlung des Museums ist gewachsen durch die schon im Vorjahre erwähnte kleine Sammlung von Proben aus Megiddo (tell el-mutesellim), welche von Baurat Dr. Schumacher an uns verkauft wurde; dazu kamen Stücke aus Geser, Taanach, Megiddo, Petra, welche Prof. Dalman im Museum niederlegte, und eine Kollektion aus Jericho, welche Lic. Dr. Greßmann mit Erlaubnis Prof. Sellins uns übermachte. Sonst sei noch erwähnt ein steinerner Adlerkopf aus el-kerak, den der englische Missionsarzt Dr. Johnson aus el-kerak dem Institut schenkte, und ein Löwenkopf aus Petra, den wir im Frühjahr 1906 auf der Rückreise von da verloren und im Herbst wiederfanden. Für die ethnologische Sammlung erwarb ich in ḳadas einen Schnitterhandschuh und eine Sichel, am ḥūle einen verzierten Ochsenstachel.

II.

Vorträge und Arbeiten aus dem Institut.

Die Heilige Schrift
Neues Testament

1. Die Stätten der Kreuzigung und Auferstehung Christi.

Von Pfarrer Lic. H. Appel in Kastorf, Mecklenburg.

So oft wir von irgend einem Ereignis hören, machen wir uns auch ein Bild von demselben, suchen es uns plastisch zu vergegenwärtigen. Und hierbei kommt auch der Ort in Betracht, wo das Ereignis stattfand. Ist dem, der von einem Vorgange hört, der Ort bekannt, so wird es ihm leichter werden, sich das Geschehene zu vergegenwärtigen, er braucht dann gleichsam nur die handelnden Personen einzuzeichnen. Ist der Ort unbekannt, so sucht der Hörer sich doch von demselben eine möglichst genaue Vorstellung zu machen. Wir sind schlechterdings nicht imstande, uns ein Ereignis deutlich zu vergegenwärtigen, ohne nicht auch irgendwie die Örtlichkeit im Geiste zu fixieren. Und je wichtiger das Geschehnis ist, das wir vernehmen, je tiefer es einschneidet in unser Leben, um so lebhafter wird auch das Bedürfnis nach Bildung örtlicher Vorstellungen. Sie sind daher für uns auch besonders mit den heilsgeschichtlichen Ereignissen des Todes und der Auferstehung Christi verbunden. Wer wirklich zum Glauben an den Heiland gelangt ist, der begnügt sich nicht mit abstrakten Vorstellungen, sondern der geht nach Golgotha und stellt sich unter Jesu Kreuz, der wandert auch am Ostermorgen mit den Frauen hinaus zum Grabe und tritt mit ihnen in das Grab, hört im Grabe die Engelskunde und kommt aus dem Grabe hervor als ein Kind des Lebens. So ist dem lebendigen Glauben die Frage natürlich, wie sah die Kreuzigungsstätte wie sah das Grab aus, wenn auch gerade wiederum der lebendige Glaube weiß, daß die Kenntnis dieser Örtlichkeiten für seine Gewißheit keineswegs entscheidend ist. Dem Glauben ist die Kenntnis der Stätten, wo unser

Herr gestorben und auferstanden, etwas sehr Erwünschtes, aber etwas durchaus Entbehrliches. Von diesem Gesichtspunkte aus will die vorliegende Untersuchung über jene Orte verstanden werden.

Bei unserm Verlangen, eine möglichst genaue Kenntnis der Kreuzigungs- und Auferstehungsstätte zu gewinnen, sind wir insofern günstig gestellt, als die ersten Urkunden, durch die wir vom Tode und der Auferstehung Christi hören, uns auch den Ort der Kreuzigung und das heilige Grab beschreiben. Sämtliche vier Evangelien geben uns nach dieser Seite hin Aufschlüsse. Wir erfahren zunächst über die Kreuzigungsstätte, daß dieselbe außerhalb und zwar nahe der Stadt lag, Joh. 19, 17 und 20, vgl. auch Hebr. 13, 12, wo es heißt, daß Christus außerhalb des Tores litt. Weiter lag der Ort an einem Wege, denn Matth. 27, 39, Mark. 15, 29 ist von Leuten die Rede, welche vorübergingen. Nach denselben Stellen wird die Straße nahe gewesen sein, wenn doch jene Menschen den Herrn lästerten, indem sie ihn anriefen: „Errette Dich selbst" usw. So zu rufen wäre ja zwecklos gewesen, wenn der Herr die Worte nicht hätte vernehmen können. Sodann war die Stätte von weitem sichtbar. Denn nach Matth. 27, 55 haben die Frauen, welche dem Herrn von Galiläa nachgefolgt waren, aus der Ferne der Kreuzigung zugesehen. Endlich erfahren wir den Namen, Golgotha, und weil die Ortsbezeichnungen oft die Bedeutung oder Gestaltung einer Örtlichkeit zum Ausdruck bringen, so kann das auch hier der Fall sein, und der Name muß näher untersucht werden. Golgotha ist eine Verkürzung des aramäischen Golgoltha, was dem hebräischen Gulgoleth entspricht. Es bedeutet „der Schädel", nicht „die Stätte des Schädels". Zwar Matthäus übersetzt „die Stätte des Schädels" (27, 33), ebenso Markus (15, 22) und Johannes (19, 17). Aber der Genetiv ist appositionell gemeint, und die Wortverbindung soll nur bedeuten: der Ort, welcher Schädel heißt. Dies geht daraus hervor, daß Johannes in einem Relativsatze nicht den griechischen Ausdruck für Ort, sondern für Schädel wieder aufnimmt, und folgt vor allem aus Luk. 23, 33: „Als sie kamen an den Ort, der Schädel genannt wurde." Beachtet man, daß der Name Golgotha diesen Sinn hat, so fallen von vornherein zwei sehr verbreitete Ansichten über die Bedeutung des Ortes fort. Bei einer Reihe von Kirchenvätern wird zur Erklärung des Namens eine Überlieferung angeführt, nach der Adam auf Golgotha begraben sei. Origenes, der zuerst auf diese Tradition zurückgeht und sie als jüdische erwähnt, scheint noch empfunden zu haben, daß doch der Ausdruck Schädelstätte eine ungewöhnliche Bezeichnung für ein Grab sei. Er sagt deshalb, nachdem er die Adamstradition vorgetragen, Golgotha bedeute Haupt, und der Ort werde so genannt, weil sich das Haupt der Menschheit in der Auferstehung neu erhoben habe. Aber die späteren Kirchenväter Athanasius, Epiphanius, Basilius, Pseudo-Tertullian u. a. empfinden diese Schwierigkeit nicht mehr. Sie sagen, der Ort heiße Golgotha, weil Adam hier begraben liege. Wunderbar ist es, daß neuerdings nicht nur Mommert, sondern auch Wilson diese Erklärung akzeptiert. Wäre sie richtig, dann müßte die Stätte „Ort des Schädels" genannt sein. Und selbst wenn wir zugeben wollten, daß bei dieser Ortsbezeichnung ungenau verfahren sein könnte, so müßten wir Golgotha aus anderen Gründen als traditionelle heilige Stätte beanstanden. Denn wenn man hier offiziell das Grab Adams gefunden hätte, so würden die Juden den Pilatus gebeten haben, Jesum und die Schächer an einem anderen Orte kreuzigen zu lassen, und Pilatus wäre ihnen zu Willen gewesen, wie er ja gerade am Todestage Jesu mehrfach auf ihre religiösen Empfindungen Rücksicht nahm. Soweit uns bekannt, haben die Juden in älterer Zeit das Grab Adams nur in Hebron gesucht. Erst Maimonides verlegt es nach Jerusalem und zwar an die Stelle des Tempels. Es unterliegt keinem Zweifel, daß die Tradition, welche Adams Grab auf Golgotha sucht, ihren Ursprung in der christlichen Lehre vom zweiten Adam hat.

Man hat sodann aus dem Worte Golgotha geschlossen, der damit bezeichnete Ort sei eine öffentliche Richtstätte gewesen. Derselbe habe seine Benennung von den dort frei herumliegenden oder in eine bestimmte Felshöhle des Platzes geworfenen Schädeln gehabt. Diese Ansicht findet sich neben der obigen, daß Golgotha die Grabstätte Adams war, bei Hieronymus. Von ihm haben sie Beda Venerabilis u. a. akzeptiert. Aber auch sie wird durch die richtige sprachliche Erklärung des Ausdrucks Golgotha ausgeschlossen. Eine Richtstätte, auf der Schädel herumliegen, wird man nicht „den Schädel", sondern „Ort der Schädel" nennen, ganz abgesehen davon, daß die Juden wohl überhaupt keine bestimmten Richtstätten hatten, und daß sie die Leichen, wie das Beispiel Jesu und seiner Mitgekreuzigten zeigt, und wie wir das auch sonst wissen, vor Sonnenuntergang begruben. Eine andere Frage wäre es, ob nicht Golgotha doch schon hin und wieder als Richtstätte benutzt worden. Aber auch das scheint verneint werden zu müssen. In diesem Falle würde sich wohl kaum Joseph von Arimathia in so unmittelbarer Nähe des Ortes ein Grab haben herrichten lassen.

So ist die Kreuzigungsstätte Jesu, von der wir wissen, daß sie nahe dem Stadttore und nahe an einem Wege lag, jedenfalls weder eine heilige noch eine öffentliche Richtstätte gewesen. Keine von diesen beiden einander völlig widersprechenden Annahmen wird durch den Namen

Golgotha ermöglicht. Aber sollte dieser Name nicht doch noch irgendwie unsere Kenntnis der Kreuzigungsstätte fördern können? „Der Schädel" hieß der Ort. Ihn so zu nennen, hatte eigentlich nur einen Sinn, wenn die äußerliche Gestalt des Platzes bezeichnet werden sollte, wenn er in seinem Aussehen an einen Schädel erinnerte. Wir finden in der Tat bei allen Völkern die Gewohnheit, Bergkuppen oder Bergspitzen nach ihrer Ähnlichkeit mit menschlichen oder tierischen Formen zu benennen, und nicht selten begegnen uns Namen, welche auf die Ähnlichkeit mit einem Kopf hinweisen. So haben wir in Deutschland den Ochsenkopf, und die alten Griechen nannten eine Bergpartie die Hundsköpfe. Diese Gepflogenheit wird auch von den Orientalen geteilt. Bei den Syrern wird das mit Golgotha synonyme qarqaphtâ sogar appellativ in diesem Sinne gebraucht, und bei den Juden zur Zeit Jesu finden wir für den freien Platz vor der Antonia die Bezeichnung Gabbatha, was nach Dalman, Worte Jesu, S. 6, die Kahlheit am Vorderkopf ausdrückt. Es gibt nun dreierlei Möglichkeiten, weshalb die Kreuzigungsstätte Jesu ihres Aussehens halber als Golgotha bezeichnet sein könnte. Einmal kann Golgotha ein einzelner Hügel gewesen sein, der sich in auffallender Weise über seine Umgebung erhob, oder eine gewölbte Felskuppe, oder es kann der Ort einfach wegen des dort hervortretenden kahlen Felsgrundes so genannt sein, vgl. Gabbatha. Erstere Möglichkeit halte ich für ausgeschlossen. Zwar wir alle haben uns daran gewöhnt, von einem Hügel Golgotha zu sprechen auf Grund dessen, daß die traditionelle Kreuzigungsstätte in der Grabeskirche gegenüber ihrer Umgebung eine auffallende Erhöhung bildet, und weil unsere Voreltern Golgotha für eine öffentliche Richtstätte hielten und sich diese nicht anders als auf einem Berge vorstellen konnten. Aber wenn Golgotha wirklich ein Berg gewesen wäre, so würden die Evangelien auch von einem Berge und nicht von einem Orte Golgotha gesprochen haben. Andrerseits muß aber doch wohl eine höhere Lage für die Kreuzigungsstätte angenommen werden, da sie ja von weitem sichtbar war. Es ist jedenfalls nicht das Wahrscheinlichere, daß der Ort in einer Vertiefung lag, wo er ja dann allerdings auch von den umliegenden Höhen gesehen werden konnte. So dürfte es dem Tatbestand am meisten entsprechen, wenn man sich unter Golgotha eine größere mäßig hohe Felspartie denkt, die irgendwie mit einem Schädel Ähnlichkeit hatte.

Bedeutungsvoll für die Frage, welche Form Golgotha besaß, ist die andere, ob das heilige Grab noch dazu rechnete, also mit der Kreuzigungsstätte zugleich ein und demselben, Golgotha genannten, Terrain angehörte oder ein Ort für sich war. Hier hat wieder die jetzige Beschaffenheit der traditionellen Stätten unsere Vorstellungsweise in ungünstigem Sinne beeinflußt. Denn es gilt uns allgemein als selbstverständlich, daß Golgotha nur die Kreuzigungsstätte umfaßte. Und doch wird man durch eine genaue Prüfung des evangelischen Berichts zu einer entgegengesetzten Ansicht geführt. Die drei ersten und ältesten Evangelien sagen über die Lage des Grabes gar nichts aus. Bei Matthäus lesen wir 27, 59 f.: „Und Joseph von Arimathia kaufte seine Leinewand, nahm ihn ab, hüllte ihn in die Leinewand und setzte ihn bei in der Grabkammer, die in den Fels gehauen war.“ Fast wörtlich so lautet der Bericht des Markus. Auch Lukas redet von dem Felsengrabe, ohne mit einer Silbe zu erwähnen wo es lag. Das ist doch auffallend, nachdem die Kreuzigungsstätte mit Namen genannt war. So wird es wahrscheinlich, daß auch das Grab zu dem mit Golgotha bezeichneten Terrain gehörte. Und in dieser Annahme werden wir durch Johannes bestärkt. Joh. 19, 41 heißt es ausdrücklich: „Es war aber an dem Orte, wo er gekreuziget wurde, ein Garten und in dem Garten ein Grab.“ Bernhard Weiß in seinem Kommentar z. d. St. meint zwar, an dem Orte, wo stehe bei Joh. auch für in der Nähe des Ortes, wo und verweist dafür auf Joh. 5, 13 und 6, 10. Aber an diesen beiden Stellen läßt sich nichts von einem derartigen Sprachgebrauch entdecken. Vielmehr bezeichnet Johannes, wie 6, 23 zeigt, wenn er sagen will, daß etwas nahe bei einem Orte war, dies auch wirklich durch die Redewendung ἐγγὺς τοῦ τόπου. Und wenn zugegeben werden muß, daß das einfache ἐν τόπῳ, sobald die nähere Bestimmung zu ergänzen ist, bedeuten kann in der Nähe von, so liegt die Sache doch anders, falls der Ort näher bezeichnet wird, wie an unserer Stelle durch die Bestimmung wo er gekreuzigt wurde. Dann bleiben eben die Gedanken des Lesers oder Hörers auch an diesem bestimmten Orte haften. Nun könnte zwar Golgotha doch ein einzelner kleiner Berg gewesen sein, wenn das Grab am Fuße dieses Bergs in den Fels eingehauen gewesen wäre. Aber wir erfahren aus Johannes, daß es in einem Garten lag und der Garten auf Golgotha, und so ist es am wahrscheinlichsten, daß Golgotha ein umfangreicherer Platz war. Die genauere Entfernung des Grabes von der Kreuzigungsstelle wird von den Synoptikern nicht angegeben. Aber keiner von ihnen erwähnt auch den Transport der Leiche; es heißt immer nur, Joseph von Arimathia habe den Herrn vom Kreuze genommen und ins Grab gelegt. Daraus muß geschlossen werden, daß das Grab in größerer Nähe war. Johannes aber bemerkt ausdrücklich, das Grab sei nahe gewesen, 19, 42.

Wir haben uns nun bereits über die Lage des Grabes unterrichtet. Was sagen die Evangelien sonst über dasselbe? Wir hören, daß zu dem

Grabe eine Tür führte und diese durch einen Stein verschlossen war, Matth. 27, 60: 28, 2 usw. Es handelte sich also nicht um ein Senkgrab, sondern um eine Grabkammeranlage. Die Steine, welche zum Verschluß der Grabestüren dienten, waren entweder freiliegende oder Rollsteine. Der Rollstein lief in einem eigens für ihn hergerichteten schmalen Gange. Der Stein vor dem Grabe Jesu wird ein freiliegender gewesen sein, denn nach dem Bericht des Matthäus setzte sich der Engel auf denselben, 28, 2, was bei einem Rollstein nicht vorstellbar ist. Der Stein war sehr groß, Mark. 16, 4. Daraus läßt sich über die Höhe der Grabestür nichts schließen, da ja auch die Sicherung der Gräber die Auswahl des Steines mitbestimmte. Die Eingangstür führte nicht bei allen jüdischen Gräbern sogleich in eine für die Aufnahme von Leichen hergerichtete Kammer, sondern bei größeren Anlagen in einen Vorraum, von welchem aus man erst zu den eigentlichen Begräbnisstätten gelangte. Das Grab, in welches Jesus gelegt wurde, hatte keine solche Vorkammer. Denn nach Mark. 15, 47, Luk. 23, 55 sahen die vor dem Grabe sitzenden Frauen, wohin der Leichnam des Herrn gelegt wurde, was ihnen unmöglich gewesen wäre, wenn die Begräbnisstätte hinter oder zur Seite der ersten Kammer gelegen hätte, auch brauchen am Ostermorgen die Frauen und die Jünger nur in das Grab zu treten, um zu sehen, wohin man Jesum gelegt hatte, Mark. 16, 6, Luk. 24, 3, Joh. 20, 6, ja Johannes sieht schon die Leichenbinden liegen, als er sich nur in der Eingangstür bückt, Joh. 20, 5.

Wie sah nun die eigentliche Grabstätte des Herrn aus? Die Juden hatten zu jener Zeit Schiebegräber, kofferartige in die Wände eingemeißelte Räume, in welche man die Leichen hineinschob, dann Bankgräber oder Arcosolien, in den Seiten der Kammer ausgehauene Bänke, worauf man die Leichen legte. Seltener waren bewegliche, innerhalb der Kammer stehende Sarkophage. Da nach Joh. 20, 12 zwei Engel auf der Grabstätte sitzen, einer zu Häupten, wo er gelegen, und einer zu Füßen, so kann es sich nicht um ein Schiebegrab gehandelt haben. Auch ein Sarkophag ist ausgeschlossen. In diesem Falle würde nicht von einem τόπος geredet sein können, wo Jesus gelegen, Matth. 28, 6, Mark. 16, 6, sondern es wäre der Sarkophag näher bezeichnet. Bankgräber konnten nun geradeaus und rechts und links vom Eingang angebracht werden. Wahrscheinlich lag das Grab Christi auf der rechten Seite der Kammer. Nach dem Bericht des Markus (16, 6) saß ein Engel auf der rechten Seite und wies auf den Ort hin, wo Jesus gelegen. Da ist es doch am wahrscheinlichsten, daß der Engel sich an diesem Orte selbst befand und nicht ihm gegenüber oder zur Seite, auch darf man doch wohl diesen einen Engel in irgend einer Weise mit den beiden in Verbindung bringen, von denen es Joh. 20, 12 heißt, daß sie zu Füßen und zu Häupten des Ortes saßen, wo Jesus gelegen. Gab es in der Grabkammer noch mehr Begräbnisstätten als das Arcosolium Jesu? Es ist nicht unmöglich, daß die Begräbnisstätte Jesu die einzige war. Nach Matth. 27, 60, Luk. 23, 53 und Joh. 19, 41 war das Grab neu, und es hatte noch niemand darin gelegen. Vielleicht hatte man sich also damit begnügt, zunächst nur eine Begräbnisstätte herzustellen, oder man war erst zur Herstellung der einen gelangt. Unmöglich ist es auch nicht, die Aussage Matth. 27, 60: „Und er (Joseph von Arimathia) legte ihn in ein neues Grab", so zu verstehen, daß Joseph dies Grab für sich allein bestimmt hatte. Dann wäre auch natürlich nur ein Arcosolium nötig gewesen.

Vielfach hatten die jüdischen Gräber noch eine aus dem Fels gehauene Vorhalle (im Gegensatz zur Vorkammer) mit einer sehr breiten und hohen Eingangsöffnung. Eine solche kann auch das Grab Jesu gehabt haben, denn durch sie wurde die Aussicht auf die eigentliche Grabestür in keiner Weise gehindert.

Fassen wir nun die Aussagen der Evangelien noch einmal zusammen, so ergibt sich, daß die Kreuzigungsstätte vor der Stadt an einem Wege lag, daß sie kein durch die Tradition geheiligter Ort, aber auch keine Richtstätte war, daß sie wahrscheinlich zu einer größeren, wohl mäßig erhöhten Felspartie gehörte, die den Namen Golgotha führte und diesen Namen wahrscheinlich von ihrer schädelförmigen Gestalt hatte. Bezüglich der Auferstehungsstätte hatten wir folgendes festgestellt. Sie lag ganz in der Nähe der Kreuzigungsstelle, durch die Eingangstür gelangte man sofort in die Kammer, in welcher sich das Grab Christi befand. Dieses war ein Arcosolium und möglicherweise der einzige Begräbnisort in der Anlage. Vielleicht hatte das Grab eine Vorhalle.

Das wissen wir von den heiligen Stätten der Kreuzigung und Auferstehung. Wir würden gern noch mehr wissen. Denn was hier gesagt ist, reicht zwar aus, um uns im großen und ganzen die Frage zu beantworten, wie jener Ort einst aussah, aber es ist selbstverständlich, daß wir nun auch zu erfahren suchen, wie er jetzt aussieht, und wo er zu suchen ist. Um aber hierauf eine bestimmte Antwort zu geben, dazu sind die Angaben der Evangelien nicht deutlich genug. Da vermissen wir vor allem einen Fingerzeig, nach welcher Himmelsrichtung Golgotha lag, und wenn wir das wüßten, könnten wir uns auch noch nicht zufrieden geben; wir müßten fragen, welche Straße an Golgotha vorbeiführte, und aus welchem Tor sie hervorkam, wir müßten auch die genaue Lage dieses Tors in der Mauer wissen und vor allem den genauen Lauf der sogenannten ersten und zweiten Mauer des damaligen Jerusalem. Das alles wissen wir nicht, und darum werden wir auf Grund der evangelischen Notizen allein nie mit Bestimmtheit die Stätten der Kreuzigung und Auferstehung bezeichnen können. Die Angaben der Schrift sind aber immerhin reichhaltig genug, um uns in den Stand zu setzen, den einen oder andern Ort, wo man Golgotha und das heilige Grab sucht, einer ziemlich scharfen Prüfung zu unterziehen. Wird er diese bestehen, so muß gefragt werden, ob abgesehen von der Lage und Beschaffenheit des Ortes nicht Gründe vorhanden sind, welche die Möglichkeit der Echtheit zur Wahrscheinlichkeit oder sogar Gewißheit erheben.

Ein Ort in der Stadt erhebt seit langer Zeit, seit über 1½ Jahrtausenden den Anspruch, die Stätten der Kreuzigung und Auferstehung zu repräsentieren, das ist die heilige Grabeskirche. Es hat eine Zeit gegeben, wo man mit diesem Anspruche eigentlich gar nicht mehr rechnete. Diese Zeit dürfte vorüber sein. Wenn so ernste und gewissenhafte Forscher wie Professor Guthe und Generalmajor Wilson wenigstens die Möglichkeit zugeben, daß die traditionellen Stätten echt sein könnten, so fällt es nicht ins Gewicht, wenn einige englische Archäologen in den jüngsten Jahrgängen des Quarterly Statement eigentlich nur noch die Echtheit des sogenannten Golgotha Gordons diskutieren. Allerdings wer den Kalvarienberg und das heilige Grab, wie sie jetzt aussehen, in der Bibel zu finden sucht, der wird sie nicht finden. Das jetzige Golgotha liegt nicht außerhalb, sondern innerhalb der Stadt und ist ein gesonderter kleiner Fels, und das Grab ist nicht aus dem Felsen gehauen, sondern aufgemauert, und die Begräbnisstätte im engeren Sinne wird nicht durch ein Arcosolium gebildet, sondern durch eine Marmorbank, unter der nur sehr wenig Fels zu sehen sein soll. Hier ist das dankbarste Feld für oberflächliche Kritiker. Sieht man aber genauer zu, so ergibt sich, daß die heiligen Stätten der Grabeskirche im Laufe der Zeit öfters eine Veränderung erfahren haben. Den Grund zur Anlage der Kirche bildete bekanntlich die Entdeckung des heiligen Grabes zur Zeit Konstantins. Nach dem Bericht des Eusebius aber war das aufgefundene Grab eine in einen Felsen gehauene Höhle. Ausdrücklich wird hervorgehoben, daß dasselbe nur eine einzige Kammer hatte. Auch Cyrill weiß von einem Felsengrabe. Antoninus Placentius aber, um 370, berichtet uns, daß auch die Lagerstätte des Herrn aus dem Felsen gehauen war. Als die Perser im Jahre 614 die Kirche selbst zerstörten, ließen sie doch das Grab unversehrt. Daher ist der Bericht, den Arculfus um 670 gibt, noch für den ursprünglichen Befund maßgebend. Dieser bezeichnet die Lagerstätte des Herrn ausdrücklich als lectus, womit nur ein Bankgrab gemeint sein kann. Und Willibald

Tafel 1.

Gesamtansicht der Grabeskirche von Südost.

Aufnahme von Bruno Hentschel, Kunstverlag, Leipzig.

bezeugt, daß sich dieser lectus zur Rechten der in das Grab führenden Tür befunden habe. Nach dem Bericht des Epiphanius war vor dem Grabe ursprünglich noch eine Vorhalle. Wie wir aber sahen, schließt die Schilderung der Evangelisten keineswegs eine solche aus. So kann kein Zweifel darüber herrschen, daß das traditionelle Grab früher in einem Zustande war, welcher der evangelischen Beschreibung durchaus entsprach. Wenn es heute anders ist, so sind das die Folgen späterer Zerstörungen. Konstantin ließ nun nach Auffindung des Grabes an der heiligen Stätte ein „gotteswürdiges Bethaus" errichten. Hierbei erfuhr das ganze Terrain eine Veränderung. Die ehemalige Gestalt des Grabes und Golgothas als isolierter Felsen ist dadurch entstanden, daß man um sie herum den Fels wegschlug; die Helena- und Kreuzfindungskapelle sind Erweiterungen einer ursprünglichen Zisterne. Es ist aber auch möglich, daß schon zur Zeit Christi zwischen Grab und Golgotha eine vielleicht durch einen Steinbruch verursachte Einbuchtung vorhanden war. Dann war die Vertiefung ein passender Platz für einen Garten. Fehlte diese Einbuchtung, so mußte man erst einen schrägen Schacht bis zu dem Ort der künftigen Grabtür bauen. Dieser Schacht konnte dann als Treppe benutzt werden. Der Garten würde in diesem Falle oben auf dem Felsen, rund herum um das Grab, haben liegen können.

Also auch die Terraingestaltung in der Grabeskirche wird früher eine solche gewesen sein, wie sie die Evangelisten voraussetzen. Von hier aus ist auch der Angriff auf die traditionellen Stätten wissenschaftlich kaum je geführt worden. Die Bekämpfung setzte vielmehr auf einem anderen Punkte und zwar hier mit ganzer Kraft ein. Es wurde nämlich behauptet, daß der Ort der Grabeskirche zur Zeit Christi nicht außerhalb, sondern innerhalb der Stadt gelegen haben müsse. Als Jesus starb, hatte Jerusalem nach Norden zu zwei Mauern. Von der ersten berichtet Josephus, daß sie sich vom Hippikus aus über den Xystus zur westlichen Tempelhalle erstreckt habe. Über die zweite sagt er: „Sie begann an dem in der ersten Mauer liegenden Tor Gennat, umgab die nördliche Gegend, die Vorstadt, und endete an der Feste Antonia." Diese zweite Mauer ist es, welche allein in Betracht kommt, wenn es sich um die Frage handelt, ob der Platz der heutigen Grabeskirche in den Tagen Christi zur Stadt gehörte oder nicht.

Die Beantwortung dieser Frage ist nicht unabhängig davon, wo man die Mauer im Westen beginnen läßt. Man hat das Gennattor, welches Josephus als Ausgangspunkt der zweiten Mauer bezeichnet, dessen Lage er aber nicht genauer angibt, in der Hauptsache an drei verschiedenen Stellen gesucht:

1) in unmittelbarer Nähe des Hippikus, genauer in der ersten Mauer zwischen Hippikus und Phasael (bei A des Planes von Jerusalem),
2) an dem Punkte, wo die Verlängerung der jetzigen Christenstraße auf die erste Mauer stoßen würde (bei F),
3) dort, wo die erste Mauer von der Verlängerung des chān ez-zēt getroffen würde (bei G.)

Es muß nun gesagt werden, daß je weiter man mit dem Gennattor nach Westen geht, um so wahrscheinlicher ein Mauerlauf wird, der die heutige Grabeskirche eingeschlossen hat, und umgekehrt, je mehr man das Gennattor nach Osten rückt, um so wahrscheinlicher ein Mauerlauf, der die traditionellen heiligen Stätten ausschloß. Die Mauer diente ja Verteidigungszwecken. Da mußte sie möglichst auf abfallendem und nicht auf ansteigendem Gelände erbaut werden. Nun ist aber die Beschaffenheit des Terrains in der Nähe des Hippikus derartig, daß, wenn es hier eine Mauer gab, sie eigentlich gar nicht weit genug nach Norden gelegt werden konnte. Es ist unwahrscheinlich, daß sie nur ein kleines Ende in nördlicher Richtung gelaufen sei, um darauf nach Nordosten abzuschwenken, eine Zeitlang dem Laufe der ḥāret el-mauāzīn (bei B) zu folgen und dann eine Richtung beizubehalten, welche die Grabeskirche ausschloß; es ist viel wahrscheinlicher, daß sie bis zum lateinischen Patriarchat oder bis zum Franziskanerkonvent ging und dann erst nach der Antonia umbog, wobei natürlich der Ort der Grabeskirche eingeschlossen wurde. Geht man aber weiter nach Osten, so läßt das Terrain immer mehr einen Mauerlauf zu, der die traditionellen Stätten der Kreuzigung und Auferstehung außerhalb der Stadt ließ. Und man kann wohl eine ganze Strecke östlich gehen, ohne zu fürchten, daß der Raum für die Vorstadt zu klein werde. Es ist ja immer zu bedenken, daß die zweite Mauer auf Hiskia zurückging, und daß die alten Städte im großen und ganzen einen viel geringeren Umfang hatten, als man jetzt meist annimmt. Auch reichte Jerusalem ja damals viel weiter nach Süden als jetzt. Selbstverständlich bleibt auch im Osten, siehe den Plan von Jerusalem, eine Linie F C H E immer noch natürlicher als F C M N I E, auch redet Josephus nur von einem nördlichen und einem nach Süden gerichteten, also westlichen Teil der zweiten Mauer. Hier aber würden ja zwei nördliche und zwei westliche Mauerlinien zu konstatieren sein.

Wo nun aber auch der Ausgangspunkt der zweiten Mauer gewesen sein möge, so war er jedenfalls nicht dort, wo ihn in erster Linie diejenigen suchen, welche die Echtheit der heiligen Orte der Grabeskirche bekämpfen, beim Hippikus. Josephus sagt ausdrücklich, daß der Hippikus der Ausgangspunkt der ersten und auch der dritten, von Agrippa I. um

42 n. Chr. begonnenen Mauer war. Es kann also wohl gar nicht zweifelhaft sein, daß er auch bei der zweiten Mauer irgendwie den Hippikus erwähnt haben würde, wenn sie in unmittelbarer Nähe dieses Turms ihren Anfang genommen hätte. Er spricht aber nur vom Gennattor. Sodann läßt das, was Josephus über den geplanten ersten Angriff des Titus auf Jerusalem sagt, den bestimmten Schluß zu, daß der Ausgangspunkt der zweiten Mauer ziemlich entfernt von den herodianischen Türmen lag. Die berühmte Stelle, welche sich Bell. Jud. V, 6, 2 findet, lautet wörtlich: „Während die Sachen so im Innern standen, umschwärmte Titus mit auserlesenen Reitern die Mauern, um einen Angriffspunkt zu erspähen. Überall fand er Schwierigkeiten, denn an den Abhängen zeigte sich nirgends ein Zugang, und an anderen Stellen war die erste Mauer für das Geschütz zu fest. Er beschloß nun, an dem Grabmal des Hohenpriesters Johannes anzugreifen. Auf dieser Seite waren einmal die Werke niedriger, und dann hing die zweite Mauer nicht zusammen (συνῆπτεν), weil man es vernachlässigt hatte, die weniger bevölkerte Neustadt zu verschanzen, sondern man konnte zur dritten Mauer leicht von dort her gelangen, und durch diese gedachte er die obere Stadt zu nehmen." Der nächstliegende Sinn dieser Stelle ist, daß beim Denkmal des Johannes nicht drei, wie sonst überall im Norden, sondern nur zwei Mauern zu überwinden waren, weil hier die zweite Mauer ihre nördliche Richtung verließ und nach Süden umbog. Denn wenn als Folge des Nichtzusammenhängens der zweiten Mauer angegeben wird, daß der Zugang zur ersten Mauer ermöglicht wurde, nicht, daß sie selbst leicht erobert werden konnte, so müssen die Worte „und dann hing die zweite Mauer nicht zusammen" auf das Fehlen einer Verbindung zwischen ihr und der dritten Mauer an dieser Stelle hinweisen. Eben weil die Neustadt hier wenig bevölkert war, hatte man die zweite Mauer später, als die dritte gebaut wurde, nicht nach Westen verlängert. Würde nun die zweite Mauer in unmittelbarer Nähe der herodëischen Türme auf die erste getroffen sein, so hätte Titus hier natürlich am allerwenigsten angegriffen, denn diese Türme waren außerordentlich fest. Vielmehr wird das Gennattor so weit entfernt gelegen haben, daß, wenn Titus hier angriff, er von ihnen aus nicht belästigt werden konnte, ja, daß er imstande war, sie zu isolieren, ohne mit ihnen in Berührung zu kommen. Also die zweite Mauer von der Gegend des Hippikus aus nach Norden gehen zu lassen, ist unmöglich. Man stützt sich zwar darauf, daß beim Bau des jetzigen Grand-New-Hotel Reste einer alten Mauer gefunden seien. Aber Augenzeugen berichten, daß die Böschung dieser Mauer nach der Stadtseite zu gelegen habe, so daß sie nur zur Zitadelle gehört haben kann.

Den genauen Lauf der zweiten Mauer wird man wohl nie feststellen können. Es sind zwar an verschiedenen Teilen Mauerreste gefunden worden, welche zu ihr gehört haben könnten, aber nicht nur bei B, C, M, N, I, sondern auch bei K und L, und selbst im Garten des lateinischen Patriarchats. Hier kann unmöglich überall die zweite Mauer gegangen sein. Jedenfalls muß als Resultat einer unparteiischen Untersuchung der Angaben des Josephus über die zweite Mauer gelten, daß diese die heutige Grabeskirche nicht eingeschlossen zu haben braucht. Daß sie dieselbe allerhöchstwahrscheinlich nicht eingeschlossen hat, ergibt sich uns von einer anderen Seite her.

Es ist eine wichtige Tatsache, daß sich im Westen der heiligen Grabeskirche die sogenannten Gräber des Josephus und Nikodemus befinden, sodann ist im nahen koptischen Kloster eine Grabanlage entdeckt worden, in dieser Gegend lag auch das von Josephus erwähnte Grabmal des Johannes, und schließlich kommt das von Konstantin aufgefundene Grab in Betracht. Es gab somit hier zweifellos alte Gräber. Nun wissen wir, daß vom Jahre 135 bis ins 4. Jahrhundert die Juden Jerusalem nicht haben betreten dürfen, und daß das Gebiet der Grabeskirche von Hadrian bis Konstantin verschüttet war.[1] Die Gräber müssen also aus der Zeit vor 135 stammen. Hier scheidet zunächst die Zeit vom Mauerbau des Agrippa, wenige Jahre nach dem Tode Christi, bis 70 aus. Denn die dritte Mauer, welche Agrippa erbauen ließ, umschloß sicher die Gegend der heutigen Grabeskirche. Sobald der Ort aber zur Stadt gehörte, konnte er schwerlich mehr zu Grabstätten benutzt werden. Es fragt sich nun, ob die Gräber in der Zeit von 70—135 entstanden sein können. Nach dem Berichte des Josephus[2] hat Titus außer den Türmen Phasael, Hippikus und Mariamne nur die westliche Ringmauer stehen lassen. Nun ist es nicht zu bezweifeln, daß es in Jerusalem bald nach der Zerstörung wieder eine jüdische Gemeinde gab, und daß sich dieselbe im Laufe der Zeit immer mehr verstärkte. Bewohnt war, wie sich aus der angeführten Notiz des Josephus schließen läßt, und aus Bemerkungen des Epiphanius[3] folgt, das Zionsquartier. Die heutige Grabeskirche lag also wieder außerhalb der Stadt. Dennoch werden die Juden hier damals keinenfalls begraben haben. Die Gegend dort hatte doch einmal zur Stadt gehört und lag ganz in der Nähe des jetzigen Quartiers. Hier begraben hätten die Juden nur können, wenn sie zuvor jegliche Hoffnung auf Wiedererbauung der Stadt aufgegeben hätten. Dazu aber war damals kein Grund vorhanden.

[1] Eusebius, Vita Const. III 26, Sozomenos.

[2] Bell. Jud. VI. 9, 1; VII, 1, 1.

[3] De mens. et pond. XIV.

Der Aufstand des Barkochba hat es ja bewiesen, welch eine Kraft damals noch in der Nation steckte. Auch für die Judenchristen, welche selbstverständlich nach jüdischer Weise ihre Toten begruben, waren dieselben Rücksichten geltend wie für ihre Volksgenossen. So müssen die Gräber aus der Zeit vor dem Mauerbau des Agrippa stammen, und die zweite Mauer wird das Gebiet der Grabeskirche nicht umschlossen haben. Mühlau[1] sucht dieser Folgerung dadurch zu entgehen, daß er die Gräber vor dem Bau der zweiten Mauer entstanden sein läßt. Dann wären sie aber zur Zeit Christi über 700 Jahre alt gewesen, und gegen ein so hohes Alter spricht vor allem der Umstand, daß zwei der Gräber, das im koptischen Kloster und das heilige Grab Bogengräber waren. Diese Grabform ist nämlich nachweisbar erst um die Zeit Christi in Gebrauch gekommen. Älter sind die Schiebegräber. Aber auch sie stammen nach Macalisters Untersuchungen erst aus der hellenistischen Zeit. Die Gegend der Grabeskirche muß außerhalb der zweiten Mauer gelegen haben, und somit spricht kein Moment in der Beschreibung der Evangelien gegen die Echtheit der traditionellen Stätten.

Das kann man nun aber von den meisten der anderen Orte nicht sagen, an welchen man Golgotha und das Grab Jesu gesucht hat, und gewiß nicht von dem, der die größte Anzahl von Gläubigen gefunden, dem sogenannten Golgotha Gordons. Es ist der Hügel von es-sâhira, nördlich vom Damaskustor. Thenius[2] wies zuerst darauf hin, daß dieser Hügel durch seine abgerundete Form im Norden, Westen und Osten an die Hinterpartie und die Seiten, durch den scharfen Abschnitt im Süden mit den Höhlen an die Vorderpartie eines Schädels erinnere und fand hier das biblische Golgotha. Das Grab Christi sah er in der unter dem Hügel befindlichen Jeremiasgrotte. Thenius hat selbst seine Ansicht später wieder zugunsten des traditionellen Golgotha geändert. Gegen seine ursprüngliche Hypothese spricht, daß selbst, wenn sich die zweite Mauer bis in die Nähe des Damaskustores erstreckt hätte, die römischen Soldaten ohne Frage einen dem Prätorium näher gelegenen Ort für die Kreuzigung ausgesucht haben würden als diesen. Weiter würde ein Grab in der Jeremiasgrotte nicht als ein Grab in einem Garten bezeichnet sein können. Zugegeben werden muß, daß die eine vorspringende Partie in der Südwand jetzt stark an einen Schädel erinnert. Mir jedenfalls ist es nie schwer geworden, die beiden Augen und die Stelle der Nase herauszufinden. Aber es bleibt eine Unklarheit bei Thenius wie bei den späteren Vertretern seiner Hypothese, daß sie, um die Ähnlichkeit mit einem Schädel herauszubringen,

[1] Riehms Handwörterbuch, Art. Jerusalem.

[2] Zeitschrift für die hist. Theologie, 1842, S. 1—34.

für die Hinterpartie und die Seiten des Schädels den ganzen Hügel nach Norden, Westen und Osten, für die Vorderseite jedoch nur einen ganz kleinen in der Südwand vorspringenden Teil in Anspruch nehmen. General Gordon aber, nach dem die Hypothese jetzt meistens benannt wird, fand die Ähnlichkeit des Hügels mit einem Schädel gar nicht einmal in der Vorder- oder Seitenansicht, sondern in der Form des Grundes, wie sie sich auf der englischen Landesvermessungskarte als krumme, an einen Schädel erinnernde Linie darstellte. Zu dem Schädel fand Gordon nun auch die übrigen Teile des Körpers, die Speiseröhre in der Schickschen Wasserleitung, die Brust in den Steinbrüchen, die Füße im Siloahteich usw. Ob ihm gar nicht der Gedanke gekommen, daß den Juden, welche die Erhöhung vor dem Damaskustore nach ihrer Form Schädelstätte genannt haben sollen, die englische Landesvermessungskarte noch nicht vorgelegen?

Nicht Gordon, sondern seine Anhänger haben das jetzt nach ihm benannte Grab am Westabhange des angeblichen Golgothahügels als Grab Christi bezeichnet. Aber dieses kann auf keinen Fall echt sein. Das Grab Christi war ein Arcosolium, das Gordonsche enthält drei Troggräber (nicht Sarkophage), die jedenfalls späteren christlichen Ursprungs sind, wie ja ohne Frage auch die ganze Umgegend als christliche Begräbnisstätte diente. Dieser Irrtum kommt nicht auf Gordons Rechnung, aber er ist auch schon ohnehin schwer genug belastet, und Gell[1] hat Recht, wenn er sagt, Gordon sei ein frommer Soldat, aber ein schlechter Topograph gewesen. Aber Gell ist kein besserer Topograph. Denn er sucht allen Ernstes die Königsgräber als Grab Christi zu erweisen. Man sollte es gar nicht glauben! Diese Grabanlage, welche man seit jeher wegen ihrer Großartigkeit einer königlichen Familie zugeschrieben, und welche offenbar Josephus meint, wenn er vom Grabmal der Königin Helena von Adiabene redet, soll das neue Grab sein, welches der Ratsherr Joseph von Arimathia für sich herrichten ließ!

Wissenschaftlich weit höher als die Gordonsche steht diejenige Hypothese, wonach Golgotha auf den Hügeln im Westen der Stadt gegenüber der Zitadelle zu suchen ist. Sie empfiehlt sich besonders dann, wenn man die Zitadelle für die Residenz des Pilatus ansieht.

Aber auch dieser Örtlichkeit fehlt die Tradition. Sie spricht allein für die Stätten der Grabeskirche. Man suchte unter Konstantin das heilige Grab an dem Orte, welchen die Tradition als Kreuzigungs- und Auferstehungsstätte bezeichnete. Und man muß ganz bestimmte und sichere Nachrichten gehabt haben. Der Ort, an dem man suchte, lag damals

---

[1] Golgotha and the holy sepulchre, Quart. Stat. 1901.

innerhalb der Stadt, nach den Evangelien hatte Golgotha vor dem Tore gelegen. Sollte es nicht zur Zeit Konstantins außerhalb der Stadt genug Gräber gegeben haben, die mit ihrer Umgebung dem biblischen Bericht entsprochen hätten? Dennoch suchte man innerhalb der Mauern. Die Überlieferung mußte also bestimmt genug gewesen sein, um jedes Bedenken, das den Christen selbst aus der Lage des gefundenen Grabes erwachsen konnte, zu zerstreuen. Auch mußte man auf den Widerspruch der Juden und Heiden gefaßt sein, wenn es nicht ganz sicher feststand, daß das Terrain, auf welchem man suchte, einst außerhalb der Mauern lag, wenn nicht auch ihnen der Ort als Kreuzigungsstätte Jesu galt. Solcher Widerspruch ist aber niemals erfolgt, auch in den Tagen des Julian Apostata nicht. Man wählte aber nicht nur einen Ort innerhalb der Stadt, sondern einen Ort, an dem zunächst gar kein Grab zu sehen war, auf dem ein Heiligtum der Venus stand.[1] Wie, wenn man nun nichts fand?! Wieviel riskierte man! Dann hätte doch zunächst kein anderer Ort als Stätte der Kreuzigung und Auferstehung in Anspruch genommen werden können. Der Spott der Heiden und Juden wäre groß gewesen! Man mußte also aufs festeste davon überzeugt sein, daß man unter dem Hügel das Grab Jesu finden würde. Zwar wollte man aus dem Berichte des Eusebius über den Erfolg der Ausgrabungen Konstantins herauslesen, man sei doch nicht so ganz sicher gewesen, das Grab zu finden. Eusebius soll gesagt haben,[2] das Grab sei wider alles Erwarten ans Tageslicht getreten. Aber er will tatsächlich nur das als wunderbar hinstellen, daß das Grab selbst unversehrt aufgefunden wurde. An der schließlichen Wiederauffindung seiner Stätte hatte niemand gezweifelt. Und allerdings die Überlieferung trat in einer Form auf, daß sie unbedingten Glauben beanspruchte. Es hieß, der Kaiser Hadrian[3] habe über dem Grabe des Herrn einen Tempel der Venus errichten lassen, um den Christen die Verehrung der heiligen Stätten zu verleiden. So riß man das heidnische Heiligtum nieder, entfernte den Schutthügel und fand das Grab. Ein Beweis für die Richtigkeit der Tradition selbst und dafür, daß die Christen zur Zeit Hadrians hier das Grab ihres Herrn fanden. Man könnte es ja an und für sich für möglich halten, daß ein römischer Kaiser, der ein Heiligtum errichten wollte, dazu einen

---

[1] Eusebius, Vita Const. 3,26.

[2] ib. 3,28.

[3] Zwar Eusebius redet nur im allgemeinen von bösen und gottlosen Leuten, aber die fast gleichzeitigen Rufin und Hieronymus nennen ausdrücklich Hadrian. Vielleicht widerstrebte es dem Hoftheologen Eusebius, einen Vorgänger Konstantins namentlich als Schänder der heiligen Stätten anzuführen.

Platz erwählte, auf dem ein Grab lag, und daß er nun zunächst das Grab verschütten ließ und dann darauf baute. Aber wie dann die Tradition entstehen konnte, dies sei ein als Grab Christi verehrtes Grab gewesen, wenn es das nicht war, ist unverständlich.

Das Grab muß aber zur Zeit Hadrians in ganz auffälliger Weise von den Christen verehrt worden sein, wenn der Kaiser sich doch die Mühe gab, es verschütten zu lassen und über demselben einen Venustempel erbaute. Auch die Christen werden natürlich wieder ihre Gründe gehabt haben, weshalb sie die heiligen Stätten an dem bestimmten Orte suchten. Erst hundert Jahre waren damals seit dem Tode Christi verflossen, und es ist darum an sich, wenn die Christen überhaupt ein Interesse an dem Orte hatten, so gut wie gewiß, daß die von ihnen zur Zeit Hadrians verehrten Stätten wirklich die waren, wo der Herr den Tod erlitten und besiegt hatte.

Allerdings zwischen Jesu Tod und den Tagen Hadrians liegt die große Katastrophe vom Jahre 70. Gerade mit Rücksicht auf sie hat man geltend gemacht, daß die Überlieferung, auf welche sich die Christen zur Zeit Hadrians beriefen, nicht echt zu sein brauche. Aber wenn auch die Zerstörung Jerusalems wirklich so vollständig gewesen wäre, wie Josephus berichtet, so wird doch der Lauf der Mauern und die Lage Golgothas wieder zu erkennen gewesen sein, zumal an diesem Orte, weil er eine Gräberstätte war, die Gebäude fehlten, welche hätten zerstört werden können. Weiter hat man gesagt, die Christen seien vor den Tagen Hadrians nicht aus Pella zurückgekehrt. Doch selbst zugegeben, daß es in der Zeit von 70—135 in Jerusalem keine christliche Gemeinde gab, so ist es undenkbar, daß in der ganzen Zeit keine Christen nach Jerusalem gekommen wären. Und dann gab es doch eine jüdische Gemeinde in Jerusalem, welche den Namen des Ortes kannte und weiterführte, und welche doch auch ein historisches Interesse an dem Ort hatte, weil er die Kreuzigungsstätte des Pseudomessias war.

Unter diesen Umständen muß angenommen werden, daß das Golgotha der Christen von 135 mit dem vor 70 identisch war. Merkwürdigerweise aber hat man gerade den Christen vor 70 das Interesse für die Stätten der Kreuzigung und Auferstehung abgesprochen. Man hat wohl auf den Apostel Paulus verwiesen, der da sagt, er kenne Christum nach dem Fleisch nicht mehr. Aber der Apostel verwahrt sich damit doch nur gegen eine Art des Christentums, die das Äußerliche zur Hauptsache macht. Es ist auch mir sehr zweifelhaft, daß die ersten Christen die Stätten der Kreuzigung und Auferstehung als heilige verehrt haben sollten, wie sie es vielleicht schon zur Zeit Hadrians getan. Aber ein mindestens historisches Interesse hatten sie an Golgotha. Das geht schon daraus hervor, daß sämtliche vier Evangelien uns den Namen des Ortes nennen, wo Jesus starb und begraben wurde, und ja auch noch genauere Angaben über ihn machen. Und wenn es möglich gewesen wäre, daß dies Interesse mit der Zeit hätte erlöschen können, so sorgten nunmehr die Evangelien selbst dafür, daß es wach blieb.

Wir haben gesehen, daß die topographischen Angaben der Schrift nicht gegen die Echtheit der Kreuzigungs- und Auferstehungsstätte der Grabeskirche sprechen, wir müssen nun weiter konstatieren, daß die Tradition sehr zugunsten ihrer Echtheit ins Gewicht fällt, und wir meinen uns unter diesen Umständen noch recht bescheiden auszudrücken, wenn wir das Resultat unserer Untersuchung dahin zusammenfassen, daß die Echtheit der traditionellen Stätten als wahrscheinlich gelten muß.

2. Die Grabeskirche in Jerusalem.

Von Professor G. Dalman.

In der Nacht vom 11. zum 12. Oktober 1808 setzte ein trunkener Armenier einige Kerzen auf ein hölzernes Geländer in der armenischen Kapelle der Grabeskirche. Die niederbrennenden Kerzen steckten das Geländer und dann die Kapelle in Brand. Um ¼ nach 3 Uhr morgens wurde das Feuer vom Golgathaheiligtum aus bemerkt. Trotz der Löschversuche der Franziskaner und Armenier ergriff die Flamme die nahe Empore der Grabesrotunde und entzündete von da aus das hölzerne Rundbach über dem Grabe. Das von ihm zum Himmel lodernde Feuer, das die Nacht zum Tage machte, kündete ganz Jerusalem das unglaubliche Ereignis. Dann — zwischen 5 und 6 Uhr morgens — sank es zusammen und begrub das heilige Grab unter seinen brennenden Trümmern. Die gewaltige Flamme loderte durch den ganzen Griechenchor, aber ebenso nach Golgatha und dem Südeingang hin. Noch jetzt sieht man hier, wie die Glut durch die Fenster geschlagen ist und den oberen Teil der Fassade angesengt hat. Die Tausende von Lampen mit ihrem Oel nährten die Flamme und die Hitze im Innern. Die Bilder, die Decken, alles Holzwerk ging in Flammen auf, Marmorsäulen brannten wie Kerzen, barsten und zerfielen, silberne und goldene Geräte schmolzen. Es fiel nieder das Gewölbe des Griechenchores, auch ein Teil der die Grabesrotunde einschließenden Mauern. Unversehrt blieb nur die Umgebung des Gefängnisses Christi, die Schatzkammer der Griechen und — wie durch ein Wunder — das heilige Grab selbst mit seiner hölzernen Tür.[1]

Auf den Brand folgte von August 1809 bis Oktober 1810 die Wiederherstellung, und zwar durch die Griechen. Das Frankreich Napoleons

[1] S. den griechischen Bericht vom Brande bei Joannides, Proskynetarion I, S. 229 f., und den Bericht der Franziskaner bei Golubovich, Ichnographiae locorum et monumentorum Terrae Sanctae, S. XLVII ff.

war keine geeignete Vertreterin lateinischer Rechte bei der Hohen Pforte, die übrigen katholischen Mächte Europas waren mit zu wichtigen Dingen beschäftigt, als daß sie den Ereignissen im Orient gebührende Aufmerksamkeit hätten widmen können, und es lag nur allzusehr im eigenen Interesse der Türkei, der ihr untergebenen einheimischen Kirche dieses Vorrecht zu gewähren. Das nach dem griechischen Bau am 26. September 1810 neugeweihte Gebäude ist die uns bekannte Grabeskirche, an welcher außer einer Erneuerung der Kuppel über dem Grabe in den Jahren 1865 bis 1868 keine wesentlichen Veränderungen vorgenommen wurden. Den meisten Besuchern ist sie ein unverstandenes Labyrinth, in dessen dunklen Irrgängen sie von Altar zu Altar geführt werden. Das ästhetische Unbehagen, das sie überkommt, mischt sich mit der Abneigung gegen die spezielle Lokalisierung der einzelnen Momente des Leidens und Sterbens unseres Heilandes, und hat bei nicht wenigen zur Folge gehabt, daß sie der Grabeskirche mit ausgesprochener Abneigung den Rücken kehrten. Und doch würden auch diese nicht leugnen können, daß sie die geschichtlich bedeutsamste Kirche der Welt ist. Selbst wenn die Stätte von Christi Tod und Auferstehung sich nicht gerade an diesem Punkt befunden hätte, bliebe sie das von der Christenheit seit mehr als anderthalb Jahrtausenden verehrte Denkmal jener Tatsachen am Orte ihres Geschehens, auf Befehl des ersten christlichen Kaisers dreihundert Jahre nach dem Kreuzestode Christi errichtet. Sie ist also auch ein Zeichen des Triumphes des Gekreuzigten über die Mächte, die ihn zum Tode brachten. Feinde des Christentums haben seitdem sie mehrfach zerstört, aber seine Anhänger haben blutig um sie gekämpft und sie immer wieder aufgerichtet. Unter den Christen hat der Eifer um dies Denkmal zuweilen häßliche Eifersucht entflammt, aber heut soll der Streit um Mein und Dein ruhen; wir sehen an der alten unschönen Kirche die Narben des Kampfes des Parsismus und des Islam gegen den Auferstandenen, die Spuren des Wettstreites der Christenheit des Orients und des Okzidents um ihren Besitz. Aber wir verachten sie deshalb nicht. Sie gleicht einer altersgrau gewordenen Mutter, in deren Gesicht der Kampf eines langen Lebens tiefe Spuren gegraben hat. Der oberflächliche Beschauer geht an ihr achtlos vorüber, dem liebenden Sohn sind selbst die Runzeln ihres gealterten Gesichtes ehrwürdig, weil sie eine Geschichte erzählen, in die sein eigenes Dasein unauflöslich verschlungen ist. Mögen denn die Pietätslosen, die Geschichtslosen, die homines novi, an der Grabeskirche mit Naserümpfen vorübergehen! Sie beweisen dadurch nur, daß die Geschichte des Christentums noch nicht zu ihrer Geschichte wurde, daß sie ihre eigene Herkunft nicht kennen. Wir können uns ihrem Touristenstrom nicht anschließen und wollen statt dessen versuchen, den alten Bau zu verstehen und in seiner gegenwärtigen Erscheinung seine Vergangenheit zu lesen. Ein Rundgang um ihn und durch ihn soll diesem Zwecke dienen.

Unsere Absicht, die jetzige Grabeskirche begreifen zu lernen, überhebt uns der Aufgabe, dem ursprünglichen Bau Konstantins nach allen Richtungen nachzugehen. Reste desselben liegen in dem russischen Hospize östlich von der Grabeskirche vor aller Augen. Ihre Deutung lassen wir jetzt beiseite und wenden uns zum jetzigen Dom, von dem sogleich gesagt sei, daß er im wesentlichen der Bau ist, den die Kreuzfahrer mit Benutzung älterer Reste errichteten und am 15. Juli 1149 weihten, — freilich jammervoll entstellt durch die griechische Renovation von 1809.[1]

Wer von der Gasse des griechischen Patriarchats her auf die Christenstraße hinabkommt, hat hier sich gegenüber eine nur mit kleinen Fenstern versehene hohe Mauer mit Strebepfeilern, welche mit dem dazu gehörenden Gebäude die nördliche Hälfte der Westseite der Grabeskirche verdeckt. Es ist der erhaltene Teil des Patriarchenpalastes aus der Zeit des lateinischen Königtumes. Am linken Ende der alten Mauer gewahrt man ein Portal, zwar längst vermauert und teilweise verbaut, aber mit seinen Säulen, Kapitälen und seinem arabisierenden Spitzbogen vollständig erhalten. Es ist das von Edrisi[2] erwähnte Marientor der Kreuzfahrerzeit, der Eingang, durch welchen um 1106 der russische Pilger Daniel im Gefolge König Balduins zum Grabe zog, um dort das Wunder des heiligen Feuers zu schauen. Wer hier durch die Mauer brechen könnte, würde im Innern in den jetzigen Konvent der Franziskaner gelangen und könnte da eine Treppe von etwa 30 Stufen steil hinabsteigen. Ein zweiter Zugang zu demselben Abstieg scheint innerhalb des alten Baues des Patriarchats erhalten zu sein in einer vermauerten spitzbogigen Tür mit Oberlicht in der Rückwand des Kaffeehauses gleich rechts vom Marientor. Früher kam man dann zuerst in einen kleinen Hof mit der Mündung einer wichtigen alten Zisterne der Kirche.

---

[1] Die wichtigste Quelle für die Gestalt der Grabeskirche vor 1808 ist die von Golubovich im oben erwähnten Buch herausgegebene Beschreibung des deutschen Franziskaners Elzearius Horn vom Jahr 1729. Richtiges über die Architektur der Kirche sagten zuerst R. Willis bei G. Williams, The holy City ²II (1849), S. 129—294, und M. de Vogüé in Les Églises de la Palestine (1860), S. 118—232. — Es gibt keine korrekte und vollständige Aufnahme der heutigen Grabeskirche. Der Plan Wilsons und der von Mommert 1898 herausgegebene Plan Schicks kann nur als ein vorläufiger Versuch betrachtet werden. Vollkommeneres leisten ungedruckte Aufzeichnungen des letzteren, welche für den von mir beigegebenen Plan des Kreuzfahrerbaues benutzt wurden. Doch will auch dieser keineswegs als definitive Leistung gelten.

[2] Le Strange, Palestine under the Moslems, S. 206.

Man hat in ihr die griechische Inschrift: φωνὴ κυρίου ἐπὶ τῶν ὑδάτων „die Stimme des Herrn über den Wassern", entdeckt, und den Namen der Kaiserin Helena mit ihr verknüpft. Es ist auch gar nicht unglaublich, daß sie schon zum Bau des Konstantin gehörte. Der Pilger von Bordeaux redet von einem „Bade" hinter der Basilika Konstantins, „wo Kinder gewaschen werden",[1] und meint wohl ein Baptisterium, das der Zisterne nicht wohl entbehren konnte. Hinter dem Zisternenhofe lag ein quadratischer Raum, dessen linke Hälfte zum Refektorium der Franziskaner gemacht worden ist. Aber noch immer stehen, wenngleich verbaut, in ihm die zwei mächtigen Säulen, welche seinen Eingang stützten, die eine in der Fensterwand des Refektoriums, die andere in der rechten Wand des Ganges von der Grabesrotunde zur Zisterne. Das Kreuz[2] schmückt ihre großen Würfelkapitäle. Ein zerbrochener Taufstein[3] mit Becken in Kleeblattform steht als altes Gerümpel in einer Ecke des Raumes. Er erinnert daran, daß sich in dieser Halle, die gleichzeitig der Vorraum der jetzigen Marienkapelle der Lateiner war, einst ein Baptisterium befand. In ihrer rechten Wand führt eine Tür unmittelbar in die nördliche Apside der Grabesrotunde. Das Baptisterium war also auch eine Vorhalle dieser. Indes wir wenden hier um. Bei dem gegenwärtigen Eingang auf der Südseite, der schon bei Erbauung des Kreuzfahrerdomes als Haupteingang gemeint war und der seit Saladins Schließung aller anderen Türen zum einzigen Eingang wurde, wollen auch wir an den Dom herantreten.

Auf dem Wege dahin könnten wir in der Christenstraße im Hintergrunde des Ladens eines Klempners eine vermauerte Tür sehen, durch welche einst die Frauen unmittelbar auf die mit der Straße gleich hohe Empore der Grabesrotunde traten. Sie ist schmucklos, aber zwei jetzt im linken Nebenraum in die Wand gemauerte Säulen könnten einmal diesen verlassenen Westeingang geziert haben. Wir schreiten vorüber und gelangen auf dem uns wohlbekannten Treppenwege zum Vorhofe des Südportales.

Hier haftet der Blick zunächst an einer Halbsäule mit Bogenansatz an der linken vorderen Ecke des Hofes. Ihr Korbkapitäl ist unzweifelhaft byzantinisch, und sein Muster hat ein völlig gleiches Gegenbild an dem Kapitäl einer Säule, welche einem Säulengange byzantinischer Herkunft im Innern der Kirche angehört. Man bemerkt außer der Halbsäule noch vier Säulenbasen oder -stümpfe, welche auf der zum Hof hinabführenden

[1] Geyer, Itinera Hierosolymitana, S. 23.

[2] Im Refektorium des Franziskaner sichtbar.

[3] S. über ihn Schick, PEFQ 1898, S. 155.

Stufe in verschiedenen Abständen stehen. Messungen ergeben, daß ursprünglich im ganzen acht durch sieben Bogen verbundene Säulen hier gestanden haben müssen.[1] Es ist bemerkenswert, daß der schon erwähnte Säulengang am Nordende der Kirche dieselbe Spannweite der Bogen hat. Das erinnert daran, daß beide Säulengänge in der byzantinischen Zeit, ehe der Kreuzfahrerdom errichtet wurde, einander entsprachen. Der damalige große Hof der Grabesrotunde wurde durch sie im Norden und Süden abgeschlossen.

Den jetzt noch übrigen Rest des alten Hofes umgeben rechts und links Kapellen. Rechts muß als alt gelten die armenische Kapelle Johannes des Evangelisten mit einem Säulenfragment, das aus dem Palast des Hannas stammen soll. In ihrer Vorderwand fällt ein großer Bogen auf, der links auf einem Marmorkapitäl ruht. Dies und der eigentümliche Grundriß des Innern beweist, daß die Kapelle nur der Apsidenteil einer alten Kirche ist, welche ehedem in den Hof weit hineinragte. Die Kreuzfahrer werden sie abgeschnitten haben, um die Fassade ihres Domes frei zu legen. Auf der linken Seite des Hofes ragen in ihn die Apsiden von drei Kapellen aus byzantinischer Zeit, zuerst die nach Jakobus benannte Parochialkirche der Griechen, dann die Kapelle der Spezereiträgerinnen, auch der Maria Magdalena, früher der Trinität gewidmet, ursprünglich mit einer Kuppel gedeckt, jetzt dachlos,[2] endlich die Kapelle der vierzig Märtyrer, vor 1545 des Apostels Johannes, auf welche die Kreuzfahrer ihren Glockenturm setzten. Hinter der erstgenannten liegt ein schmaler länglicher Raum, arabisch el-ʿabūdīje genannt, weil seine Bilder aus dem Dorfe ʿabūd stammen, mit dem Taufstein der Griechen[3], hinter der letztgenannten, aber auf viel höherem Niveau, die neuerdings vergrößerte Konstantinskapelle, welche an die Grabesrotunde stößt. Eine Marienkapelle, die gleichzeitig als Stätte der Salbung Christi galt, lag wohl ursprünglich in der Gegend des jetzigen Kirchenportales.[4] Sie ist bei seiner Erbauung spurlos verschwunden.

Aber schon längst haften die Blicke an der kunstvoll verzierten Fassade, welche die Nordseite des Hofes begrenzt. Zu ihrem Verständnis

---

[1] Wenn man den Zwischenraum der in situ befindlichen westlichen Säulenbasen zugrunde legt, ergibt sich obiges Resultat, das aber nötigt, das östliche Ende des Bogenganges ein wenig zu verlängern.

[2] Diese Kapelle scheint eigentlich nur der Zwischenraum zwischen den beiden anderen Kapellen zu sein, den man überdacht hatte. Der Aufgang zum Trinitatiskloster begann hier.

[3] Schicks Plan setzt hierher die Kapelle der Hl. Thekla, welche aber weiter westlich jenseits der Christenstraße liegt.

[4] S. die Pilger Arkulf, Daniel, Saewulf.

ist es unumgänglich, sich die Grundidee der Grabeskirche zu vergegenwärtigen. Als man sie baute, hatte der Baumeister mit mehreren gegebenen Größen zu rechnen. Da war im Westen die vom Konstantinsbau stammende große Rotunde, welche das Grab Christi umschloß, im Südosten die Kapelle mit dem Golgothafelsen, im Nordosten der kleine, viereckige, niedere, dreiteilige Raum des Gefängnisses Christi[1] mit ursprünglich drei Öffnungen an der Vorderseite,[2] vielleicht eine Schatzkammer des ältesten Kirchenbaues, im Osten die alte Krypta der Konstantinsbasilika mit der Kreuzfindungszisterne, vor ihr eine Halle, in welcher man die Geißelungs- und Verspottungssäule, sowie die Stätte der Kleiderteilung des Gekreuzigten zeigte. Die letztere konnte füglich an dieser Stelle zwischen dem Gefängnis und Golgotha liegen, weil man nördlich vom letzteren den Platz der römischen Soldaten voraussetzte. Geißelungs- und Verspottungssäule waren Reliquien aus dem Prätorium des Pilatus, die man hierher versetzt hatte. Die erstere wird jetzt in der Marienkapelle der Lateiner gezeigt und ist durch das Gedächtnis des Longinus ersetzt worden, die letztere ist noch an ihrer alten Stätte.

Es war keine leichte Aufgabe, alle diese im Raume keineswegs harmonisch verteilten Stätten zu einem Dome zu vereinigen. Für seine Errichtung war wohl auch maßgebend der ästhetische Wunsch, das allmählich entstandene Konglomerat von Heiligtümern zu einem einheitlichen, der Christenheit würdigen Bauwerk umzugießen. Am meisten aber drängte in derselben Richtung, das von Gottfried von Bouillon noch 1099 sogleich nach der Einnahme Jerusalems begründete Domherrenstift von 20 Kanonikern[3], welchem die Hut des heiligen Grabes und das ständige Gebet an den heiligen Stätten anvertraut war. Ein Domherrenstift hatte in der französischen oder deutschen Heimat zu seiner Voraussetzung den hohen Chor einer Kathedrale, der gewöhnlich den Abschluß des Mittelschiffs jenseits der Vierung, aber oft auch noch den Raum unter der Vierung der in Kreuzform gebauten Kirche umfaßte. Dort verrichteten die Domherren in besonders für sie hergerichteten Gestühlen ihre geregelten täglichen Andachten. Am heiligen Grabe fehlte der dafür nötige Raum, um so mehr, als man die eingeborenen griechischen Christen, welche die Kreuzfahrer Surianer nannten, doch nicht ganz aus den bisher von ihnen gehüteten

---

[1] Der Raum ist nur 2.30 m hoch, sein Boden liegt 0.40 m tiefer als der Kirchenboden, der indes in dieser Gegend nicht ganz eben ist.

[2] S. die Ansicht bei Horn.

[3] Der große Besitz dieses Stiftes in späterer Zeit ist zusammengestellt von Röhricht, ZDPV 1887, S. 199—211; über die Begründung s. Wilhelm v. Tyrus IX, 9 und Tobler, Golgatha S. 517 f.

heiligen Stätten verdrängen konnte. Ein Domherrenchor war also vor allem zu bauen, und dieser mußte an Golgotha und Grab Christi sich unmittelbar anschließen, weil der darin zu verrichtende Gebetsdienst beiden galt. Das Problem wurde so gelöst, daß man vor die Ostseite der Grabesrotunde in der Verlängerung ihrer Mittelachse einen Domchor legte. Man baute keine volle Domkirche, ihr Langschiff hätte den Chor vom Grabe abgerückt und auch von Golgotha entfernt. Aber eines Querschiffes bedurfte man, um für eine größere Volksmenge doch auch Raum zu gewinnen. Die dann mögliche Kuppel über der Vierung gab dem neuen Gebäude außerdem den wünschenswerten Abschluß nach oben. Versah man Chor und Querschiff mit Seitenschiffen, so hatte man die Möglichkeit, Golgotha in einem Seitenschiff nahe der Vierung [illegible] zubringen und das Gefängnis Christi wenigstens an ein Seiten[illegible] zuhängen. Ein Chorumgang war nötig für die Prozessionen [illegible] Kirche, ein Kranz von drei Kapellen bot Ersatz für die heiligen [illegible] an der Ostseite des bisherigen Hofes und gab zugleich den [illegible] die für ihre Messen notwendigen Altäre. Die unterirdische [illegible] mit ihrem Anhängsel blieb freilich außerhalb. Aber man [illegible] durch eine Treppe mit dem Chorumgang verbinden und auf diese [illegible] in den Kapellenkranz des Domes einreihen. Es war ein Übelstand [illegible] Golgotha und das Gefängnis Christi verschieden weit von der [illegible] des Neubaues ablagen. Man half sich durch verschiedene [illegible] der Seitenschiffe, so daß auf der Südseite Golgotha das Seitenschiff gerade halbierte, auf der Nordseite der Zugang zum Gefängnisse Christi außerhalb des Seitenschiffes fiel. Dies war in sich kein Fehler, der den Eindruck des Baues allzusehr stören mußte. Schlimmer war es, daß man dem Chorumgang nicht die volle Breite eines Seitenschiffes geben konnte, sondern sich mit der durch die Lage Golgothas an die Hand gegebenen halben Breite begnügen mußte. Das störte den organischen Zusammenhang der Seitenschiffe und mußte nach innen und außen tote Wände hervorrufen. Schlimmer war noch für die Außenwirkung des Baues, daß die Seitenschiffe gegen den meist üblichen Brauch um die Enden des Querschiffes herumgeführt wurden. Wahrscheinlich tat man es, um besonders bei Golgotha mehr Raum zu gewinnen und dem Gefängnis Christi besseren Zusammenhang mit dem Neubau zu geben. Aber es war unvorteilhaft für die äußere Erscheinung.

Das Südende des Querschiffes war der gegebene Punkt für eine Portalfassade. Hätte es sich mit seiner vollen Höhe bis zum Hofe fortgesetzt, so konnte die Fassade auf ein hohes Portal einheitlich zugeschnitten werden. Aber das vorgelagerte Seitenschiff forderte wegen der

1. Kragstein und Bogenansatz im Innern des Kreuzgangs der Domherren.

2. Linkes Hauptportal der Grabeskirche.

3. Eckpfeiler und Bogen an der Außenseite des Kreuzganges.

Sämtliche Aufnahmen von G. Dalman.

ihm eigenen Zweiteilung ein zweifaches Portal und einen dem Innern entsprechenden Aufbau in zwei völlig gleichen Hälften. Das konnte nur unbefriedigend wirken. Von Rechts wegen hätte nun die Portalfassade die ganze vordere Breite des Seitenschiffes umfassen müssen. Sie hätte aber dann langgedehnt und niedrig ausgesehen. Man half dem Übelstande ab, indem man den dem Querschiff entsprechenden Mittelteil künstlich isolierte. Man zog ihn um 60 cm vor, hielt es aber für überflüssig, das so geschaffene Risalit auf der linken Seite am richtigen Punkte wieder zurücktreten zu lassen, sondern ließ es bis zu dem nahen Glockenturm laufen, vielleicht in der Absicht, diesen dadurch dem Bau enger anzuschließen. Um auch in der Höhenrichtung der Fassade aufzuhelfen, verschmähte man nicht die architektonische Lüge einer oben aufgesetzten bloßen Schauwand von 1.72 m Höhe, die man ebenfalls bis zum Turm laufen ließ. Sie ermöglichte, den Oberstock der Fassade wirkungsvoller zu gestalten. Aber die Unwahrheit der so geschaffenen Front verwirrt den Beschauer und täuscht ihn über den wahren Aufbau der Domkirche. Es ist auch nicht zum Vorteil ihrer äußeren Erscheinung gewesen, daß man sie mit platten Dächern versah. Das Giebeldach gibt sonst den Mittelschiffen eine Spitze, die Pultdächer der Seitenschiffe gliedern sie an das Hauptschiff. Hier fällt beides weg, und die Bauglieder stehen wie Klötze unvermittelt nebeneinander. So bleibt der Anblick der Kirche auch da, wo ihre Außenseite wirken sollte, wie hier beim Südportal, unbefriedigend, wenn man auch ihrer Dekoration Anerkennung zollen kann. Spätrömische Gesimse schließen die beiden Stockwerke ab. Sie sind gewiß einem älteren Bauwerk entlehnt und könnten noch vom Konstantinsbau stammen.[1] Spitzbogen decken die Türen im Unterstock, Rundbogen die wohl ursprünglichen rundbogigen Fenster des Oberstocks. Während hier das arabische Motiv der durch Fugen scheinbar sichtbar gemachten Steine des gewölbten Bogens angewandt wurde, ist der Rest der Ornamentik romanisch, wenn auch bei den Kapitälen der Säulen byzantinische Vorbilder mitgewirkt haben können. Besonders stilgerecht sind die wohl aus Frankreich bezogenen Türstürze mit figürlichen Darstellungen. Der rechte zeigt ein von Menschen und Tieren durchzogenes Rankenwerk, der linke biblische Scenen,[2] Auferweckung des Lazarus, Salbung Jesu in Bethanien, die Vorbereitung für

[1] Strzygowski, Orient oder Rom, S. 127—150, meint, daß diese Gesimse noch in situ seien, und basiert darauf seine Ansicht, daß das Risalit ein Rest des zweigeschossigen Atriums zwischen Basilika und Grabesrotunde im Bau Konstantins sei. Aber die Fassadenmauer zeigt nicht das Gepräge jenes Baues, und das Risalit ist durch die Anlage des Kreuzfahrerbaues hinreichend erklärt, s. o.

[2] S. Tafel III, Nr. 2.

Jesu Einzug zu Esel, den Einzug selbst, durch ein merkwürdiges Geschick nach Paris verschlagen,[1] das letzte Mahl. An Jesu Gang zum Leiden wollte man wohl erinnern. Das Gedächtnis des Leidens selbst blieb dem Innern der Kirche vorbehalten.

Der Glockenturm, den man links vom Eingang anbrachte, war ursprünglich zwei oder drei Stockwerke höher als jetzt, hatte mit Säulen geschmückte Bogenöffnungen und war mit einer hohen, in Rippen verlaufenden Kuppel gedeckt. Das geschmackvolle Bauwerk hatte den Vorzug, das unschöne ehemalige Runddach der Rotunde einigermaßen zu verdecken. Die Enge des Raumes brachte aber seine Schönheit nicht recht zur Geltung und konnte den Eindruck nicht verwischen, daß es an den Dom nur angeschoben wurde, nicht in ihn eingegliedert. De Vogüé hat gemeint, der Turm sei erst nachträglich der Kirche beigefügt worden, aber nach Idrisi, der ihn um 1154 erwähnt,[2] dürfte er schon vorhanden gewesen sein, als die Kirche geweiht wurde. Er ist auch von der Portalfassade vorausgesetzt, deren Risalit man sicher regelrecht behandelt hätte (vgl. o.), wenn der Turm nicht bei ihrem Bau schon existiert hätte.[3] Nach griechischer Nachricht brachte ein Erdbeben im Jahr 1545 die Kuppel und die beiden obersten Stockwerke des Turmes zu Fall, 1620 wurde ein weiteres Stockwerk abgetragen. Horn[4] berichtet dagegen von einer Abtragung von zwei Stockwerken im Jahre 1719. Die jetzt noch vorhandenen wie die von Horn gezeichneten Reste des architektonischen Schmuckes beweisen, daß der Turm nicht im gothischen Stile erbaut war,[5] sondern im Stile der Kirche. Eine früher sichtbare Inschrift schien einen Jordanes als Erbauer zu bezeichnen, der nach Tobler[6] um 1133 Patriarch gewesen sein soll. Indes hat ein Patriarch dieses Namens nicht existiert, wohl aber im Jahre 1170 ein Domherr Jordanus[7], der ja wohl ein Architekt gewesen sein konnte.

Die Südseite der Kirche war nach Westen zu durch Gebäude verdeckt. Sie hat schon in der Kreuzfahrerzeit hier keine sichtbare Außenwand gehabt. Anders stand es in der Ostrichtung. Hier befand sich zunächst der mit einer hübschen Arkade geschmückte äußere Treppenaufgang

[1] Cl. Ganneau, Archaeological Researches I, S. 112ff.

[2] S. Gildemeister, ZDPV 1885, S. 124.

[3] Erst wo der Turm beginnt, tritt die Mauer der Kirche um so viel zurück, als das Risalit auf der anderen Seite hervorragt. Der gedruckte Plan Schicks ist hier wie in vielen anderen Einzelheiten ungenau.

[4] Ichnographiae, S. 68.

[5] So noch Strzygowski, Orient oder Rom, S. 128.

[6] Golgatha, S. 399.

[7] Röhricht, ZDPV 1887, S. 46.

zu Golgotha, der früher keine Kuppel hatte. Besonders als die offene Arkade noch nicht in eine geschlossene Kapelle verwandelt war, mußte der im gleichen Stile mit der Portalfassade behandelte Bau ihre Gleichförmigkeit anmutig beleben.[1] Eine an der Treppe jetzt eingemauerte Säule soll einmal die Trägerin einer Statue gewesen sein. Mit dem Aufgang endete, wie die Behandlung der Fassade über ihm zeigt, nach oben hin die Südseite der Kirche. Daraus folgt aber nicht, daß auch das Erdgeschoß derselben sich nicht weiter fortgesetzt hätte. In welcher Weise hier Süd- und Ostseite der Kirche sich miteinander vereinigten, haben bisher alle Pläne der Grabeskirche im Dunkeln gelassen. Es ist auch in der Tat schwer, volle Klarheit zu gewinnen. Die jetzigen Um- und Anbauten verhindern die Übersicht, und das Steigen des Terrains nach Osten zu erschwert sie noch außerdem. Man kann von Süd nach Ost um die Grabeskirche herumgehen. Dann tritt man zuerst in die schmucklose koptische Kapelle der vier Tiere[2] auf dem Niveau des Hofes, steigt auf ihrer linken Seite eine Treppe von 10 Stufen hinauf und gelangt in die Michaelskapelle,[3] den wertvollen Rest einer Halle, die zu dem bald zu erwähnenden Kreuzgang der Domherren gehörte. Hier ist man schon auf der Ostseite der Kirche und zwar fast in der Höhe von Golgotha, d. h. auf dem Niveau, welches das ganze Terrain östlich der Kirche hat. Hier ergibt die Untersuchung, daß die Südwand der Kirche im Erdgeschoß noch ein Stück länger war als die Schmuckfront vermuten ließ, und erst bei der Michaelskapelle nach Osten umbog. In der Kapelle der vier Tiere sieht man in der Nordwand eine Rundbogennische, die wohl der Rest eines Fensters ist, das die jetzt fensterlose Reliquienschatzkammer der Griechen erhellte. Unter freiem Himmel führte ehedem die vorerwähnte Treppe in den Kreuzgang der Domherren. Da die Michaelskapelle an ihrem Westende in einen um eine Stufe höheren Nebenraum ausläuft, welcher in den Kreuzgang nicht einbezogen war, läßt sich vermuten, daß dieser Nebenraum mit seiner nördlichen Fortsetzung im Refektorium der Griechen die Verbindung zwischen Kreuzgang und Grabeskirche vermittelte. Er entspricht wahrscheinlich der Stätte von Isaaks Opferung nach byzantinischer Tradition.

Andere Verhältnisse ergeben sich im Oberstock. Wer da in dem hier anstoßenden griechischen Abrahamskloster ebenfalls den Gang von Süd

---

[1] Über eine Skulptur des Aufgangs, die einen Mann und zwei Tiere vorstellen soll, handelt Hanauer, PEFQ 1903, S. 81 f.; aber eine männliche Figur ist da nicht vorhanden.

[2] arab. keniset el-arbaʿ ḥuēnāt.

[3] arab. keniset el-malʾak michāīl.

nach Ost versucht, stößt zuerst auf die Abrahamskapelle und wundert sich, daß sie genau über der Kalvarienkapelle der Lateiner, aber doch außerhalb der Grabeskirche liegt. Das Erstaunen steigert sich beim weiteren Gange. Man gelangt an einen an die Grabeskirche angelehnten nach Osten vorspringenden Ausbau, der den westlichen Teil des mit der Grabeskirche verbundenen Refektoriums der Griechen und der Michaelskapelle unter sich hat. Man findet da in zwei Halbgeschossen drei Wohnräume, von denen der in der südlichen Ecke über dem Treppenhaus liegende mit einer Kuppel versehen ist. Aber was liegt hinter der Abrahamskapelle, also über dem eigentlichen Golgotha? Keine Tür führt hier weiter. — Man begibt sich in die Grabeskirche und steigt in der Gegend von Golgotha im Konvent der Griechen von Halbstock zu Halbstock. Da findet sich im oberen Halbstock des Erdgeschosses hinter Golgotha das Refektorium, darüber das Dormitorium der Griechen[1], und in der Höhe des letzeren über dem Chorumgang ein Zimmerchen, im unteren Halbstock des Obergeschosses eine Gewandkammer, im oberen Halbstock zwei Wohnräume.[2] Refektorium und Dormitorium erstrecken sich weit nach Osten, aber im Obergeschoß — abgesehen von seinem nördlichen Teile, der zumeist als Treppenhaus dient — liegt alles über den Vorderräumen der beiden Kalvarienkapellen. Nach Osten schließt eine türlose Wand den gewölbten Bau ab. Hinter ihrem südlichen Teil muß die Abrahamskapelle liegen, hinter ihrem nördlichen Teil, über Golgotha, ist — nichts, aber doch ein geschlossener Raum, denn die Außenwände lassen hier nichts frei. Auf dem Dache sieht man über dem „Nichts" sogar eine flache, mit einem liegenden Metallkreuz ausgezeichnete Kuppel. Es ist klar, daß das „Nichts" über Golgotha, von dem die griechischen Mönche reden, ein ihnen unbekannter Raum ohne Zugang ist. Ein einziges kleines Luftloch auf dem Dache scheint zu ihm hinabzuführen. Wahrscheinlich ist hier die jetzt verschwundene Melchisedechkapelle gewesen, welche nach Quaresmius[3] hinter der Abrahamskapelle lag. Daß dieser Raum nicht zur Grabeskirche gehörte, beweist eine auf dem Dach befindliche alte Mauerkrönung, welche ihn ausschließt. Als Resultat der Untersuchung ergibt sich somit, daß die Golgothakapellen selbst ursprünglich mit ihrem Unterbau über die Ostwand der Kirche hinausragten und daß der Ober-

[1] Aus dieser Teilung des Halbstocks hinter Golgotha ergibt sich, daß hier im ganzen fünf Geschosse vorhanden sind.

[2] Der Oberteil des großen Fensters über dem Treppenaufgang an der Südfassade gehört dem einen dieser Räume an, der Unterteil der Gewandkammer darunter.

[3] Elucidatio I, S. 436 f. — Die jetzige Gestalt der Abrahamskapelle stammt nach griechischer Nachricht aus dem Anfang des 18. Jahrhunderts. Wahrscheinlich wurde damals die Melchisedechkapelle geschlossen.

stock der Kirche sie nicht mitumfaßte. Die Empfindung, daß über Golgotha kein Raum sein dürfe, den Menschen betreten, mag dafür maßgebend gewesen sein.

Wir sind damit auf die Ostseite der Grabeskirche gelangt. Wer ihren Bau kennen lernen will, muß notwendig sie von da betrachten, am besten so, daß er seinen Standpunkt im Kloster der Abessynier nicht unten im Hofe, sondern auf der östlich ihn überragenden Schutt-Terrasse nimmt. Die Vierung der Kirche mit ihrer kreuzgekrönten Kuppel, die Apsis des Chores mit ihren fünf Fenstern steht da im Mittelpunkt des Bildes. Die Kuppel mit ihrem hohen, durch vier Risalite gegliederten Tambour, dessen Fenster von Saladin ehedem verschlossen wurden, sieht aus der Ferne recht schmucklos aus. Man ahnt nicht, daß der Erbauer sich doch einige Mühe mit ihrer Verzierung gab. Nicht weniger als 96 kleine Kragsteine tragen das Gesims des Tambour, und zwar in stets wechselnden Formen. Männerköpfe, Frauenköpfe, Ochsenköpfe, ein Baum, eine Nische mit Säulen, eine runde Öffnung, ein S, ein T, neben anderen Motiven bloß ornamentaler Natur zeugen von der erfinderischen Phantasie der Steinmetzen. Ihr freies Walten ist den griechischen Mönchen so unverständlich, daß sie aus den echt romanischen Ornamenten eine Inschrift herauslesen wollen, welche einen byzantinischen Kaiser als den Erbauer der Kirche verkündet.

Die Apsis des Domes erschreckt jetzt geradezu durch ihre Häßlichkeit. Wie ein offenes Wallfischmaul gähnt darüber ein Aufsatz im Barockstil. Er gehört der griechischen Restauration an und ist natürlich abzuschneiden. Darunter zieht sich ein Kranz von kleinen Nischen und runden Öffnungen im Wechsel rings herum. Eine Blendarkade mit vielen Säulchen ist dafür einzusetzen. Die Fenster haben noch immer eine Umrahmung ihres oberen Teiles. Ursprünglich wird diese auf Pilastern geruht haben. Rechts und links von der Apsis sieht man die Enden der Seitenschiffe. Ein jetzt zugemauertes Portal mit Spitzbogen und korinthisierenden Säulen hat ehemals zur Linken auf das Dach des Chorumgangs und Kapellenkranzes geführt.[1] Die Wand wäre hier wegen der geringen Spannweite des inneren Gewölbes niedriger ausgefallen als auf der Nordseite. Man hat dem Übelstand durch eine aufgesetzte Kulisse abgeholfen. In der Stirnwand des nördlichen Seitenschiffes entspricht dem Portal nur ein Fenster in einfachem Rahmen. Man empfand ihre unsymmetrische Breite und hat sie deshalb durch Absetzung der Steine in einer senkrechten Linie für das Auge ohne ein von der Gliederung des Inneren gewonnenes Recht in zwei Teile geschieden. Ein schmaler Sims beginnt an der linken Achsel

[1] Die beiden jetzt darin angebrachten Fenster erhellen das Treppenhaus und einen Wohnraum im Konvent der Griechen.

der Chorwand, senkt sich an der rechten, um dann an der Ostwand des nördlichen Querschiffes zu enden. Der Einfall ist so originell, daß man ihn wohl dem ersten Erbauer der Kirche zutrauen möchte. Er ist, wie mir scheinen will, veranlaßt durch den Wunsch, die verschiedene Höhe der Querschiffe auszugleichen.[1] Daß der Vorbau auf der linken Seite wegzudenken ist, ergab sich schon vorher. Aber auch rechts beweist die Bauart des mit einem Fenster versehenen nördlichen Anbaus ebenso wie sein schmuckloses Innere, daß er erst später hinzukam.

Wie Golgotha ist auch das Gefängnis Christi mit seiner Vorkapelle vom Oberbau der Kirche nicht eingeschlossen worden. Wer das letztere von außen zu sehen wünscht, fordert freilich unmögliches. Im Souterrain des koptischen Klosters habe ich vergeblich danach gesucht, bis mir klar wurde, daß es sich unter seinem Boden in der Erde befindet, an einer Stelle, die jetzt als Hühnerstall dient.

Der Kapellenkranz ist jetzt fast vollständig eingebaut. Nur die Rückwand der Mittelkapelle ist noch von außen zu sehen mit einem verzierten Fenster, das sich wie eine Türe ausnimmt, weil die Kapelle bis zu ihm im Boden steckt. In der kleinen abessynischen Kapelle links daneben sieht man noch den oberen Rand eines zweiten Fensters derselben Kapelle, aber auch einen Teil des hohen Fensters des Chorumgangs über der Treppe zur Helenakapelle und den Rand eines Fensters der Kapelle der Dornenkrönung. So überzeugt man sich, daß diese jetzt lichtlosen Kapellen auch ihre Fenster hatten. Aber noch mehr ist zu sehen. In der Vorhalle des koptischen Klosters steigt man auf einer Treppe zu einem Nebenraum[2] hinauf und bemerkt hier den oberen Teil und das Oberlicht einer großen Tür neben dem Rand des dritten Fensters der schon erwähnten Mittelkapelle. Dies war die Tür, durch welche die Domherren des heiligen Grabes ehemals zu ihrem Chore schritten. Eine Anzahl Stufen haben hier früher zur Kirche hinabgeführt. Das Gesamtbild der Kirche von der Ostseite entbehrte bei allen Unregelmäßigkeiten des Baues nicht des malerischen Reizes. Ich stehe nicht an, diese Ansicht, wie sie ursprünglich war, als die schönste zu bezeichnen. Der Glockenturm am hier so vorteilhaft zur Geltung, daß man meinen möchte, er sei speziell geschaffen worden, um in dieser Richtung zu wirken.

An der jetzigen Wand der Anbauten des Kapellenkranzes sind uns Kragsteine mit Bogenansätzen aufgefallen, welche von breiten Pfeilern

[1] Hier wie in vielen anderen Punkten ist es ein Übelstand, daß es an einer genauen Aufnahme der vertikalen Verhältnisse der Grabeskirche fehlt.

[2] Darunter befindet sich ein von der Grabeskirche aus zugänglicher Schlafraum der Griechen.

ausgehen. Die Kragsteine haben die Form von zwei gekuppelten kurzen Säulen mit Kapitälen, welche mit einem Knie aus der Wand herauszuwachsen scheinen.[1] Es ist eine zur Kreuzfahrerzeit beliebte Kragsteinform, mir sonst bekannt von den Kirchen von en-nebi samwīl und in ḳerjet el-ʿenab bei Jerusalem. Exemplare derselben Konsolen finden sich in der Vorhalle des koptischen Klosters, in dem zu ihr führenden Gange und in der Kapelle des Erzengels Michael. Sie alle gehören zu dem Kreuzgange des Domherrenstiftes, welcher der Grabeskirche im Osten vorgebaut war.[2] Die Reste erlauben einen sicheren Schluß auf seine Größe und sein Aussehen. Eine Arkade von sieben offenen Bogen lief an der Ostseite der Grabeskirche entlang, und eben solche Arkaden umfaßten einen viereckigen Hof, in dessen Mitte sich die aus der Erde ragende Kuppel der Helenakapelle erhob. Ein Teil der Verzierung der Bogen und Pfeiler an der Außenseite ist an der nordöstlichen Ecke des jetzigen Hofes erhalten.[3] Ein antikisierendes Eierstabmuster war hier an den Bogen angebracht, während sie im Inneren schmucklos blieben.[4] Der Kreuzgang schloß sich an seinen beiden westlichen Ecken durch größere viereckige Hallen an die Grabeskirche. Die nördliche ist zur Hälfte in der Vorhalle des Koptenklosters, zur Hälfte in den südlich an sie stoßenden Räumen erhalten, die südliche teils in der Michaelskapelle, teils in Refektorium und Dormitorium der Griechen. In der ersteren stützte eine Säule mit korinthischem Marmorkapitäl, wohl aus der Basilika Konstantins,[5] das Gewölbe, in der letzteren trug die Mittelsäule ein mit dem Kreuz geschmücktes Würfelkapitäl, das an die Kapitäle der ehemaligen nordwestlichen Vorhalle der Kirche (S. 37), aber auch an die Kapitäle des großen Refektoriums der Domherren erinnert, das im Süden an den Kreuzgang stieß.[6] Auch das letztere wäre unschwer zu rekonstruieren. Ein gewaltiges Gewölbe seines Souterrains dient neuerdings wieder als Pilgerspeisesaal im Abrahamskloster. Von hier führten ursprünglich Zugänge zu dem jetzigen Refektorium der Griechen hinter Golgotha und zur Helenakapelle.[7] Der Westteil seines Oberbaus hat die Apostelkapelle der Griechen aufgenommen,

---

[1] S. Tafel III Nr. 1 und Cl. Ganneau, Archaeological Researches I, S. 97, 99. Die Bogenweite beträgt 4,60 m, die Höhe der Pfeiler 2,05 m.

[2] Der Kreuzgang entsprach ungefähr der alten Konstantinsbasilika.

[3] S. Tafel III Nr. 3.

[4] De Vogüé, Les Églises, S. 189 f., dachte hier an einen Rest der Basilika Konstantins, hat aber diese Ansicht später zurückgenommen.

[5] S. Cl. Ganneau, Arch. Res. I, S. 98.

[6] Details des Gebäudes s. Cl. Ganneau, a. a. O., S. 95 f.

[7] S. Neophytos bei Joannides, Proskynetarion, S. 246, Anm.

der Rest begrenzt als Ruine den Hof der Abessynier auf der Südseite.[1] Die Wohnungen der Domherren und ihr Schlafsaal lagen nördlich vom Kreuzgang, wo mächtige Gewölbe unter dem koptischen Kloster noch immer den massiven Bau des Stiftes bezeugen.[2]

In den eben erwähnten Gewölben, unter denen ein jetzt unzugängliches Arkosoliengrab im Felsen gefunden wurde, kann man auch nach der Nordseite der Grabeskirche herumgehen. Aber es gibt hier keinen Ausgang zu ihrem Nordhofe, der nur von der Kirche selbst zugänglich ist. Daß das Gefängnis Christi hier außerhalb des Bereichs der Kirche unter der Erde liegt, war schon gesagt, ebenso, daß im Oberstock die nordöstliche Ecke[3] über dem Vorraum des Gefängnisses eine spätere Zutat ist. Von außen stößt hier an die Grabeskirche die Kapelle des Koptenklosters, unter deren Südende die jetzigen Aborte der Grabeskirche liegen. Ursprünglich dürfte der Oberstock der Kirche hier freigelegen haben. Doch hat man auf größeren Schmuck der Außenseite verzichtet, weil der hier befindliche Hof wohl stets die Kloake der Kirche enthielt und nur als Hinterhof betrachtet wurde. Vier durch eine erhabene Leiste verbundene und zwei unverbundene Bogenfenster[4] im Oberstock, zwei gekuppelte Fenster mit Säulchen und eine einfache Tür im Unterstock unterbrechen allein die Fassade. Es folgt an der Nordseite der Kirche die wohl erst später hier angebaute Sakristei der Lateiner und ihre Marienkapelle, welche bis in byzantinische Zeit zurückreicht. Hier endet unser Rundgang an der Stelle, wo wir zuerst an die Kirche herantraten.

Aber es ist Zeit in das Innere des Domes zu schauen. Wir betreten es vom südlichen Hauptportal. Arabische Wächter sitzen da zur Seite, nicht, wie Unwissende sagen, um die Streitigkeiten der Konfessionen zu schlichten, sondern um das Schlüsselrecht der türkischen Regierung zu wahren. Zur Vereinfachung der Aufsicht sind alle Ausgänge der Kirche

[1] Südlich davon liegt eine vom Abrahamskloster aus zugängliche ungeheure Zisterne, die zum Bau Konstantins gehören mag.

[2] Eine mächtige, sehr tiefe Zisterne, zu der man hier hinabsteigen kann, stammt vielleicht wie die in der vorigen Anmerkung erwähnte aus der Zeit Konstantins. Beide Zisternen haben in Verbindung mit der Helenakapelle Anlaß gegeben zu der Annahme eines von Ost nach Süd die Grabeskirche umziehenden alten Stadtgrabens, der in den gedruckten Plan Schicks eingezeichnet ist. Aber Schick selbst hat schließlich diese Idee aufgegeben, wie u. a. sein im Besitze unseres Instituts befindliches Modell der Unterbauten der ganzen Gegend der Grabeskirche zeigt, welches vor allem die Gestalt des Felsbodens klarlegen soll.

[3] Sie stellt sich im Innern dar als eine Verlängerung der nördlichen Empore der Kirche.

[4] Von diesen Fenstern sind die beiden am weitesten nach Osten gelegenen jetzt verbaut.

Tafel 3.

Im nördlichen Transept der Grabeskirche.

Aufnahme der Amerikanischen Kolonie in Jerusalem.

außer diesem verschlossen worden, was bei Überfüllung der Kirche den Aufenthalt darin lebensgefährlich macht und schon viele Menschenleben gekostet hat.

Der erste Blick in das Innere bedeutet eine große Enttäuschung. Man erwartet ja nicht eine wohlgepflegte moderne Kirche und würde sich durch altersgeschwärzte Hallen nicht verletzt fühlen. Aber man hat ein Recht, zu fordern, daß man hier nahe der Vierung des Domes hohe und weite Ausblicke habe. Die wohlgeschmückte Fassade verhieß entsprechenden Schmuck des Innern. Die Fenster über dem Portal versprachen eine Fülle von Licht. Nichts von alledem ist vorhanden. Die Fenster sind von innen unsichtbar. Hohe Wände mit lichtlosen Öffnungen hemmen nach allen Richtungen den Blick. Der vorhandene architektonische Schmuck, wenn man diese Bezeichnung brauchen darf, hat mit dem Stil der Kirche nichts gemein. Ein Gewirr von silbernen Lampen, unförmliche Kerzen, unsäglich schlechte Bilder, die nicht einmal einen Alterswert besitzen, ein Geruch, aus Weihrauchduft und menschlicher Ausdünstung gemischt, kein gedämpftes Licht, welches die Phantasie anregt, sondern ganz gewöhnliche Dunkelheit, in die das Tageslicht von der offenen Türe her hineinblendet: alles vereinigt sich, um abzustoßen, die Andacht, die man gern hier hineinbrächte, nicht zu heben, sondern zu töten. Wo ist die Domkirche der Kreuzfahrer geblieben? So hat sie nicht aussehen können, so war sie nicht; und doch läßt sich nicht verkennen, daß sie noch vorhanden ist, nur maskiert durch schlimme Zutaten und Veränderungen, die zumeist das Gepräge einer Zeit und eines Geistes tragen. Der Vergleich mit älteren Plänen und Ansichten zeigt unwiderleglich, daß die griechische Renovierung nach dem Brande von 1808 fast an allem Unheil schuld ist. Ihre Prinzipien lassen sich folgendermaßen zusammenfassen. Die Besitztümer der verschiedenen Konfessionen werden durch möglichst hohe und massive Wände geschieden ohne jede Rücksicht auf die Schönheit des Baues und seine Lichtverhältnisse. Durch den Brand nur beschädigte Kapitäle und Säulen werden mit Zement verkleistert und stehen gelassen. Zerstörte Säulen werden durch möglichst massive Pfeiler ersetzt, Arkaden durch Wände mit Scheinfenstern. Der für alle Änderungen vorgeschriebene Stil ist nicht der der Kirche, sondern ein grobes Barock, das kaum den Namen einer Stilrichtung verdient. Komnenos aus Mitylene hieß der Maurermeister, der diesen Vandalenstreich verübte. Er hat am heiligen Grabe seinen Namen so anspruchsvoll angebracht, daß man an ihm nicht vorübergehen kann. Zu seiner Entschuldigung kann nur zweierlei gesagt werden. Erstlich lebte er in einer Zeit, in der man auch in unsrer Heimat romanische Kirchen nicht verstand, sondern verunstaltete, und zweitens hatte man schon vor ihm begonnen, die Kirche durch Wände zu scheiden, besonders weil seit dem Verschlusse der Kirche durch die türkische Regierung für etwa 30 Kleriker in ihrem Bereiche ständige Wohnungen zu schaffen waren. Komnenos baute nur massiv, was vorher aus Brettern bestand.

Glücklicherweise besaß K. nicht den Fanatismus des Neuerers, dessen Ideen alles Bestehende angepaßt werden soll. Er hat immer noch so viel übrig gelassen, daß man sich vom ursprünglichen Zustande eine Vorstellung bilden kann. Um diese Aufgabe zu lösen, müssen wir uns vor allem nach dem nördlichen Querschiff begeben, das der Brand und somit auch die Wiederherstellung sehr wenig angetastet hat. Das ursprüngliche System des Baus ist dort noch völlig sichtbar. Ein auf ziemlich flache Spitzbogen[1] konstruiertes Kreuzgewölbe mit Rippen,[2] ruhend auf vier schlanken Pfeilerbündeln, bildet die Bedachung. Die Wandfläche ist aufgelöst in eine zweigeschossige Arkade von je zwei Spitzbogen. Im Untergeschoß[3] werden die Bogen links und rechts von je einer Halbsäule, in der Mitte von einer Vollsäule getragen. Im Obergeschoß sind Pfeiler die Träger der Bogen, aber verstärkt durch ein Halbsäulenpaar an jeder Innenseite. Über dem Obergeschoß füllt die Spitze der Wandfläche ein gekuppeltes Paar kleiner Rundbogenfenster, deren innere Bogen von Säulchen getragen werden. Da, wo die geringere Breite der Wandfläche nur eine Arkade mit einem Bogen gestattete, der aber breiter ausfallen mußte als bei den zweibogigen Arkaden, sind auch im Untergeschoß zwei Halbsäulen beiderseits als Stützen verwandt, und über dem Oberstock ist nur ein Fensterchen angebracht. Sonst ist das System das gleiche.

Auch die Wand des Seitenschiffs blieb nicht ganz ohne Gliederung. Nach Norden zu hat man freilich im Untergeschoß darauf verzichtet, weil man Anlaß hatte, hier eine Säulenhalle aus byzantinischer Zeit stehen zu lassen. Man tat dies gewiß nicht aus bloßer Freude am Alten, denn der jetzige Befund zeigt, daß nur eine einzige Säule mit Kapitäl vollständig erhalten war. Das Fehlende hat man teils durch Pfeiler, teils durch zusammengeflickte Säulen ersetzt und so eine ehedem wohl achtbogige Kolonnade hergestellt, bestehend aus Pfeiler, Säule, Pfeiler, zwei Säulen, Pfeiler, worauf, nach dem jetzigen Gewölbe zu schließen, nochmals zwei Säulen und ein Pfeiler folgten. Die in sich ebenmäßige, aber zur Stirnwand des Querschiffes schief stehende Kolonnade verdeckte für den

[1] Die Grabeskirche ist ein frühes Beispiel des Spitzbogens in romanischer Umgebung, was sich durch den Einfluß arabischer Bauweise erklärt.

[2] Im nördlichen Transept sind die Rippen erhalten.

[3] S. Tafel II.

Besucher den Übelstand, daß die auf die Vorhalle[1] des Gefängnisses Christi zuführende Linie und die Achse der Kirche divergierten. Sie verhinderte natürlich eine Fortsetzung des Systems der Kirche nach der Rückwand der von ihrem System abweichenden Kolonnade. Im Oberstock fiel dieses Hindernis weg. Hier ist dann auch die Gliederung der Wand des Nebenschiffes eine völlig ebenmäßige. Den Eckpfeilern des Hauptschiffes entsprechen breite Pilaster mit Kapitälen, dazwischen ist die Wand durch Halbsäulen in vier Felder geteilt, deren jedes durch ein kleines Fenster durchbrochen ist. Hohe Schränke verdecken jetzt leider die Wand sonst wäre das Bild des alten Domes in dieser Gegend fast vollkommen.[2] Auf die große Zahl verschiedener Kapitälformen, die vom Erbauer verwandt wurde, kann hier nicht eingegangen werden.

Nach dem soeben ausgeführten Schema ist der ganze Dom vorzustellen. Bei Golgotha allein mußte das Bausystem dadurch unterbrochen werden, daß man den Unterstock durch ein Zwischengeschoß halbierte, in dessen Höhe sich das Kalvarienheiligtum befand. Diese nicht zu umgehende Anordnung hatte etwas Kleinliches; aber sie störte nicht den Gesamteindruck. Erst die von Komnenos hier vorgesetzte Terrasse hat auch an dieser Stelle die Kirche geschändet.[3] Nirgends schieden Zwischenwände die hohen Räume. Offene Arkaden mit Emporen umzogen die Hauptschiffe. Frei schweifte der Blick von Wand zu Wand. Die Fenster hinter und über den Emporen füllten das Innere mit hinreichendem Licht, sie konnten farbige Verglasung, von der aber nirgends berichtet wird, erhalten haben. Die Lichtfülle des Innern wurde vermehrt durch das Goldmosaik, das die Gewölbe der Hauptschiffe und der Kapellen überzog. Mosaikgemälde schmückten die Decke des Chores[4] und der Kalvarienkapellen.[5] Lateinische und an einigen Stellen griechische Inschriften deuteten ihren Sinn. In der Geburtskirche zu Bethlehem sehen

---

[1] In ihr zeigte man die Reliquie des Fesselungssteines Christi, aber auch die Kreuzesreliquie wurde hier für die Pilger ausgestellt.

[2] Vom Konvent der Lateiner aus führt eine Treppe zuerst zu ihrem Teil der Empore der Grabesrotunde und von da zu der Nordarkade des Oberstocks der Kirche.

[3] Daß Komnenos gleichzeitig die Grabdenkmäler der lateinischen Könige am Eingang in die Adamskapelle und hinter dem jetzigen Salbungsstein entfernte, rechnen die Griechen sich als Verdienst an, weil mit Blut befleckte Krieger nicht in einer Kirche begraben sein dürften. An den Bildern des Konstantin und des Heraklius nahmen sie aber keinen Anstoß.

[4] Hier sah man Christus, von Engeln und Aposteln umgeben.

[5] An der Decke der lateinischen Kapelle war die Himmelfahrt abgebildet, sonst sah man hier das hl. Abendmahl, Isaaks Opferung, David, Salomo, Elias, Jesaja, Daniel, Hosea, Obadia, Habakuk, Zephania, aber auch Heraklius und Helena.

wir noch Reste von Mosaiken, welche fast genau zur gleichen Zeit und vielleicht von denselben byzantinischen Künstlern angefertigt wurden. Wie diese muß man sich das Innere der Grabeskirche vorstellen.[1] Ein einziges unscheinbar gewordenes Überbleibsel befindet sich noch im Gewölbe der lateinischen Kalvarienkapelle.

Auch der Chorabschluß war ursprünglich nicht durch eine Wand vom übrigen Chore getrennt. Die Fensterwand der Apsis mit ihrer jetzt ins Barock umgesetzten Arkade ruhte nicht wie jetzt auf massigen Pfeilern, sondern auf schlanken Säulenpaaren, zwischen denen das Licht des Chores sich dem Chorumgang mitteilte. Dieser mit seinem Kapellenkranz zeigt noch immer die alte romanische Ornamentik. Aber die Fenster der Kapellen, die Oberlichter der Türen sind vermauert. An Anfang und Ende versperren in das Gewölbe gesetzte Zimmer auch das Licht, das sonst von den Seitenschiffen herkäme. Was jetzt den Eindruck eines Kellerganges macht, war ursprünglich ein heller Schmuckteil des Domes. Daß man jetzt aufatmet, wenn man in die wohl erhellte Krypta der Helenakapelle hinabgestiegen ist, gehört zu den Dissonanzen, mit denen unsre heutige Grabeskirche den Geschmack beleidigt.

Die Helenakapelle ist in ihrer Anlage gewiß ein Rest der Konstantinsbasilika, dem sie als Krypta diente. Die vier Kapitäle, welche die Träger ihrer Kuppel zieren, müssen aus byzantinischer Zeit stammen, aber die Träger selbst sind Flickwerk und gehören mit den Gewölben in die Zeit der Kreuzfahrer.[2] Zu ihrem Stil paßt auch der Tambour der Kuppel mit seinen einfachen Verzierungen an den äußeren Ecken,[3] obwohl es scheint, als habe es zur Zeit des Lateinischen Königstums hier nur eine große Deckenöffnung, aber noch keine Kuppel gegeben.[4] Es ist klar, daß man sich keine Mühe gab, hier ein völlig stilgerechtes Bauwerk herzustellen. Das erklärt sich dadurch, daß für die Kreuzfahrer die Kreuzfindung und das Andenken der Helena zurücktrat hinter den Stätten des Todes und der Auferstehung Christi. Anders stand es bei der Grabesrotunde, dem Hauptheiligtum der Kirche, dem wir zum Schlusse unsere Schritte zulenken.

---

[1] Um 1720 wurden hier die Mosaiken bei einer umfassenden Restauration bis auf geringe Reste entfernt.

[2] Die zur Kapelle hinabführende Treppe mit ihrem Knie, an dem in neuerer Zeit korrigiert worden ist, gehört auch dem Kreuzfahrerbau an, denn auf ihn ist sie berechnet.

[3] Nur auf der West- und Südseite sind sie in der Form von „Diensten“ an drei Eckpilastern erhalten. Auf der Ost- und Nordseite ist teils gar keine Verzierung angebracht, teils nur Flickwerk anderer Herkunft.

[4] S. Citez de Jherusalem, bei Tobler, Descriptiones, S. 205, und Theoderich.

Die Kreuzfahrer, welche am 15. Juli 1099 Jerusalem eroberten, hielten nach ihrem blutigen Werke ihre erste Andacht am Grabe Christi, das heißt, in dem Rundbau, welcher damals „die“ Kirche des heiligen Grabes war. Sie fanden ihn vor, wie eine nicht lange vorher im Jahre 1048 erfolgte Restauration des byzantinischen Kaisers Konstantinos Monomachos sie hergestellt hatte, eine Rotunde, umgeben von Arkaden in zwei Stockwerken, die ein ringsum laufendes Seitenschiff darstellten. Die Außenwand der auf zwanzig Träger berechneten Arkaden hatte Apsiden nach den vier Himmelsrichtungen, bei denen aber auffällt, daß die nördliche und südliche etwas nach Westen gerückt sind, so daß die Arkadenöffnungen zu ihnen nicht ganz passen, wohl ein Zeugnis dafür, daß die Arkaden und die Außenmauer verschiedenen Bauperioden der byzantinischen Zeit angehören. Übrigens war nur die Ostapside zur Zeit der Kreuzfahrer noch mit einem Altar versehen, die Altäre der übrigen Apsiden waren infolge der Durchführung des kirchlichen Gesetzes über die Ostrichtung der Altäre verschwunden. Möglicherweise war der schon damals an die Westseite der Grabeskapelle angesetzte Altar ein Ersatz für den ehemaligen Altar der westlichen Apsis. In die Nordapsis mündete jetzt der vom Marientor (S. 36 f.) herkommende Westeingang der Kirche.

Als die Kreuzfahrer ihre Domkirche bauten, haben sie an der Rotunde nur so viel geändert, als nötig war, um die neue Kirche mit der alten zu verbinden. Man schob den Neubau so nahe heran, daß seine Vierung ihre Mitte ungefähr da hatte, wo die ehemalige östliche Apsis der Rotunde endete. Die Weltenmitte, bei der man zur Kreuzfahrerzeit gern auch die Salbungsstätte zeigte,[1] lag damals an der Außenwand jener Apsis, jetzt unter der Vierungskuppel, ohne ihren Platz gewechselt zu haben. Das um das Querschiff herumgehende Seitenschiff ließ man in das Seitenschiff der Rotunde da übergehen, wo bisher die Eingangsportale der Rotunde gewesen waren. Der Vorraum der früheren Ostapsis wurde zum Triumphbogen, der Vierung und Rotunde verband, der frühere Hochaltar der Rotunde sank zum Laienaltar herab, weil der neue Hochaltar im Domherrenchor zu stehen hatte; man ließ ihn im Gebrauche der Griechen, später ist er ganz verschwunden. Die allgemeine Anordnung der Kirchenteile ist noch immer die gleiche, und wer durch eine der Türen in der jetzigen Kuppel von oben in die Rotunde hinabblickt, erhält auch jetzt den Eindruck eines imponierenden Raumes. Aber man sucht vergebens nach ihrem ursprünglichen, architektonischen Schmuck. Sechzehn plumpe Pfeiler tragen die gegen den früheren Zustand wesentlich

[1] S. Johann v. Würzburg, bei Tobler, Descriptiones S. 146, Innominatus VII u. VIII, ebenda S. 101, 194. Vgl. Quaresmius, Elucidatio II, S. 441.

erhöhte Kuppel, deren mehr für ein Provinzialtheater als für eine Kirche passende papierene Ornamentik in Fetzen herunterhängt, nicht zur Ehre der drei Erbauer, welche eitel genug waren, ihre deutsch klingenden Namen (Mauß, Eppinger, Salzmann) groß und breit daran zu setzen. Die Pfeiler sind so dick, daß sie nur schmale Zwischenräume lassen und darum das Seitenschiff vom Hauptschiff völlig trennen. Unten hat man sogar Wände mit Türen dazwischen gesetzt. Das war einst anders. Nur da, wo jetzt etwas weitere Zwischenräume sichtbar sind, trugen auch früher Pfeiler die Bogen beider Geschosse. Sonst waren im Unterstock durchweg starke korinthische Säulen, im Oberstock mit Pfeilern abwechselnd schwächere Säulen mit Würfelkapitälen die Träger.[1] Pracht herrschte statt der jetzigen Nüchternheit, denn alle Pfeiler waren mit Marmor bekleidet, der Tambour mit Goldmosaik überzogen, von dem die Figuren von Aposteln und Propheten sich abhoben,[2] ein Mosaik der Himmelfahrt Christi schmückte den Triumphbogen. Die inneren Flächen des runden Daches glänzten von vergoldetem Kupfer. Licht kam hier nur von oben durch die ungedeckte Mittelöffnung der Bedachung. Es fiel zunächst auf die Grabeskapelle in der Mitte der Rotunde. Ihr früheres Äußere ähnelte dem jetzigen, denn auch damals war sie mit Marmor bekleidet und wurde von einem Pavillon gekrönt. Aber sie war niedriger und minder aufdringlich als das jetzige bombastische Gehäuse, das man neuestens sogar für eine Weltausstellung nachgebildet hat. Auf dem mit vergoldeten Schuppen gedeckten Pavillon stand ein silbernes Christusbild.

Eine byzantinische Rotunde und ein romanischer Dom, auch dieser teilweise von byzantinischer Kunst geschmückt, das war die Grabeskirche des Lateinischen Königtums. Soll sie für immer hinter dem barocken Firlefanz des mitylenischen Maurermeisters verschwinden? Die verletzte Pietät gegen das altehrwürdige Denkmal, der mit Füßen getretene Schönheitssinn, die von heiliger Stätte vertriebene Andacht, sie alle protestieren. Die Zeit muß kommen, da der jetzt von allen Seiten ängstlich gehütete status quo als eine Schändung des Heiligen mit eisernem Besen weggefegt wird und aus ihren Grabtüchern wie ein Phönix hervorgeht die byzantinisch-romanische Grabeskirche als das von Orient und Okzident gemeinsam errichtete Denkmal des aus dem Grabe erstandenen Erlösers.

[1] Von den 20 Trägern der Rotunde sind vier auf der Ostseite durch den Triumphbogen ersetzt. Von den übrig bleibenden 16 Trägern waren im Unterstock 6, im Oberstock 10 Pfeiler, der Rest Säulen.

[2] Südlich Ezechiel, Daniel, Hosea, Joel, Amos, Obadia, nördlich Thomas, Jakobus, Philippus, Matthäus, Bartholomäus, Simon Kananäus. Sonst waren im Nordosten noch Tobias und an anderer Stelle Konstantin und Helena zu sehen.

Anweisung für den Besuch der Grabeskirche.

Man besichtige zuerst die Kapellen am Südhofe, das Abrahamskloster mit seinem Refektorium, seiner Zisterne und der Abrahamskapelle, sodann das Erdgeschoß der Kirche mit besonderer Beachtung der Architektur des nördlichen Transeptes und des Chorumganges. Dann lasse man sich vom lateinischen Konvent nach der Empore der Grabesrotunde und der oberen Arkade des nördlichen Transeptes führen (Erlaubnisschein vom Bureau des Franziskanerklosters notwendig). Von der griechischen Verwaltung der Grabeskirche neben der Adamskapelle erbitte man Führung auf die Höhe der südlichen Mauer des Griechenchores. Von der Marktstraße aus betrete man den Hof des abessynischen Konvents und die Vorhalle des koptischen Klosters. Von den Abessyniern lasse man sich ihre Kapelle öffnen, von den Kopten die Michaelskapelle und die große Zisterne unter ihrem Kloster. Schließlich gehe man vom griechischen Hauptkloster aus (Eingang gegenüber dem griechischen Patriarchat) — keine besondere Erlaubnis nötig — nach dem Dache der Grabeskirche und steige dort bis auf das Dach der Hauptschiffe hinauf, lasse sich auch eine Tür zur Empore in der Kuppel der Grabesrotunde öffnen, um in sie hinabzuschauen. Wer den in der Grabeskirche verwahrten Reliquienschatz und die kostbaren Teppiche, Gewänder, Krummstäbe und Kopfbedeckungen der Griechen sehen will, erwirkt sich am besten im voraus eine Erlaubnis des Patriarchen oder des griechischen Verwalters der Grabeskirche.

3. Das Jerusalem der Kreuzfahrer.

Von Privatdozent Lic. P. Volz in Tübingen.

Mit einer Skizze.

Unter den vielen Jahrhunderten, die die heilige Stadt der Welt in ihrem wechselvollen Geschick erlebte, ist das zwölfte nach Christus eines der bedeutendsten und eigenartigsten, das Jahrhundert, in dem das Europäertum, das geistliche und hinter ihm das weltliche, über Jerusalem kam und es fast gewaltsam an sich ziehen wollte. Es ist deswegen gewiß der Mühe wert, das Bild der Stadt im Kreuzfahrerjahrhundert näher kennen zu lernen. Wir sind in der glücklichen Lage, darüber zureichende Auskunft zu bekommen. Denn ehrwürdige und gelehrte Pilger, die in jener Zeit, wohl mehr denn je, das heilige Land besuchten, haben, um ihr Pfund nicht zu vergraben, wie einer von ihnen sagt, ihre Reiseberichte niedergeschrieben. Sie bilden eine mannigfaltige Schar, diese schriftstellernden Jerusalemfahrer, verschiedener Nation und Konfession und verschiedener Art. Da ist der Angelsachse Saewulf, der früher Kaufmann gewesen, dann Mönch geworden war und „die Mängel seines Lebens durch eine Reise ins heilige Land zudecken wollte.“ Er kam unmittelbar nach dem Einzug der Kreuzfahrer nach Jerusalem; in seinem Bericht steht also die Stadt in der Gestalt, in der die Eroberer sie antrafen. Weiter der russische Abt Daniel aus Kiew, ein gelehrter und angesehener Herr, der im Jerusalemer Kloster der Sabamönche wohnte. Da er 16 Monate lang im Land umherzog und sich von Kundigen beraten ließ, außerdem vermöge seiner Stellung hohe Beziehungen (z. B. zum König Balduin) hatte, ist er ein trefflicher Zeuge und hat manches was andern verborgen blieb, wie das Innere des Davidturms oder die Zeremonie des heiligen Feuers, aus nächstem Augenschein beschreiben können. Er ist zugleich in seiner Person ein schönes Beispiel für das Einvernehmen, das im Anfang die herrschende lateinische und die alteingesessene griechische Kirche verband. Nach dem Russen kommt der spanische Jude Rabbi Benjamin von Tudela, ein antiker Zionist; er bereiste das heilige Land, um für seine gedrückten Brüder in Spanien einen etwaigen Auswanderungs- und Zufluchtsort zu erkunden; er erzählt von der Westseite der Tempelmauer, wo die Juden damals schon ihre Andacht verrichteten, von den unterirdischen Gängen des salomonischen Palastes, wo seine Glaubensbrüder an der alten Schlachtstätte der Opfertiere ihre Namen an die Wand schrieben, vom Davidsgrab auf dem Zion, das eben erst neu wieder entdeckt worden sei. Noch erwähnen wir zwei lateinische Priester, die einander vielleicht im Leben nahestanden und uns eingehend unterrichten, jeder in besonderer Weise. Der eine, Johann von Würzburg, wandert mit dem Neuen Testament in der Hand; er begleitet die Erdentage Jesu Schritt für Schritt und beschreibt die heiligen Stätten nicht in ihrer örtlichen Reihenfolge, sondern in der erbaulichen Folge der Lebensgeschichte des Erlösers. Er erweist sich recht als ein Deutscher, einmal dadurch, daß er trotz seines frommen Sinnes die Legenden zuweilen mit kritischem Verstand prüft, und dann dadurch, daß er den Anteil seiner Landsleute an der Eroberung Jerusalems lebhaft und mit einem gewissen Ärger gegenüber dem Überwiegen des fränkischen Elements hervorhebt. Sein Amts- und Vaterlandsgenosse Theodorich ist ein hervorragender Berichterstatter; er hat die Stadt allem nach in der Blütezeit ihres Kreuzfahrerlebens gesehen, hat sie nicht bloß mit der Bibel und dem Legendenbuch in der Hand angeschaut, sondern er hatte auch ein Auge für das, was damals lebte und webte, für jene großen Orden seiner Zeit, für die damaligen Straßen und Märkte, für das kultische Treiben der Bewohner und Pilger der heiligen Stadt.

Das sind für uns die erlauchtesten Führer, zu denen sich noch manche Namen fügen ließen, wie z. B. der griechische Mönch Phokas, der Geschichtschreiber Wilhelm von Tyrus oder der Muhammedaner Edrisi vom sizilischen Königshof, der die heiligen Stätten der Christen mit ausführlicher Verehrung schildert. Außerdem dienen uns noch etliche Karten aus jenem Jahrhundert, die freilich für unsere heutigen Ansprüche dürftig sind; das erste Lob gebührt der in der Bibliothek von Cambray liegenden, um 1150 gezeichneten. Was die Karten an Wünschen übrig lassen, ersetzt eine vortreffliche Beschreibung der Stadt Jerusalem aus der Zeit Saladins, von einem Lateiner in französischer Sprache verfaßt: „La Citez de Jherusalem“, eine hervorragende, klar geschriebene, fein angeordnete Topographie der Stadt; in einfacher, sachlicher Sprache führt sie uns von Straße zu Straße und macht auf die Sehenswürdigkeiten aufmerksam. Es würde sich lohnen, dieses Büchlein ein andermal für sich allein zu studieren und auszuschreiben.

Versetzen wir uns nun in jenes Jahrhundert zurück, um die Stadt von außen und von innen zu beschauen! Unsere Gewährsmänner wissen, daß die Stadt in gar alter Zeit eine andere Lage hatte: Hadrian habe sie vom Süden in den Norden verschoben. Sie bemerken, daß das befestigte Jerusalem auf zwei Hügeln liegt, die durch ein Tal getrennt sind; dieses Tal laufe, sagen sie, mitten durch die Stadt; es war offenbar damals innerhalb Jerusalems noch mehr sichtbar als heute. Die beiden Hügel der Stadt werden zuweilen Morijah und Zion genannt. Unter Zion verstehen unsere Pilger teilweise den ganzen Westhügel (mit Davidsturm, Grabeskirche und Zionskirche) im Gegensatz zum Osthügel mit dem Tempel, teilweise nur den Hügel außerhalb der Stadtmauer, das was heute Zion heißt; teilweise gebrauchen sie Zion im Sinne von Jerusalem. In der näheren Umgebung der Stadt fällt der Mangel an Bäumen und an Quellwasser auf, der den Kreuzfahrern so viel zu schaffen machte; nur Siloa hat lebendiges Wasser. Man hilft sich durch Zisternenwasser; fast bei jedem Haus ist der Regen gesammelt, außerdem stehen an zahlreichen Orten öffentliche Teiche. Überall ist viel arbeitender Fleiß und Reichtum der Natur zu beobachten; die felsige Gegend ist wo nur möglich bebaut, an Korn, Wein, Öl und Honig ist kein Mangel, und die nördliche Umgebung des Damaskustors ist von Wein überwachsen.

Die Stadt war auf allen Seiten von einer starken freiliegenden **Mauer** mit vielen Türmen und Bastionen umschlossen. Der Lauf der Mauer scheint dem heutigen im allgemeinen zu entsprechen, jedenfalls war die Zionskirche ausgeschlossen, denn zwischen ihr und der Mauer war ein Teil des Lagers der Eroberer. Im Norden stand eine kleinere Vormauer, wohl auf der ganzen Länge; unterhalb dieser Vormauer lief ein stattlicher Graben; ebenso hatten die Kreuzfahrer im Süden zwischen der Mauer und der Zionskirche eine mächtige Vertiefung auszufüllen. Unter den Türmen überragt der Davidsturm die andern; er wird von einigen unserer Berichterstatter auf David zurückgeführt, während andre es bestreiten und der Jude Benjamin zwischen dem Fundament seiner Väter und den Zutaten der Araber unterscheidet. Der Turm leistete den erbittertsten Widerstand gegen die Kreuzfahrer, wurde vom Grafen von Toulouse eingenommen und dann an Gottfried übergeben; später wurde er für die Residenz des Königs ins Auge gefaßt und von den fränkischen Rittern noch mehr befestigt und verwahrt. Die Pilger können nicht genug staunen über den wunderbaren Bau: es ist eine Festung von viereckigen Steinen, zementiert mit Mörtel und Blei, wie ein einziger Stein ragt der Turm in die Höhe, durch fünf eiserne Türen steigt man auf 200 Stufen aufwärts, unermeßlich viel Getreide und eine Menge Wasser ist drin, und sehr wenigen Sterblichen ist der Zugang in dieses Bollwerk verstattet, das den Eingang der Stadt zu hüten hat. Noch zwei andre Türme ragten von der Mauer auf: der Eckturm im Nordwesten (an der Stelle des jetzigen Hauses der Schulbrüder), nachher Tankredturm genannt, weil Tankred vor ihm lagerte, und der Eckturm im Nordosten über dem Tal Josaphat.

Plan des Jerusalem der Kreuzfahrer
mit Einzeichnung der Hypothesen über den Lauf der Nordmauer zur Zeit Christi,
entworfen von G. Dalman.

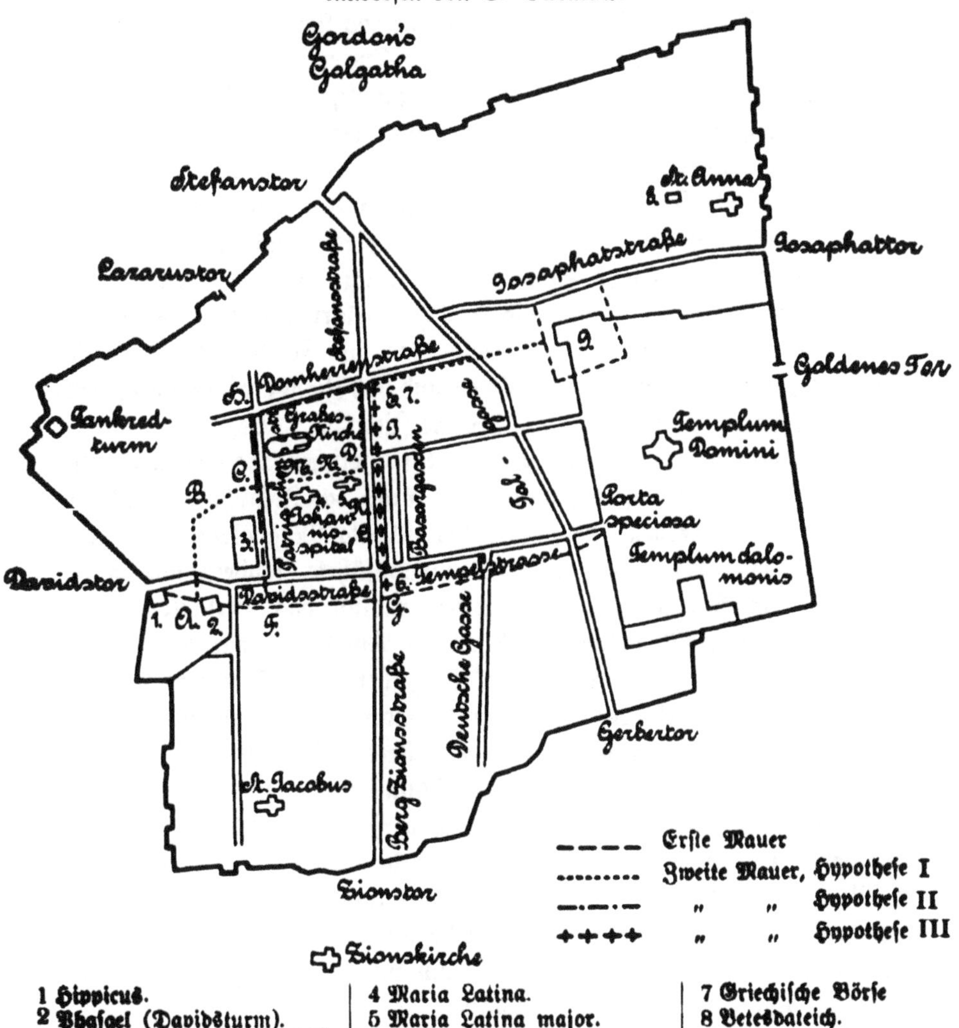

1 Hippicus.	4 Maria Latina.	7 Griechische Börse
2 Phasael (Davidsturm).	5 Maria Latina major.	8 Betesdateich.
3 Patriarchenteich (Hiskiateich).	6 Lateinische Börse.	9 Burg Antonia.

Ehe wir die Stadt im Innern besichtigen, lassen wir uns noch das Lager der Kreuzfahrer vor der Eroberung beschreiben. Gottfried Tankred und die beiden Robert lagerten ursprünglich im Norden der

Stadt, von der Nordwestecke bis zum Damaskustor, Tankred speziell dem Nordwesteckturm gegenüber; der Graf von Toulouse lagerte vom Nordwesteckturm südlich bis zum Davidstor. So war nur ein kleiner Teil der Stadt umschlossen, nämlich vom Davidstor bis zum Damaskustor, merkwürdigerweise gerade der Teil der Stadtmauer, der das Christenviertel umschloß und den die Christen einige Jahrzehnte zuvor auf Befehl der Regierung hatten bauen müssen. Im Lauf der Belagerung veränderten die Kreuzfahrer ihren Platz: Gottfried und die beiden Robert zogen ostwärts zwischen das Damaskustor und die Nordostecke der Stadt, Toulouse zog südwärts und lagerte sich zwischen der Stadtmauer und der Zionskirche. Die erste Einnahme der Stadt geschah durch die Leute Gottfrieds auf der Nordostseite zwischen Damaskustor und Nordostecke; die Karte, die wir oben erwähnten, gibt die Stelle genau an (hic capta est civitas a Francis); von hier aus trieben dann die Kreuzfahrer die flüchtenden Muselmänner in den Tempelbezirk hinein, wo sie ein entsetzliches Blutbad, Gott zum Opfer, anrichteten.

In die wohlverwahrte Stadt führten einige wehrhafte Tore. Es waren vier Haupttore ungefähr nach den Himmelsrichtungen, das Davidstor im Westen, das sogenannte Stefanstor im Norden (das heutige Damaskustor), das goldene Tor im Osten und das Zionstor im Süden, wohl ein wenig östlicher gelegen als das heutige Zionstor. Dazwischen standen einige Nebenpforten, z. B. das Lazarustor zwischen Tankredturm und Stefanstor, der nächste Zugang zum heiligen Grab, das Josaphattor im Osten (das heutige Stefanstor), das Tor der Maria Magdalena nahe dem Josaphattor, das aber nicht zur Stadt hinausführte, sondern nur in den Burggraben zwischen den beiden Mauern, endlich das Gerbertor an der Stelle des heutigen Moghrebinertors. Das Davidstor war am stärksten gebaut; das goldene Tor, das vom Ölberg her zum Tempelplatz führte und an den Einzug Jesu erinnerte, war besonders heilig und durch Gottes Schutz immer unzerstört geblieben; es war stets außen blockiert und innen verschlossen, nur an zwei Tagen, am Palmsonntag und am Fest der Kreuzerhöhung, öffnete es sich für die Prozession des Volks; an seiner Stelle hatte für gewöhnlich das Josaphattor dem Verkehr zu dienen. Die vom Meer, von Jaffa, von Akko bzw. Nablus kommenden Pilger haben die Stadt meist durchs Davidstor oder durchs Stefanstor betreten. Im allgemeinen stimmen die Tore ihrer Lage nach mit den heutigen überein, nur die Namen sind vielfach andere geworden.

Die Stadt teilte sich schon vor den Kreuzfahrern und allem nach auch unter diesen wie heute noch den Nationalitäten nach in Quartiere. Vor der christlichen Eroberung besaßen die Sarazenen drei Viertel, das übrige Viertel war das „Christenviertel“, das damals, wie heute, das

Quartier nördlich vom Davidstor, das heilige Grab einschließend, umfaßte. Der Zugang zum heiligen Grab war den Christen, auch den Pilgern, allem nach nie verwehrt, er führte freilich durch ein Hinterpförtchen in der Stadtmauer. Unter den Kreuzfahrern veränderte sich nun schnell das Bild. Die Muhammedaner verschwanden aus der Stadt, die paar Judenfamilien (die sich hauptsächlich mit Färberei beschäftigten) saßen in einer Ecke, beim Davidsturm. Im übrigen füllte sich die Stadt mit Christen aller Zungen und Bekenntnisse, mit Lateinern, Syrern, Griechen, Jakobiten, Armeniern Gregorianern, Nestorianern und anderen. Die Syrer, d. h. die Anhänger der einheimischen (griechischen) Kirche, zogen sich im nordöstlichen Quartier zwischen Stefanstor und Josaphattor zusammen, vielleicht hatten auch die Deutschen eine Ecke für sich bei der „Deutschen Gasse" im jetzigen Judenviertel.

Die Straßen und Gassen boten gewiß fast das gleiche Bild wie vorher und heute; viele waren überwölbt und hatten oben Öffnungen für das Sonnenlicht. Zwei Hauptstraßenzüge verbanden die vier Haupttore, der eine von West nach Ost das Davidstor und den Tempelplatz (das goldene Tor), der andere von Nord nach Süd Stefanstor und Zionstor. Die erste ist die Davids-, von der Kreuzung an die Tempelstraße; der zweite, vom Stefanstor ausgehende Straßenzug hieß auf der Anfangsstrecke Stefansgasse, dann folgten — in der Gegend des jetzigen Marktes — drei von Nord nach Süd parallel laufende überwölbte Basarhallen bis zur Kreuzung mit der Davidsstraße; von hier aus hieß der Straßenzug Bergziongasse. Außerdem liefen noch viele Nebengassen. Gleich am Davidstor zweigt rechts eine Gasse zum Zionstor ab, am armenischen Jakobskloster vorbei; gehen wir in der Davidsstraße abwärts, so führt links die Patriarchenstraße (die jetzige Christenstraße) ab, an der die Residenz des Patriarchen lag. Von der Tempelstraße zweigte rechts zuerst die Judasbogengasse ab, die bis zum Zionstor führte, weiterhin die Deutsche Gasse. Vom Stefanstor zum Gerbertor lief eine Talgasse (heute el-wād) dem Wasserlauf entlang; die Tempelstraße führte mittelst einer Brücke über diese Gasse und den Wasserlauf hinweg. Vom Josaphattor sodann stieß eine Gasse (Josaphatgasse) auf die eben genannte Talgasse herab. Außerdem bemerken wir noch die Gasse, die vom Tempel zur Grabeskirche führte, südlich von der Grabeskirche einmündend, und eine, die von der Stefanstorgasse zur Grabeskirche ging, nördlich von der Kirche einmündend.

Die Basargassen und Märkte waren in der Hauptsache um die Grabeskirche gruppiert und bildeten mit dieser den Mittelpunkt der Stadt. Sie haben wohl im Kreuzfahrerjahrhundert ihre Blütezeit gehabt. Unmittelbar südlich (nach der jetzigen Erlöserkirche zu) stieß an die Grabeskirche ein freier großer Platz, auf dem die Lebensmittel (Eier, Käse usw.)

verkauft wurden, auch Wachskerzen konnte man haben und jeder Pilger erstand sich einen Palmzweig, weil der Palmzweig daheim als Zeuge der vollbrachten Wallfahrt dienen mußte. Auch die Läden der Goldarbeiter waren an den Seiten dieses Marktplatzes; ebenso der Fischmarkt. Von hier aus führte eine überwölbte Marktgasse zu den drei bereits genannten großen Basarhallen, die im 12. Jahrhundert als Gemüsegasse, Malquisinat und Bedeckte Gasse bezeichnet sind. Wollte man sich mit Gemüse, Früchten und Spezereien versehen, so ging man in die Gemüsegasse; in Malquisinat wurde Fleisch für die Pilger gekocht, und in traulicher Harmonie standen daneben die Barbierläden, in denen sich die Weitgewanderten verschönern mochten, ehe sie ins heilige Grab gingen; in der Bedeckten Gasse saßen die Tuchhändler. Am Eingang und am Ausgang der Basarhallen waren die zwei Börsen, die syrische im Norden (nicht weit vom jetzigen Johanniterhospiz), die lateinische an der Kreuzung der Davidsstraße. Die Läden und die Basare waren nach Konfessionen geteilt: es gab syrische (d. h. griechische) und lateinische Tuchläden, syrische und lateinische Goldarbeiter, syrische und lateinische Wechslertische. Außer diesen Basargassen an der Grabeskirche hören wir noch vom Kornmarkt am Davidsturm und vom Metzgerplatz an der Tempelstraße, wo der Fleischverkauf für die Stadt geschah. Damals nun wanderten fränkische und deutsche Knappen, hohe Rittergestalten und ungezählte Pilger über die engen steinernen Gassen, und die heiligen Krieger bildeten einen neuen, für ein paar Jahrzehnte ständigen Zug in dem ewigen Jahrmarkt und dem drangvollen Gewirr der Menschen und der Tiere.

Die königliche Residenz hat im Lauf des Jahrhunderts öfter ihren Ort gewechselt. Zuerst wurde die Aksamoschee auf dem Tempelplatz zum Schloß gemacht, dann bezog der König eines der sarazenischen Häuser in der Davidsstraße, deren Schönheit heute noch zur Bewunderung reizt, endlich, da es an einem passenden und ausreichenden Gebäude fehlte, fing man an, beim Davidsturm einen Palast zu bauen. Er ist aber nicht vollendet worden, denn der König war immer der arme Mann im Vergleich zu den Kanonikern und Ordensherren.

Nun eilen wir aber mit unsern Pilgern zu den Kirchen der damaligen Stadt, denn diese sind bei weitem das Wichtigste, und die Inbrunst, mit der die Kreuzfahrer die heiligen Orte begrüßten, verehrten und schmückten, wird gewiß zum mindesten nicht geringer gewesen sein als die unverfälschte Andacht der kindlichen Pilger, die heute von Rußland, Abessynien oder andern Ländern kommen. Zu den bereits vorhandenen Kultstätten fügten die Kreuzfahrer eine Menge neuer, die alten haben sie vergrößert und verschönert, und, von diesen Fremdlingen geweckt, kam auch über die einheimischen und seit alters eingenisteten Christen ein ungewohnter Baueifer. Christus und Maria waren es vor allem, deren Leben und Sterben in kaum zu zählenden Gebetsstätten gefeiert werden sollten. Die zu einem Kranz sich schließenden Berge, der Tempelberg, der Calvarienberg, der Zionsberg und der Ölberg stellten durch ihre Kirchen gewissermaßen als ein in die Natur gebautes Glaubensbekenntnis von Jesus Christus die Lebensstationen des Heilandes dar, und die zahlreichen Marienaltäre übertrugen den Marienkult und die Marienminne vom damaligen Abendland nach Jerusalem. Es ist unmöglich, alle die Kirchen und Kapellen auch nur zu nennen, wir begnügen uns mit den vornehmsten. Allererst gehen wir in die von den Kreuzfahrern fast ganz neu gebaute Grabeskirche; sie ist der Mittelpunkt der Stadt, nicht bloß weil die Straßen dorthin leiten, sondern „weil dort alle Weissagungen ihre Erfüllung fanden“; dort hatte Peter von Amiens seine weltgeschichtliche Vision, dorthin wallfahrten die Kreuzfahrer gleich nach dem Einzug, dort wurde fränkischen Königen die Krone aufs Haupt gesetzt, dort wurden auch sie ins Grab gelegt; dort redete der Patriarch zu allem Volk, das der feierliche Glockenschlag versammelt hatte, dort in der Dreieinigkeitskapelle wurden die Kinder der Stadt getauft und die Ehen kirchlich geweiht. Der mächtige Schall ihrer Glocken war für Jerusalem etwas Unerhörtes und Saladin ließ mit Wohlbedacht diesen aus Erz gegossenen Feind seines Glaubens nach der Eroberung mit Hämmern zerschlagen. Im übrigen sah das Heiligtum des Grabes dieselben Szenen wie heute auch: allerlei Konfessionen singen und beten darin, die Griechen überwiegen (wenigstens in den Anfängen der Frankenzeit), Wächter stehen am Grab und am Kreuzberg wegen der sich drängenden Menge, Andächtige knien am Boden und küssen das Grab, stecken den Kopf in das Loch des Kreuzes, stellen die eigenen Kreuze auf den Calvarienberg, und am großen Tag des heiligen Feuers sind sie alle, des Wunders harrend, beisammen und sehnen sich brünstig, daß ihre Lampen vom Auferstehungslicht entzündet werden.

Ein Teil der Trümmer, die man bis vor kurzem südlich der Grabeskirche sah, gehört zu einem andern großartigen Stück der Kreuzfahrerherrlichkeit, zu dem Komplex des Johanniterspitals, das der Grabeskirche also unmittelbar benachbart lag. War die Grabeskirche ein altes Heiligtum, das die eingewanderten Europäer nur eben zu neuem Glanz erhoben, so handelt es sich hier um eine ureigene abendländische Schöpfung. Unter den Europäern, die viel nach Jerusalem kamen, waren auch Leute von Amalfi, italienische Kauffahrer mit schwunghaftem Handelsbetrieb; mit Erlaubnis des ägyptischen Kalifen gründeten sie ums Jahr 1030 im Christenviertel ein Hospizkloster, das sie mit allem versahen, was für

Mönche und für Aufnahme von Gästen ihres Heimatlandes nötig war; lateinische Mönche verrichteten hier lateinischen Gottesdienst, den ersten lateinischen Gottesdienst, der in Jerusalem eingeführt wurde; so erhielt das Kloster im Unterschied von den einheimischen griechischen Kirchen den Namen Maria Latina. Die pilgernden Frauen bekamen eine besondere Kapelle, der Maria Magdalena geweiht. Da nun die christlichen Pilger meist mittellos und krank im heiligen Lande anlangten, so bauten die Amalfitaner ein Spital, das von den Überbleibseln der beiden Klöster lebte. In diesem einfachen Zustand blieb das Anwesen bis zur Eroberung Jerusalems durch die Kreuzfahrer. Nun nahm es einen mächtigen Aufschwung. Direkt gegenüber der Grabeskirche, an der Stelle des jetzigen Griechenmarktes, erhob sich der massige, „unbeschreiblich schöne" Bau des Hospitals, in dessen verschiedenen Räumen mehr als 1000 Betten standen und etwa 2000 Arme und Kranke Unterkunft fanden, ebensoviele Leute von der Stadt außen wurden täglich mit Speise versorgt. Außer den Mönchen und Nonnen gliederten sich auch Ritter in die Gemeinschaft des Spitals ein, die sowohl in der Pflege der Kranken sich übten, als zur Verteidigung des Landes sich bereit hielten. Mit dem Spital war eine Kirche verbunden, die späterhin Johannes den Täufer als Patron nahm (daher Johanniterspital, Johanniterorden); die alten, einfachen, vorhin erwähnten Marienkirchen wurden erneuert und vergrößert: Maria Latina diente für den Gottesdienst der Mönche (Benediktinermönche) und der männlichen Pilger; wohl an Stelle der Magdalenenkirche wurde das Frauenkloster mit der Frauenkirche Maria Latina Major gegründet. Saladin zerstörte das Hospiz und machte es zu einem „Muristan" (Haus für Irr- und Schwachsinnige); aber in unsern Tagen ersteht wieder christliches Leben, deutsch-evangelisches Leben, aus den Ruinen des Muristan: in einer bescheidenen Ecke hat die Volksschule des syrischen Waisenhauses ihren Platz gefunden, die Kirche Maria Latina Major aber hat sich in die deutsch-evangelische Erlöserkirche verwandelt, die durch die übrig gebliebenen schönen Altertümer, den prächtigen Kreuzgang und das vornehme Portal, vor allem durch ihre ganze Gestalt die Baukunst der Kreuzfahrer zur plastischen Darstellung bringt.

Es muß einmal ein staunenswerter Anblick gewesen sein, dieses große lateinische Hospiz mit seinen Klosterkirchen, Ritterwohnungen und Spitalräumen, mit den stattlichen Säulen und schönen Gängen, so mächtig, daß die Grabeskirche fast erdrückt wurde. Die alteingesessene Geistlichkeit vom heiligen Grab hatte keine Freude an ihrem Gegenüber, und die Konkurrenz wurde um so lebhafter empfunden, weil die Herren des Hospizes sich bald unabhängig und eigenmächtig dem Patriarchen der Grabeskirche gegenüber stellten. Für uns ist dieses Johanniterspital die bedeutendste Erscheinung der Kreuzfahrerepoche. Es eröffnet den langen Zug all der Anstalten christlicher Barmherzigkeit, die seitdem durch die Jahrhunderte durch von europäischen Christen in Jerusalem gestiftet und verwaltet wurden. Charakteristischer noch, wenn auch freilich von kürzerer Dauer und von geringerem geistigen Gehalt, ist die Verbindung von Rittertum und Mönchtum, die in jenem Spital wie in den andern verwandten Instituten Jerusalems aufwuchs. Jerusalem hat im Lauf seiner Zeiten, gerade durch den Einstrom fremden Lebens, manch eigenartiges Gewächs gezeitigt; so etwas Eigenartiges sind jene geistlichen Ritterorden, die im abendländisch gewordenen Jerusalem entstanden und von dort aus über die Welt sich verbreiteten; sie sind ein echtes Stück des christlichen Mittelalters und für unser Bewußtsein unauflöslich mit dem Kreuzfahrertraum verknüpft. Das Phantastische, das Edelmütige und Tragische, das dem ganzen Unternehmen der Kreuzzüge anhaftet, hat sich in diesen mönchischen Rittern verkörpert.

Das Johanniterhospiz blieb nicht das einzige; in der deutschen Gasse entstand ein deutsches Hospiz mit Kirche, von einem Deutschen, der mit seiner Frau in der Stadt wohnte, aus eigenen Mitteln für die vielen zugewanderten Landsleute gegründet. Es enthielt gleichfalls eine Verbindung von Ritterschaft und Krankendienst, von weltlichem Heldentum und Mönchsform und wurde die Wiege des Deutschherrnordens. Die Armenier sodann hatten ein Hospiz im Jakobskloster, die Ungarn am Stefanstor, die Sabamönche beim Davidsturm; auch von einem Aussätzigenspital am Tankredturm (außerhalb der Stadt) berichten unsere fleißigen Berichterstatter.

Wir müssen uns nun aber zu dem Platz hinabbegeben, der seine Heiligkeit schon vor dem Christentum hatte und heute noch den Mittelpunkt orientalischen Kultes in Jerusalem bildet, zu der Stätte des Tempels. Der Zugang geschah meist im Westen durch die Porta speciosa, das schöne Tor, und der ganze Platz war von einer starken Mauer umgeben; die Minarets, die über den Tempelplatztoren standen, wurden teilweise abgetragen; im übrigen scheint der Tempelplatz dem heutigen Umfang und Zustand ähnlich gewesen zu sein, nur daß im Norden der freie Raum durch die Wohnungen des Abts und der Chorherren wesentlich verkürzt war. Gottfried von Bouillon stellte nämlich sofort Kanoniker auf, die den Gottesdienst am Tempel zu besorgen hatten, und gab ihnen würdige Wohnungen wie den Domherren an der Grabeskirche; es waren hier wie dort Augustinermönche. Der Platz zwischen ihrem Kloster (an der Nordseite des Tempelhofes) und dem Tempelgebäude selbst war mit Bäumen schön geschmückt und mit Marmorsäulen eingefaßt. Am Felsendom, dessen Schönheit auch unsere Pilger lebhaft bewegte, hat die Hand der Kreuzfahrer nicht viel geändert; er wurde Ostern 1136 vom päpstlichen Gesandten und dem Patriarchen von Jerusalem eingeweiht; er erhielt den Namen Templum Domini, und ein vergoldetes Kreuz auf der Spitze leuchtete nun weithin als Zeichen des Sieges. Die Wände wurden mit christlichen Inschriften und Bildern geschmückt, der innere Raum mit dem kunstreichen Gitter, einem Denkmal französischer Schmiedekunst am Ende des 12. Jahrhunderts, umschlossen. Den heiligen Fels haben sie unter ein Marmorkleid verborgen (angeblich um ihn zu erhalten, da die Priester an die Pilger Stücke des Felsens verkauften). Der Platz oben auf dem Fels wurde in ein Chorheiligtum mit Altar verwandelt; auf Marmorstufen, die mit Schranken eingefaßt waren, stieg man zu dem Hochaltar hinauf, der der Maria geweiht war. Mit der („69 Personen fassenden") Grotte unter dem Fels verbanden sich allerlei alt- und neutestamentliche Geschichten. Neben dem Chor zeigte man noch einen umgitterten kleinen Platz, der der Darstellung Jesu geweiht war, daneben den Bethelstein Jakobs, wie überhaupt alle die entsprechenden Züge der biblischen Geschichte im Tempelgebäude und beim Tempelgebäude ihren bestimmten Ort fanden. Östlich vom Tempel stand die Jakobuskapelle; unsere Führer sind aber nicht darüber einig, welchem Jakobus sie zugehört.

Namhafte Veränderungen gingen mit der Aksamoschee vor sich Die Kreuzfahrer gaben ihr den biblischen Namen Templum Salomonis oder Palatium Salomonis und der König erkor sie zu seiner anfänglichen Residenz. Als dann im Jahr 1118 Hugo von Payens und andere acht Ritter sich zum kanonischen Leben zusammenschlossen, mit der bestimmten Absicht, den Pilgern zuliebe für die Sicherheit der Straßen zu sorgen, räumte ihnen der König einen Teil des Palastes zur Wohnung ein. Neun Jahre lang waren es zunächst nur diese neun Ritter; als aber der Papst ihnen eine Regel gab und so ein förmlicher Orden, der Orden vom Tempel, entstand, waren bald 300 Ritter beieinander, die große Schar der dienenden Brüder nicht eingerechnet. Die große Zahl erforderte auch neue Räume; so entstanden allerlei Anbauten an das Palatium Salomonis. Im Westen wuchs das zweistöckige Refektorium dazu, von dem heute der untere Stock noch steht; darin waren Rittersäle, Wohnräume, Magazine für Waffen, Kleider und Lebensmittel, und eine Menge sonstiger Gemächer. Im Osten bauten sie in und an die einstige Moschee ein neues Kloster mit einer schönen Kirche; noch heute erzählen einige Reste von den Templern, so der Chor mit seiner jetzt vermauerten Apsis und die Haupteingangstüre, die mit einer Rosette nach Art der Rosetten an den französischen Kirchen ausgangs des 12. Jahrhunderts geschmückt war. Die ungeheuren unterirdischen Gänge, die als Ställe, Vorratskammern und Badegemächer dienten, haben das besondere Staunen der Pilger erweckt und waren in ihrer Art ein lauter Beweis für die wachsende Gewalt und Besitzfülle des Ordens. Das ganze Anwesen wurde durch starke Vorwerke im Süden außerhalb der Mauer geschützt. Nach und nach wußten die Ordensritter den gesamten freien Platz innerhalb der Tempelmauern an sich zu bringen, den sie mit Häusern, Gärten und Zisternen bedeckten; so waren die Tempelherren wirklich die Herren vom Tempel, wie auch ihre Ordensglieder allem nach unter Verdrängung der früheren Kanoniker den Dienst am Tempel an sich zogen und der Ordensmeister Abt des Tempels abbas templi betitelt war. Auch der Name „Templer“ hat seinen Ursprung wohl nicht in dem Palast Salomos (auch Tempel Salomos genannt), sondern in dem Haupttempel, dem Templum Domini; der Felsendom erscheint auf dem Siegel der Tempelritter als ihr Symbol, und der jerusalemische Dom wird Typus der Templerbauten in Frankreich, England und Deutschland.

In der Südostecke des Tempelplatzes, wo der Legende nach der alte Simeon sein Haus hatte und der Maria gastliche Unterkunft gewährte, erstand statt eines bescheidenen Oratoriums eine neue Kirche, in der die Pilger vor die hölzerne Wiege und das steinerne Bad geführt wurden, um in die ersten Kindheitstage Jesu zurückzuschauen. Von andern Heiligtümern des Tempelplatzes erwähnen wir nur noch die Kapelle am goldnen Tor; draußen vor dem goldnen Tor war ein berühmter Begräbnisplatz, besonders für gefallene Kreuzfahrer.

Nicht weit vom Tempelplatz gegen Norden kommen wir an das Annenkloster, das damals den Benediktinerinnen gehörte und in der Kreuzfahrerzeit durch den Eintritt königlicher Nonnen im Ansehen stieg. Die dazu gehörige Kirche erhielt neue Form und größere Gestalt und ist, wie wir sie jetzt noch sehen, mit der ihr verwandten Mariengrabkirche für uns besonders wichtig als wohlerhaltenes charakteristisches Andenken an die Bauzeit der Kreuzzüge. Das untere Portal reicht in ältere Zeit zurück, aber das Fenster im oberen Stockwerk mit hübschem Bogen, das flache Dach mit dem schlichten Kreuz, der Glockenturm in der Südwestecke, die anspruchslosen, gediegenen Strebepfeiler, das dreischiffige, kurzgehaltene Innere mit den drei Chorapsiden, die Pfeilerbündel mit einfachem, aber abwechselungsreichem Kapitäl, das Kreuzgewölbe ohne hervortretende Rippen, die Kuppel über der Vierung: das sind lauter Züge, die uns an die Baumeister der Kreuzfahrerzeit gemahnen, und uns den ernsten, in seiner Einfachheit ansprechenden Bau lieb und wert machen. — Es war den Kreuzfahrern, die sich viel um die Wasserversorgung der Stadt, um die

Quellen und Teiche, bemühten, auch vergönnt, den alten Teich bei der Annenkirche wieder zu finden, den wir mit dem Betesdateich zusammenstellen. Noch um die Mitte des 12. Jahrhunderts wurde die birket isrā'īn für den Betesdateich gehalten, aber die späteren Pilger wissen von dem Teich bei St. Anna; sie sahen dort ein altes Gebäude mit fünf Säulenhallen und einem Altar in der hintersten Halle; später ist von einer Kirche geredet, die über dem Wasser stand. Wir freuen uns, heute noch von dieser Kreuzfahrerkirche über den Wassern wenigstens die Bogen der Krypta, den hochgelegenen Eingang und die Mauerwand des Chors betrachten zu können.

Von andern Kirchen innerhalb der Stadt, die damals standen, mögen nur die alte armenische Jakobskirche mit Kloster und Hospiz (am heutigen Platz), das Kloster und Hospiz der von den Sarazenen vertriebenen Sabamönche beim Davidsturm und die den jakobitischen Mönchen gehörige Maria Magdalenenkirche bei der Stefansgasse genannt sein. Auch draußen vor der Stadtmauer haben die Kreuzfahrer mächtige und sehenswerte Kirchengebäude auf altheiligem Grund, zum Teil wie Festungsbauten aufgeführt: die Stefanskirche vor ihrem Stefanstor, ein wenig abseits von dem Platz der alten Basilika, am Schluß des 12. Jahrhunderts von den Erbauern selbst aus taktischem Interesse wieder zerstört; dabei erstellten sie eine große Herberge mit Stallung für die Tiere, die späterhin den Pilgern zum Obdach diente, als die Stadt den Christen wieder entrissen war. Drunten bei Getsemane über dem Grab der Maria wurde auf dem Grund einer zerstörten Kirche die feine Grabkapelle errichtet, die das best- und reinsterhaltene Denkmal der Kreuzfahrerzeit darstellt und mit ihrem verbauten Portal daran erinnert, wie oft die harte Hand des Kriegs an die Türe jener Kreuzfahrerkirchen gepocht hat. Endlich, auf dem Gipfel des „Zionsberges“ stand die neugeschmückte und stattlich hergestellte Zionskirche, deren alter Bau durch Blitz Schaden genommen hatte. Mit dieser Stätte verband man nicht bloß das Andenken an David und an sein Grab, sondern vor allem die ehrfürchtige Erinnerung an die ersten Erlebnisse der Apostel unmittelbar nach dem Weggang Jesu; hier stand das Haus des Evangelisten Johannes, in das er die Mutter Maria aufnahm, hier versammelten sich die Jünger hinter verschlossener Türe und empfingen die Erscheinung ihres Meisters am Osterabend und das Geschenk des heiligen Geistes; darum wurde dieser Ort Galiläa genannt, weil die Männer von Galiläa hier ihre Stätte hatten; hier verfaßten sie das Glaubensbekenntnis und der erste Märtyrer Stefanus war hier begraben, der Erstling all der Christen, die nun auf jenem Hügel schlafen. Hier wurde auch der Abendmahlstisch aufbewahrt und so knüpfte sich später an diesen Platz auch das Gedächtnis an das letzte Mahl Jesu mit seinen Jüngern. Und wie in alter Zeit die Apostel hier ihren Sammelpunkt hatten, so diente der Ort auch in der Kreuzfahrerzeit als Konventsplatz für die Beratung der geistlichen Würdenträger Jerusalems.

Als Anhang an die Besichtigung der Kirchen wollen wir uns von unsern Führern noch die Gasse zeigen lassen, die die Kreuzfahrer für die Via dolorosa hielten. Diese hat innerhalb des 12. Jahrhunderts wie manches andre eine Wandlung durchgemacht. Am Anfang dachten sich die Kreuzfahrer den Hof des Kaifas und des Pilatus auf dem Zionsberg; die Via dolorosa führte demgemäß von hier aus, und zwar nicht durch die Stadt hindurch, sondern um die Stadtmauer herum zur Kreuzigungsstätte. Gegen den Schluß des 12. Jahrhunderts aber wurde das Prätorium des Pilatus in die Nähe des Tempels nördlich von der Josaphatstraße versetzt und daselbst eine Kirche erbaut, deren Reste im Hof der türkischen Kaserne fortbestehen. Nun wird von einer porte doloreuse erzählt, die am Tempelplatz stand und durch die Jesus zur Kreuzigung herausgeführt wurde. Wenn wir den Bericht der „Citez de Jherusalem" recht verstehen, so läuft diese Via dolorosa der Kreuzfahrer nicht wie die heut angenommene; sie geht vielmehr vom bāb en-nāzir am Tempelplatz aus, am Gefängnis und an dem schönen Brunnen vorbei, dort über die Gasse el-wād hinüber und nun an manchen bemerkenswerten alten Gebäuden vorüber auf der steilansteigenden, vielfach überwölbten Staffelgasse, ʿaḳabet eṭ-ṭekkîje direkt aufwärts in die Gasse chān ez-zēt und von dort mittels einer Biegung zum Calvarienberg. — Daß auch sonst viele heilige Begebenheiten der alt- und neutestamentlichen Geschichte teils an alter, teils an neuer Stätte lokalisiert wurden, so das Haus des Uria, Jeremias' Zisterne, das Haus des Paulus usw., ist natürlich.

Wie weit die Schulerziehung in der Kreuzfahrerperiode Fürsorge erfuhr, wissen wir nicht genau. Es scheint, daß mit dem 1219 gegründeten Franziskanerkloster eine Schule verbunden war, die also der Vorbote der vielen Brüder und Schwestern des 19. Jahrhunderts gewesen wäre. Besonders zu beachten ist die Aufmerksamkeit, die die Kreuzfahrer der Wasserversorgung der Stadt schenkten. Sie haben alte Teiche wieder entdeckt oder erneuert, neue Teiche und viele Zisternen angelegt, den jetzigen Hiobsbrunnen wieder gefunden usw. Es wird von einem Teich erzählt, den ein Germanus gebaut habe, dem jetzigen Sultansteich unterhalb des Zionsberges; auch der „Patriarchenteich", jetzt meist Hiskiateich genannt, ist oft erwähnt. Doch sind die Ortsangaben unsrer Berichterstatter nirgends so schwer zu kontrollieren und zu enträtseln wie in diesem Punkte. Endlich noch eine Merkwürdigkeit: die Begräbnisstätte der Pilger auf Akeldama, ein ungeheures, teilweise unterirdisches Gebeinehaus, in das die Leichname der Pilger, insbesondere der in den Spitälern verstorbenen, von oben hinabgeworfen wurden: es ist in seiner grandiosen Anlage ein Beweis dafür, wie viel Menschen in jenen Jahrzehnten nach Jerusalem kameu.

Die wenigen Kirchen und Bauten, die wir mit mehr Worten erwähnten, sind nur ein kleiner Teil dessen, was in den Tagen des 12. Jahrhunderts erstand, sie geben aber einen lebendigen Eindruck von der freien, regen Bautätigkeit, die damals das eben erschlossene Jerusalem erfüllte und die Stadt nicht blos mit neuen und erneuerten Kirchen und Klöstern, sondern auch mit Bauten der Barmherzigkeit und des Kriegs, mit edlen Häusern und fürsorglichen Wasserwerken bereicherte. Wenn man heute durch die Gassen Jerusalems wandelt, der ritterlichen Gestalten gedenkend, der Johanniter, Deutschherren und Templer, die einstens mit ihren Knappen durchzogen und Wohnung machten, der strebsamen Kaufleute, die in den orientalischen Basaren ihre Bildung empfingen, der massenhaften Andächtigen, die ewig sich gleich bleiben, dann möchte man wohl gerne wissen, wie die Stadt Jerusalem aussah mit jenen Menschen zusammen. Gewiß war die Gestalt der Stadt so ziemlich dieselbe wie heute, hohe, steinere, schweigende Häuser, enge, gepflasterte, überwölbte Gassen, alles zusammen von unten betrachtet wie eine riesengroße Felsenhöhle mit vielen vielen Gängen und wimmelndes, drängendes, vielartiges Menschenvolk darinnen. Und dann steigt das Auge an den hohen Mauerzügen in den engen Gassen empor und sucht, ob nicht Häuser zu finden wären, die in die Kreuzfahrerzeit zurückreichen, Häuser, aus denen etliche der Edeln aus dem 12. Jahrhundert herausschauen könnten. Aber von all der Kreuzfahrerarbeit ist wenig Zusammenhängendes mehr in den Straßen zu sehen, allerlei bedeutungsvolle Reste, wie die altersgrauen Strebepfeiler des Patriarchats in der Christenstraße, die Gewölbe in der Davidsstraße und sonstiger Schmuck an den Häusern hin und her, aber wenig Zusammenhängendes. Wenig ist auch von den Kirchen übrig geblieben im Vergleich zu dem vielen was stand, besonders wenig von den Kirchen, die die Kreuzfahrer ganz neu auf neuem Grund erstellten. Die Kreuzfahrer waren Fremde und sind Fremde geblieben in Jerusalem; das hat auch darin seinen Ausdruck gefunden, daß gerade ihre Bauten, die „lateinischen“ Stätten, zum großen Teil wieder vertilgt wurden. So ist das Werk der Kreuzfahrer, auch in der topographischen Geschichte Jerusalems, in Trümmer zerfallen und fast verschwunden. Wir dürfen auch nicht annehmen, die Kreuzfahrerzeit in Jerusalem hätte eine neue Schule in der Kunst eröffnet und dem Abendland in diesem Stück wichtige Fortschritte vermittelt. Diese ritterlichen Helden und Kleriker haben ihren

Baustil vielmehr mitgebracht, sie sind im heiligen Land und in Jerusalem nie so heimisch geworden, daß sie eine lebensvolle Verbindung zwischen Orient und Okzident hätten schaffen können, sie standen viel zu hart in der Not des Kriegs und mußten sich zudem äußerlich und innerlich zu viel an vorhandene Bauten anschließen, als daß sie hätten Originales von größerem Stil finden und bilden können.

Aber der mittelbare Gewinn der Kreuzzüge für das Abendland im Gebiet der Kunst wie im Gebiet des Handels und in jedem andern Gebiet des Lebens ist zu bekannt, als daß er könnte über dieser mehr äußerlichen und vereinzelten Betrachtung vergessen werden, hat doch in jenem Zeitalter der Okzident den Orient ausgesogen, wie die Biene den Honig aus der Blume zieht. Haben umgekehrt die Kreuzzüge auch für Jerusalem einen Gewinn gebracht? Wohl auch einen kleinen. Es hat sich damals die römisch-katholische Kirche in der heiligen Stadt eingebürgert, die von da an sich nicht mehr vertreiben ließ und in den Boden des griechischen Christentums ihre größere sittliche Kraft einführte. Außerdem sind die Kreuzzüge wie eine Verheißung auf die heutige Zeit gewesen. Wieder, wie in den Tagen des Kreuzfahrerlagers, legt sich ein Kranz eingewanderter Kolonien um den Norden der Stadt, mit dem Wunsche, die heilige Stadt mit dem Abendland enger zu verknüpfen und Jerusalem glücklicher zu machen. Es ist der fortschreitende Zug der Stadt in den Norden, immer mehr in die Höhe, immer mehr über die heiligen Stätten der altvergangenen Zeiten hinaus. Auch die Kreuzfahrer haben ihre Station in diesem fortschreitenden Zug Jerusalems. Sie haben in Vielen draußen die Liebe und das Verständnis für die einzigartige Stadt mit ihrem reichbewegten Leben geweckt und sie haben, soviel an ihnen edel war, durch die Werke des Gottesdienstes und der brüderlichen Barmherzigkeit mit dazu geholfen, daß über dem heiligen Schutt Jerusalems freiere Kultur und reinere Religion wachsen können, langsam zwar, aber mit siegender Kraft.

4. Ein prähistorisches Grab auf dem Grundstück der Kaiserin Auguste Viktoria-Stiftung bei Jerusalem.

Von Lic. Dr. H. Greßmann, Privatdozent in Kiel.

Mit einer Skizze.

Am ersten Ostertage, dem 31. März 1907, wurde auf dem Ölberge — wie manche Europäer sagen, im arabischen Volksmunde heißt die Höhe umm eṭ-ṭala' — der Grundstein zu der Kaiserin Auguste Viktoria-Stiftung gelegt, die zur dauernden Erinnerung an die silberne Hochzeit unseres Kaiserpaares als Hospiz und Erholungsheim bestimmt ist. Sie beweist von neuem die lebhafte Anteilnahme Ihrer Majestäten am heiligen Lande und ist neben den vielen anderen Bauten Jerusalems berufen, als Zeichen der werktätigen Liebe des Christentums das Ansehen und die Macht des Deutschtums in Palästina zu sichern und zu steigern.

Auf diesem Grundstück entdeckte Baurat Dr. Schumacher, noch ehe das Fundament ausgehoben wurde, ein halb verschüttetes prähistorisches Steindenkmal, das er zunächst für einen Dolmen hielt, während er später an dieser Deutung irre wurde. Aber es kann dennoch, wie die weiter unten angeführten Analogien lehren, kein Zweifel sein, daß wir es tatsächlich mit einem Dolmen zu tun haben, allerdings nicht der gewöhnlichen Art, sondern mit einer Übergangsform, die wissenschaftlich das höchste Interesse beanspruchen darf. Die Steinstube, wie man den Dolmen richtig verdeutscht hat — der Dolmen ist ein keltisches Wort und heißt übersetzt „der Steintisch" — wird regelrecht aus vier auf die seitliche Kante gestellten Steinen gebildet, über die ein oder mehrere Decksteine gelegt sind. Während sie früher bisweilen als Altar aufgefaßt wurde, gilt sie heute fast allgemein und mit Recht ausschließlich als ein Grab der ältesten prähistorischen Zeit.[1] So zahlreich die Dolmen in

[1] Vgl. besonders Sophus Müller, Nordische Altertumskunde, Bd. I, Straßburg 1897.

vielen Gegenden des Ostjordanlandes begegnen, so selten sind sie im Westjordanlande. Sichere Beispiele sind bisher nur in Galiläa nachgewiesen, während die Funde, die man in Judäa gemacht haben will, sämtlich sehr zweifelhafter Art sind.[1]

Das Steindenkmal auf dem Ölberg gleicht in mancher Beziehung den Dolmen. Wie oft in Palästina, ist auch hier das Grab von einem doppelten Steinkreis umgeben, der aus mäßig großen Feuersteinen besteht. Beide Reihen, die nicht genau kreisförmig sind, sondern die

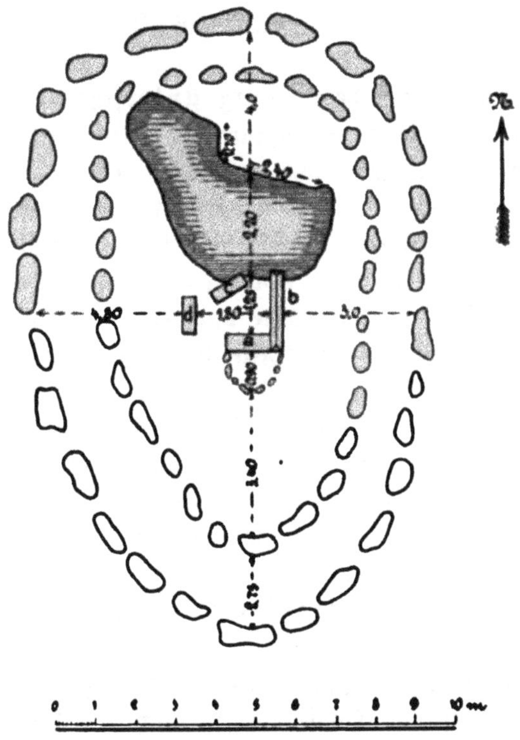

längliche Gestalt eines Eies bilden, sind 2,75 m von einander entfernt. Die Spitze des Eies ist nach Süden, das breite Ende nach Norden gerichtet, eine Orientierung, wie sie auch sonst bei derartigen Steinwällen beobachtet worden ist. Die Steinstube liegt nicht genau in der Mitte, sondern ist etwas nach Nordosten verrückt, eine ebenfalls bei Dolmen sehr häufige Erscheinung. Sie ist nämlich vom Südende des Steinkreises 7,05, vom Nordende hingegen nur 6,20 und vom Westende 4,80, vom Ostende hingegen nur 3,0 m entfernt. Das Material sämtlicher Blöcke,

[1] Vgl. die Zusammenstellung der Fundorte bei Hugues Vincent, Canaan (Paris 1907), S. 411, Anm. 1.

aus denen die Stube gebildet wird, ist Feuerstein. Drei Blöcke (a, c, d) haben eine vierkantige, der eine (b) hat eine dreikantige Gestalt. a ist 1,33 m lang, 0,53 breit, 0,50 hoch; b 1,55 lang, 0,50 (an der Basis) breit, 0,40 hoch; c 1,0 lang, 0,60 breit, 0,25 hoch; d 1,0 lang, 0,43 breit, 0,25 hoch. d scheint nicht mehr in situ zu sein, da er über einen halben Meter vom westlichen Eingange entfernt ist. Die Decksteine, die nach Art einer Tischplatte über diesen vier Blöcken lagen und das Dach der Stube bildeten, sind zerbrochen oder verschleppt, jedenfalls nicht mehr vorhanden. Vor der südlichen Wand befindet sich, wie es scheint, ein nicht ganz deutlich erkennbarer Halbkreis aus kleinen Feldsteinen, dessen Radius 0,90 m beträgt.

Das Steindenkmal auf dem Ölberg unterscheidet sich von den sonstigen Dolmen Palästinas in eigenartiger Weise dadurch, daß diese etwa einen Meter tiefe Stube nicht das Grab selbst, sondern nur den Eingangs- und Vorraum zu dem Grabe darstellt, das unmittelbar nördlich davon aus einem Kalksteinfelsen ausgehöhlt ist. In dem flachen, oben auf dem Hügel — nicht an einem Abhang — gelegenen, verhältnismäßig kleinen Felsblock, dessen nördliche Seite unregelmäßige Spuren künstlicher Bearbeitung aufweist, ist von der Seite her eine Höhle ausgemeißelt, die als die eigentliche Grabkammer für den Toten diente. Beim Wegräumen der Erde und beim Ausheben der Steine und des Felsens — sie mußten dem neuen Gebäude weichen — fand man zwar einige Tonscherben und Knochen, doch gehörten diese offenbar nicht zu dem ursprünglichen Inhalt des Grabes, sondern waren später hineingeworfen oder durch irgend einen Zufall hineingeraten.

Die ursprünglichste Grabform, die aus der fernsten Urzeit stammt und die sich gerade in Judäa bis auf die christliche Zeit und noch darüber hinaus unverändert erhalten hat, ist das Felsengrab, ist die natürliche oder die künstliche Höhle, die ja auch als die ursprünglichste und älteste Wohnung der Lebenden wird gelten müssen. Der Tote, dem ein gewisses Weiterexistieren zugeschrieben wird, hat dieselbe Wohnung wie der Lebende, nur mit dem Unterschiede, daß das „Haus" des Toten noch schöner und dauerhafter sein muß als das des Lebenden, da es ja für die lange, endlose Ewigkeit ausreichen soll. Wo natürliche Höhlen selten und künstliche Höhlen schwierig oder unmöglich herzustellen sind, da begegnen uns die Steinstuben, die demnach als eine Nachbildung des Felsengrabes aufzufassen sind. Beweisend dafür ist 1. die Tatsache, daß die Grabausstattung und die Grabriten der ältesten Felsengräber mit denen der Dolmen übereinstimmen, und 2. die Tatsache, daß sich in Frankreich wie in Portugal Übergangsformen finden, die zur Hälfte künstliche Höhlen, zur Hälfte Dolmen sind. „Ces sépultures se trouvent creusées, à ciel ouvert, dans la roche en place, et sont recouvertes de grandes dalles de pierre semblables aux tables charactéristiques des dolmens.“[1] So ist auch das Grab auf dem Ölberg eine lehrreiche Kombination des Dolmens mit dem Felsgrabe,[2] oder besser ausgedrückt, eine Übergangsform von der Höhle zur Steinstube.

[1] Vgl. Sophus Müller a. a. O., und vor allem M. Gabriel de Mortillet, Sur la non-existence d'un peuple des dolmens (Congrès international d'anthropologie et d'archéologie préhistoriques. Compte rendu de la 7e section, Stockholm 1876, Bd. I, S. 254).

[2] Dieser Ausdruck ist ungenau und könnte zu der Vorstellung führen, als ob hier eine ganz späte Kombination vorläge. In Wirklichkeit ist das, was ich hier der Bequemlichkeit halber als Dolmen bezeichnet habe, nur der Vorraum, der unbedingt notwendig ist, um bei diesem abhanglosen flachen Felsen einen ständigen und doch stark geschützten Zugang zum Grabe zu haben, genau so wie bei den Dolmen stets ein kleiner Zugang vorhanden ist, durch den man ins Innere gelangen kann.

5. Die geographischen Verhältnisse des Menschen in der Wüste Juda.

Von Dr. phil. V. Schwöbel, Pfarrer in Mannheim.

Unter der Wüste Juda versteht man heute gewöhnlich das Gebiet der Ostabdachung des judäischen Plateaus von el-ʿazûr an im Norden bis zum Abfall in die Beerseba-Wüste im Süden. Dies ist schwerlich die Meinung des biblischen Ausdrucks, der ein viel engeres Gebiet umfaßt, nämlich nur den östlichen Teil des Stammgebiets Juda, zwischen Jerusalem und Hebron einerseits und dem Toten Meer andrerseits. Aber das ganze Gebiet der Ostabdachung von der Höhe des judäischen Plateaus herab zum Jordangraben (ṛôr) ist so einheitlich, daß man es am besteu unter diesem Namen zusammenfaßt. Es hat etwa die Form eines Parallelogramms, verbreitert sich etwas nach Süden, ist durchschnittlich 20—25 km breit und ca. 80 km lang. Rechnet man die Strandebene am Toten Meer und ihre nördliche Fortsetzung mit Jericho dazu, zieht man aber andrerseits die Westgrenze nicht an der Wasserscheide, sondern ostwärts davon, wo die Wüstennatur erst ausgeprägter wird — etwa vom dschebel en-nedschme nach dschebel furdēs, teḳûʿ, beni nāʿim, und von da über rās ez-zuēra zum Südende des Toten Meeres, so ist die Wüste Juda etwa 1700 qkm groß. Andre schränken ihr Gebiet noch weiter ein, weil natürlich der Übergang vom Kulturland zur Wüste im Westen ein allmählicher ist.

Jeder, der den Ölberg besuchte, hat in diese Wüste hineingeschaut, die sich vom ganzen übrigen Palästina abhebt, — aber trotzdem diese Wüste sozusagen vor den Toren der in der Saison von Fremden wimmelnden heiligen Stadt liegt und trotzdem es zum Programm einer Palästinareise gehört, sich nach Jericho und ans Tote Meer quer durch dieses Gebiet auf einer karôssa, womöglich nachts, schleppen zu lassen, so ist sie doch nur verhältnismäßig selten das Ziel von Ausflügen und Touren. Und doch, wie lohnend wären solche, da sich den

„Franken" hier ein ganz eigenes Landschaftsbild darböte, das man nicht alle Tage sieht, nicht lieblich, aber großartig, mit wunderbaren Farbenspielen und grandiosen Gegensätzen. Schade, daß sie sich, so nahe der Wüste, die Gelegenheit zu einer kleinen Wüstenreise entgehen lassen ins Land der Beduinen mit ihren Wagnissen, die heut nicht mehr so groß sind, aber doch ihren eigenen Reiz haben gegenüber den Landtouren im übrigen bäuerlichen Palästina. So begnügen sich die armen Leute, das geheimnisvolle Tote Meer, das ihre Phantasie schon in ihren Kinderjahren so grausig beschäftigte, von dem nichtssagendsten, langweiligsten Fleck am flachen Nordstrande aus zu betrachten, anstatt den „schönsten aller Seen" etwa von der Höhe über Engedi oder vom râs el-feschcha aus zu bewundern, wenn die Wüstensonne abends und morgens ihre Triumphe feiert an den Felswänden, die dann schöner sind als alle Wälder in ihrer Wüstenpracht, oder doch die einzigartige Aussicht vom dschebel el-munṭâr aus zu genießen, den man samt dem Kloster Marsaba von Jerusalem aus hin und zurück in einer Tagestour besuchen könnte. Und wem die grandiose Aussicht von dieser Höhe in die Natur ringsum, die am Ende nicht jeder versteht, nicht genügte, könnte ja wohl in dem viel billigeren Gefühle schwelgen, an dem interessanten oder auch gruseligen Platz zu stehen, von dem einst vielleicht der Sündenbock am großen Versöhnungstage in die Tiefe der Wüste hinabgestürzt ward, von der er das Wiederkommen vergaß.

Ich hatte als Stipendiat des Archäologischen Instituts in Jerusalem im Frühjahr 1905 Gelegenheit, dieses interessante Naturgebiet, das uns auch als Schauplatz so mancher Begebenheiten der heiligen Geschichte teuer ist, mehrmals auf eigene Faust oder in Gesellschaft von Freunden oder bei offiziellen Institutsausflügen zu betreten, und es ist mir eine angenehme Pflicht, meinen vorgesetzten Behörden für die Aussendung nach Jerusalem, insbesondere aber dem Vorsteher des Instituts, Herrn Prof. Dalman, für Unterstützung mit Rat und Tat bei diesen Touren meinen Dank auszusprechen. Es ginge über den Rahmen des in diesem Jahrbuch zur Verfügung stehenden Raumes hinaus, wollte ich versuchen, an dieser Stelle ein möglichst vollständiges geographisches Bild der Wüste Juda darzubieten. Nur ein Ausschnitt davon, der aber am meisten interessieren dürfte, nämlich die geographischen Verhältnisse des Menschen auf diesem Boden, ist der Gegenstand, der uns beschäftigen soll. Aber diese Erörterungen würden doch allzusehr in der Luft schweben, wollten wir nicht zuvor, wenn auch in aller Kürze, die physikalischen Verhältnisse der Wüste Juda darstellen. Wer sich über diese letzteren eingehender orientieren möchte, den gestatte ich mir auf eine ausführlichere Arbeit zu verweisen, die demnächst erscheinen soll, als deren letztes Kapitel im wesentlichen gerade vorliegende Betrachtungen anzusehen sind. Schließlich sei noch die Bemerkung erlaubt, daß wir unsere Aufgabe nicht darin sehen, geschichtliche Ereignisse, wie sie, als auf dem Boden der Wüste Juda spielend, in der Bibel erzählt werden, zu lokalisieren und in Identifikationsversuchen uns zu gefallen, sondern das vorhandene literarische Material, soweit es den Menschen in der Wüste Juda betrifft, zusammenzufassen und es geographisch zu gestalten, d. h. die gesamten Verhältnisse des Menschen kausal aus den natürlichen Bedingungen des Bodens, auf dem er sich bewegt, abzuleiten und zu erklären.

1. Die physikalischen Grundzüge der Wüste Juda.

Da das Tote Meer von jeher die Naturforscher im höchsten Grade beschäftigte, so ist auch das Nachbargebiet der Wüste Juda in physikalischer Hinsicht nicht so vernachlässigt, als man vielleicht bei einer Wüste zunächst annehmen möchte. Nach manchen wertvollen Untersuchungen von Franzosen, Deutschen und Engländern hat uns zuletzt Blanckenhorn[1] über die geologischen Verhältnisse unseres Gebietes gründlich orientiert. Wir wissen nun, daß die ganze Ostabdachung des judäischen Plateaus bis zum Steilabfall in den ġōr sich aus den weißen, weichen, durchlässigen Senonkalken zusammensetzt, die meist von einem Lager von Feuersteinen gedeckt sind und lokal sich durch Reichtum an Gips, Phosphaten und Asphalten auszeichnen, während die darunter liegenden kristallinisch entwickelten Kalksteine des Turon und Cenoman in den tiefer eingeschnittenen Wadis und an den Steilabfällen der Terrassen anstehen. Wir wissen nun, daß der Parallelismus von Gebirgszügen, die unser Gebiet der Länge nach durchziehen, die aber nur von Osten aus, weniger von Westen, den Eindruck großer Erhebungen machen, das Produkt eines komplizierten Systems von Störungslinien, Flexuren bzw. Abbrüchen, und Versenkungen großer Streifen der Erdrinde ist. Der terrassenmäßige Aufbau unseres Gebietes ist also tektonisch begründet, und die kulturfeindlichen Erdbeben, die je und je diese Schollen der Erdkruste durchzittern, sind nur die Nachwehen der alten noch nicht zur Ruhe gekommenen Bewegungen. Es fällt immer wieder auf, wenn man vom Rand des Plateaus die Wüste abwärts nach Osten von einer Stufe zur anderen

[1] ZDPV 1896, S. 1—59.

durchzieht, zuletzt am Rande eines mächtigen, gelegentlich 500—600 m steil zum Toten Meer abfallenden Steilrandes zu stehen, von dem aus man den blauen Spiegel des Salzsees zu seinen Füßen sieht, mit einem Kranz von zerstreuten grünen Oasen in der gelblichen Steinwüste der schmalen Strandebene; jenseits aber erhebt sich ebenso steil, aber noch höher die Mauer des moabitischen Plateaus. Der ṛôr selbst und der Strand sind mit einer bleichen, phantastisch zerrissenen Inselberglandschaft erfüllt, die scharf absticht von dem braungebrannten Kalkstein des Gebirges, den sog. Lisan-Schichten, zerreiblichen, salz- und gipsreichen Absätzen des in früheren Zeiten viel größeren Jordansees. Denn das heutige Tote Meer ist nur der zusammengeschrumpfte Rest dieses alten Sees, der einst den Jordangraben ausfüllte. Sein heutiges Niveau, bekanntlich 394 m unter dem Meeresspiegel, stellt, abgesehen von periodischen und jahreszeitlichen Oszillationen, das Gleichgewicht dar zwischen dem Zufluß aus dem Jordan und anderen wenigen Bächen und der Verdunstung unter der afrikanischen Glut der Wüstensonne in dieser Depression. Sein Salzreichtum beruht im wesentlichen nur auf seiner Abflußlosigkeit und diese auf dem Trockenklima. In unsern Breiten läge der Seespiegel 394 + 62 m höher, — letzteres ist die Höhe der Wasserscheide bei zer'in, über die der See durch die Jesreel-Ebene einen Abfluß zum Mittelmeer suchen würde. Er würde dann ausgesüßt.

Alle Wüsten der Erde sind klimatische Erscheinungen. Auch die Wüste Juda erklärt sich aus dem hier herrschenden Klima im Verein mit den petrographischen Verhältnissen. Da alle regenbringenden Winde in Palästina aus Westen kommen, so liegt eben unsere Wüste als Ostabdachung im Wind- und Regenschatten, dagegen exponiert allen verderblichen Winden aus der östlichen Wüste. Die Niederschläge sind daher sehr gering, von 20—25 cm im ṛôr bis vielleicht aufs Doppelte auf den westlichen Höhen längs der Kulturzone. Wichtiger als diese absolute Regenmenge ist, daß die einzelnen Jahre starke Unterschiede zeigen, ferner aber, daß alle Niederschläge auf ein paar Wintermonate und auch da wieder auf ein paar Tage und Stunden zusammengedrängt sind; denn sie fallen gewöhnlich in kurzen ergiebigen Güssen, die rasch ablaufen und gewaltig aufräumen. Dann scheint wieder die warme Sonne, und nach der kurzen Regenzeit kommt die lange sommerliche Trockenheit, wo die verzehrende Glut der Sonne vom wolkenlosen Himmel Tag um Tag herabbrennt; auf den öden, nackten, weißen oder bei Feuersteinen schwarzen Felsplatten flimmern die Sonnenstrahlen und erhitzen sie so, daß man sich Blasen an den Füßen holen würde, wollte man sie barfuß betreten. Unter dem Einfluß dieser Sonne und der Glutwinde aus Südost, dem Scirocco, steigert sich die Temperatur zu einer wahren Backofenhitze, und 50° C und mehr sind im ṛōr keine Seltenheit. Im Winter gibt es kaum einmal hier in der Tiefe Frost, aber wohl auf den westlichen Terrassen, und starke, schnelle Temperatursprünge, die an den vegetationslosen Felsen wirken wie bei uns starker Frost und die den wütenden Winden Material zum Transport und zur Aufwirblung von über 1000 m hohen Staubwolken liefern, sind an der Tagesordnung. Starke Stürme fegen den Boden von allem verwitterten Material immer wieder rein. Die Wirkung dieses wüstenbildenden Klimas wird noch verschärft durch den Gesteinscharakter unseres Gebietes, insofern es von durchlässigen weißen Kalksteinen zusammengesetzt ist, deren Schichten horizontal, aber stark zerklüftet übereinander gelagert sind, die alles Wasser wie ein Schwamm aufsaugen — soweit es nicht alsbald wieder verdampft — und in die Tiefe sinken lassen. Die Folge ist, daß sich auf den Flächen keine Verteilung des Wassers und keine rinnenden Bächlein finden, daß alles auch nach ergiebigem Regen bald wieder von Trockenheit starrt.

Diese Regenarmut und diese petrographische Eigenart sprechen sich in allen hydrographischen Verhältnissen unseres Gebietes aus. Alle Kalkgebiete sind in der Regel wasserarm: die Niederschläge sammeln sich zu unterirdischen Bächen, die an einigen Punkten in um so mächtigeren Quellen hervorbrechen. Einige wenige, aber meist schwache Quellen gibt es am oberen Westrande, dagegen mächtige, und weil so tief unter dem Sammelgebiet des judäischen Plateaus gelegen oder weil an tektonischen Bruchspalten aus größerer Tiefe aufsprudelnd, heiße Quellen finden sich längs des Steilabfalls im ṛōr; aber viele sind, weil brackisch oder geradezu salzig oder schwefelhaltig, ungenießbar und verpesten noch die Umgegend. Auch im Toten Meer scheinen heiße Schwefelquellen zu sprudeln, und gelegentlich, bei Erdbeben, werden auch Asphaltmassen ausgeworfen, die dann auf der Oberfläche schwimmen und dem See im Altertum den Namen lacus Asphaltitis eingetragen haben. Die mächtigen Quellen am Steilabfall stellen die Bodenschätze des Landes dar; zu ihnen gehören die Quellen der Oase Jericho, am Fuß des dschebel ḳaranṭal gelegen, nämlich ʿēn dūḳ und ʿēn es-sulṭān; dazu kommt noch ʿēn ḳelt weiter hinten im gleichnamigen Tal gelegen, und noch weiter oberhalb im selben Talsystem ʿēn el-fauwār und ʿēn fāra. Im ṛōr selber liegen noch ʿēn el-feschcha und besonders ʿēn dschidi. Die oberen Plateaus der Wüste sind sozusagen quellenlos, und nur Regenwasser, in natürlichen oder künstlichen Wasserlöchern gesammelt, erhält hier Mensch und Tier und erlaubt vorübergehenden Aufenthalt.

Unter diesen Umständen wird es nicht verwundern, daß auch kein einziger Dauerfluß die Ostabdachung durchzieht, während doch weiter nördlich in Samarien und gerade gegenüber auf der anderen Seite des ṛōr wasserreichere Täler sich finden — aber unter anderen Niederschlagsbedingungen. Alle Täler der Wüste Juda sind Wadis, d. h. Trockentäler, die nur gelegentlich nach einem Sturzregen ein Bach durcheilt, aber dies nicht jedes Jahr. Nur das wādi ḳelt bei Jericho macht davon durch seine schon genannten starken Quellen eine Ausnahme. Aber sein Wasser wird für Bewässerungszwecke fast immer verbraucht, ehe der Bach den Jordan erreicht, und gelangt in trockenen Jahren nicht einmal bis zum ṛōr. Die südlichen Wadis münden alle direkt ins Tote Meer, wie, um einige zu nennen, das wādi en-nār (das Kidrontal), w. ed-deredsche, w. el-'orēdsche (bei 'ēn dschidi), wādi sejāl bei Masada, wādi umm baṛṛek mit einem Quellbächlein, w. ez-zuēra und w. muhauwat ganz im Süden am dschebel usdum. So selten diese Flüsse fließen, so erweisen sie sich doch schon infolge ihres starken Gefälles als mächtige Arbeiter. Sie haben die langgestreckte, in Terrassen sich aufbauende Wüste in die Quere stark zerschnitten und durchschluchtet. Da die seitliche Erosion in den durchlässigen zerklüfteten Kalksteinen bei den geschilderten Niederschlagsverhältnissen ganz zurücktritt, arbeiten die gelegentlich mit Riesenkraft gewaltige Schuttmassen transportierenden Regenbäche mehr nur in die Tiefe, und die Talformen tragen darum, besonders wo das Gefälle stark ist, d. h. beim Übergang von einer Terrasse zur anderen, ganz besonders aber am Ende, wo sie den hohen Steilrand durchsägen, Cañon-Charakter. Der Geröllstrom breitet sich als Trockendelta auf der Strandebene aus; oft aber erlahmt unterwegs die Transportkraft, weil der Fluß verdampft, und die Gerölle bleiben im Wadi liegen, zusammen mit großen Blöcken, die von den Seitenwänden in die Sohle herabgestürzt sind. Ein Reiten in solchen Wadis ist ganz unmöglich; überhaupt ist eine längere Talwanderung erschwert, weil die Wadis gelegentlich blind enden an einem trockenen Wasserfall. Die reiche Ornamentierung der Seitenwände, die diesen Wüstentälern einen eigenen Reiz gibt, ist im wesentlichen bedingt durch die Wechsellagerung härterer und weicherer Schichten. Wasser und Wind arbeiten ein gezahntes, stufenförmiges Profil aus. Unter vielen seltsamen Erosionsgebilden tritt besonders die Höhlenbildung hervor. In vielen

Wadis ziehen längs der Wände, gewöhnlich immer im selben Niveau der meleke-Bank, ganze Reihen von solchen Höhlen in allen Stadien der Entwicklung, und es wird nichts übrig bleiben, als sie als Gebilde der Schattenverwitterung zu erklären. Davon zu trennen sind freilich andere, die tief in die Berge hineinführen, so daß man hier von hohlen Bergen reden kann, die sich als sog. Karsterscheinungen im Kalkgebirge, als ausgetrocknete unterirdische Wasserläufe der geologischen Vergangenheit darstellen. Wie in eine andre Welt aber wird man versetzt, wenn man aus diesen tiefen Wadis auf die Terrassenflächen heraufkommt, aus dem Schatten der Täler in die funkelnde Sonne. Hier herrscht ödes Einerlei. Die Wadis sind hier, weil das Gefälle fehlt, breite, flache, offene Senken und leicht zu passieren; sie erzeugen in ihrer Fülle ein Labyrint von welligen Hebungen und Senkungen, die aus der Ferne der Wüste den Anschein eines erstarrten unruhigen Meeres geben, oder von Sanddünen, obwohl solche in unsrer Wüste aus Mangel an einer Sandquelle gänzlich fehlen. Die zwischen den tiefen Schluchten stehen gebliebenen Teile des Felsgerüstes machen aus der Ferne den Eindruck von Kettengebirgen mit durch Wind und Sturzregen zerfressenen Wänden und gekerbten Kämmen oder, wo sie von widerstandsfähigen, klippenbildenden Feuersteinschichten gedeckt sind, flacher auf der Oberfläche und einer Felsplatte ähnelnd. Daneben eine Fülle von Buckeln und Kuppen und Kegeln, die z. T. wohl als Felskerne bei der allgemeinen Abtragung als Zeugenberge stehen geblieben sind. Größere flächenhafte Partien sind selten, wie die Ebene el-bukēʿa unterhalb des dschebel munṭār. Sonne, Regen und Wind haben zusammengearbeitet, um das heutige Relief der humuslosen Felswüste herauszubilden und die zerreiblichen Senonschichten, noch mehr aber die lockeren Ablagerungen des alten Jordansees im ṛōr in eine phantastisch zerrissene Inselberglandschaft aufzulösen.

Was nun schließlich die pflanzliche und tierische Ausstattung dieses Wüstenbodens betrifft, so ist sie durchaus wüstenhaft. Es wäre verfehlt, sich ihn als absolut pflanzenleer vorzustellen. Solche Wüsten sind sehr selten auf der Erde. Nicht absolute Pflanzenlosigkeit gehört zum Wüstenbilde, sondern eine Ausstattung mit solchen Pflanzen, die nicht auf Wasser angewiesen sind. Demgemäß fehlt es in unsrem Gebiet durchaus an Bäumen, außer natürlich an Quellen und ihren kurzen Abflüssen, und gelegentlich in den schattigen Wadis. Sobald der Regen fällt, entfaltet sich in der Wüste eine farbenreiche Frühlingsflora; diese zusammen mit einjährigen Gräsern verleiht den regenreicheren Hängen Schimmer und Glanz. Aber diese Pracht vertrocknet beim ersten Scirocco; was nachher noch sich findet, ist auf dem Halm versengtes Gras und Trockenheit liebende Pflanzen, Stauden und Sträucher wie Labiaten, Poterium, Astragalus, Retem, Santolina und Artemisia, — niedrige graugrüne staubfarbene Gewächse, stark aromatisch, mit wenig oder gar keinen Blättern, also mit gegen die Verdunstung geschützten Vegetationsorganen. Tausende von Büscheln bedecken weitständig den weißen Kalkboden, der so aus der Ferne wie gesprenkelt aussieht. So anspruchslos aber auch diese Pflanzen sind, so gibt es doch auch weite Flächen, die absolut kahl sind und kein Hälmchen den Ziegen und Schafen bieten, — so auf den Hochflächen im Gegensatz zu den vegetationsreicheren Wadi-Sohlen, insbesondere auch im ṛōr, da wo der Boden in stärkerem Maße versalzt ist, wie die starken Salzausblühungen beweisen. Ein ganz anderes Bild gewähren natürlich die Oasen, wo der Wasserreichtum das ganze Jahr hindurch im Verein mit der tropischen Hitze eine wunderbar üppige Vegetation hervorruft, einer fremdländischen, nubischen Flora — in seltsamem Kontrast zu der hart daneben liegenden Stein-, Geröll- und Mergelwüste. An den Salzquellen ist die Flora natürlich halophytisch. Ein Klima für Palmenkultur in der Tiefe der Depression, ein Astragalusklima auf den Terrassen oberhalb des Steilabfalls, bis auf die Höhe des judäischen Plateaus, wo das Olivenklima einsetzt — so kann man mit Köppen[1] Klima und Vegetation unsres Gebietes kurz charakterisieren. Schon von Ritter[2] stammt die Bemerkung, daß man auf dem Wege von Jerusalem nach Jericho innerhalb weniger Stunden mehrere Klimagebiete durchwandern kann, die sonst durch Tausende von Meilen auf der Erde auseinander liegen. Daß sich in solch dürftiger, wasserarmer Wüste keine reiche Fauna entwickeln kann, etwa zur Jagd in größerem Stile, liegt auf der Hand.

Mit dem Gesagten glauben wir ein hinreichendes Bild der Wüste Juda entworfen zu haben, das jedem ermöglicht, den folgenden anthropogeographischen Betrachtungen ohne Schwierigkeit zu folgen. Fast all die geographischen Paradoxe haben wir hier gefunden, die Walther (Gesetz der Wüstenbildung S. 8 f.) als für die Wüsten charakteristisch aufführt, wenn er sagt: „Nicht bloß die Talformen und Berggestalten der Wüste weichen vielfach sehr von den uns gewohnten Bildern ab, sondern da gibt es zu sehen Regenwolken, die nicht naß machen, Quellen ohne Bäche, Flüsse ohne Ende, Seen ohne Abfluß,

[1] Vgl. Hettners Geogr. Zeitschrift 1901.
[2] Ritter, Erdkunde XVI, S. 484.

trockene Täler, trockene Deltaanhäufungen, trockene Seen, wasserlose Depressionen, die unter dem Meeresspiegel liegen, intensive sonderbare Verwitterung, Zersetzung der Felsen von innen nach außen, Pflanzen ohne Blätter — diese und andre sonderbare Erscheinungen treten dem aufmerksamen Beobachter in den Wüsten entgegen". So kurz auch unsere Skizze der physikalischen Grundzüge sein mußte, so viel hat sich gezeigt, daß die Wüste Juda ihren Namen nicht ganz mit Unrecht trägt, wenn sie auch keine Sandwüste ist.

2. Die Bevölkerungsverhältnisse.

Wäre die Wüste Juda eine absolute Wüste wie die libysche westlich von den Oasen, oder die Takla Makan, wie sie uns Sven Hedin geschildert hat, so wären die geographischen Verhältnisse des Menschen in diesem Gebiete mit wenig Worten abgetan. Dazu gehört sie aber nicht; um so mehr wird die Untersuchung interessieren, wie weit und in welcher Form der Mensch auf diesem schwierigen Boden sich von den natürlichen Bedingungen bestimmen ließ in seiner Arbeit und seinen Schöpfungen. Unsere Wüste liegt an der Grenze eines uralten Kulturgebietes mit einer wechselreichen Geschichte ohnegleichen, am Rande eines der geschichtsreichsten Länder der Erde, an dessen Geschicken auch sie in eigentümlicher Weise beteiligt ist, und wir müßten viele Seiten füllen, könnten wir nicht vieles als bekannt voraussetzen.

Was nun zunächst die ethnographischen Verhältnisse der Wüste Juda betrifft, so ergibt sich aus unsrer Skizze der physikalischen Grundzüge, daß die darin wurzelnden Existenzbedingungen des Menschen auf diesem Boden derart sind, daß er nicht für alle wandernden Völker einen Kulturwert darstellt, also zur Ansiedlung lockt, daß dieses Gebiet darum nur von gewissen Völkern mit Vorliebe aufgesucht, von anderen aber ganz gemieden und nur in der Not bewohnt werden wird. Und so hat denn unsre Wüste im Laufe der Geschichte ihre Anziehungskraft entfaltet nicht auf Kulturpioniere und Goldsucher u. a. — denn über dergleichen Lockmittel, die manche Einöde bevölkern halfen, verfügt sie nicht —, sondern immer nur auf Vieh züchtende Nomaden, in unsicheren Zeiten als Asyl für Verfolgte, und endlich in Zeiten des Kulturüberdrusses für Asketen und Anachoreten. In ethnographischer Hinsicht wird sie vielleicht auch dadurch interessant, daß auf diesem Boden mit so schwierigen Lebensbedingungen die einmal eingewanderten Stämme sich rassenreiner erhalten werden als in den benachbarten Kulturgebieten.

Unsere Wüste tritt ins Licht der Geschichte mit der Einwanderung der israelitischen Stämme ins Westjordanland. Blanckenhorn u. a. (ZDPV 1896, S. 56 f.) vermuteten zwar im Anschluß an eine Legende des Pompeius Trogus (bei Justin XVII 3, 3) ein früheres Wohnen der Phönizier am Toten Meer und ihre Auswanderung an die Küsten des Mittelmeeres infolge gewaltiger Naturereignisse, wozu dann auch der Untergang der Pentapolis gerechnet wird; aber das alles ist viel zu vag, um sich dabei aufzuhalten. Die Israeliten kamen aus der Wüste im Süden und Südosten, und die natürlichen Wanderstraßen der Völker bei ihrem Drängen ins Westjordanland lagen immer im Norden und im Süden des Toten Meeres. Die Vermutung ist durchaus berechtigt, daß die Israeliten nicht samt und sonders über Jericho ins Land drangen und auch unsere Wüste besetzten, sondern daß sich auch etliche Teile von Süden her, wo unsere Wüste gegen den Negeb offen liegt, immer weiter nach Norden auf den Plateaus vorgeschoben haben. Mögen sie auch beim Ansturm gegen das wie eine große natürliche Festung in der Höhe thronende judäische Plateau von Hebron und Bethlehem, wie die Bibel erzählt, mit großen Verlusten zurückgeschlagen worden sein, so hinderte sie doch nichts, sich in die von Süden her viel leichter zugänglichen Weidetriften der Wüste Juda einzunisten. Mag dem nun sein wie ihm wolle, jedenfalls werden den Einwanderern, da sie damals selber noch Beduinen oder mindestens Halbbeduinen waren, die Weidetriften unsres Gebietes nicht ganz verächtlich erschienen sein; ja gewisse Teile wie die Keniter und Rechabiter, die auch später in der Königszeit mit Zähigkeit und fanatischem Eifer die alte Lebensweise festhielten, werden mit Vorliebe gerade hier ihre Zelte aufgeschlagen haben, um der gewohnten nomadisierenden Lebensweise weiter treu zu bleiben.[1] In den nördlichen Teilen unseres Gebietes, etwa jenseits der heutigen Jericho-Straße — die Grenze wird Jos. 15, 6 f. genau angegeben — sah man die Zelte des Stammes Benjamin, in den südlichen die des Stammes Juda und seiner Annexe. Daß die Wüste Juda, abgesehen von den ṛōr-Oasen, nicht fest besiedelt war, sondern nur periodisch während der Regenzeit aus der Nachbarschaft bezogen ward, geht nicht nur aus dem Fehlen älterer Kulturanlagen hervor, die sonst überall in Palästina alte Ortslagen verraten, wie Terrassenbauten an den Berghängen, Zisternen und Teiche, sondern auch aus allerlei Berichten des Alten Testaments, wonach sie das Rückzugsgebiet Verfolgter war, die in dem Labyrint der

---

[1] Smith, Historical Geography, S. 278.

viel gekrümmten und tiefen Wadis und bei dem Höhlenreichtum sich leicht vor jeder Verfolgung zu bergen wußten, nicht bloß einzelner, wie Davids vor Saul, sondern auch ganzer Stämme in politischer Bedrängnis, wie der Benjaminiten in der Philisternot (1. Sam. 13, 6; 14, 11), und schon früher in einem Vernichtungskrieg (Richt. 20, 42 ff.).[1] Wahrscheinlich war ihre Zuflucht das wādi eṣ-ṣuēniṭ.

Mit der Zerstörung Jerusalems und der Wegführung der Judäer nach Babylon war das Land, ohne natürliche Wehr gegen Süden und Südosten, eine willkommene Beute der aus ihrem Stammgebiet hinausdrängenden Idumäer und andrer südlicher, vielleicht arabischer Stämme, die noch großenteils Nomaden waren. In den großen Wirren der folgenden Jahrhunderte, besonders in den Makkabäerkämpfen und noch mehr vor der alles niederwerfenden Macht der Römer, war unsere Wüste oft ein Asyl der Freiheitskämpfer, aber auch aller trotzigen, wilden, unbändigen Geister, daher ein Gebiet der Unsicherheit (Luk. 10, 30; Apg. 21, 38), und das arabische Sprichwort: „In der Wüste begegnet man keinem Freunde" ist gewiß nicht bloß eine neue Weisheit. Erprobte sich die kulturfeindliche Wüste in solchen Erscheinungen als der Sitz und Hort verderblicher Bestrebungen und insofern als eine beständige Gefahr für das benachbarte Kulturland, so wurde sie doch schon damals gerne auch aufgesucht von kulturmüden Seelen. Ich meine damit beileibe nicht Johannes den Täufer oder gar unseren Erlöser, die beide wie die alten Propheten (z. B. Elia) nur vorübergehend zur inneren Sammlung in die Wüste sich zurückzogen und deren Asketismus bloß die notwendige Konsequenz dieses ihres Wüstenaufenthaltes war, sondern die Essener, von deren Gemeinschaftsleben uns Plinius, Hist. Nat. V, 17 eine merkwürdige Schilderung gibt. Sie lebten nicht als isolierte Anachoreten; darum hatten sie vielleicht die abgelegene Oase Engedi inne? Erst recht aber kam die Landesnatur der Wüste dem Bedürfnis der weltflüchtigen christlichen Anachoreten entgegen, die in dem Höhlenreichtum dieses durch eine heilige Geschichte geweihten Landes zu Tausenden ihr Eldorado fanden.[2] Je finsterer und abgelegener die höhlenreichen Schluchten waren, sonst nur die Behausung der menschenscheuen Klippdachse und der Steinböcke, um so willkommener waren sie diesen z. T. ehrwürdigen „Kulturfeinden". Manche dieser Anachoretengemeinschaften hatten es aber schon zu erfahren, daß das aus dem Süden immer kräftiger sich vorschiebende arabische Element schon beträchtlichen

[1] Survey of Palestine, Memoirs III, S. 137—147.

[2] Ritter, Erdkunde XV[a], S. 85.

Einfluß ausübte noch vor den Tagen des Islam, bis endlich die gewaltige Sturmflut unter dem Panier einer neuen Religion den limes arabicus durchbrach und ganz wie die Germanen am Rhein und an der Donau eine neue Zeit heraufführten. Die Menge der neuen Einwanderer, zum großen Teil mit rein beduinischen Lebensgewohnheiten, ließ es sich in den Weidetriften wohlgefallen, waren sie doch wahrscheinlich besser wie viele Bezirke ihrer arabischen Heimat. Diese arabische Brandung aus der südöstlichen Wüste umtobte von da an die schmale Kulturinsel der judäischen Hochfläche und entriß ihr im Lauf der Zeit noch manches Stück am Rande. Ein Ab- und Zuwandern der Hirtenstämme mag noch gelegentlich vor und nach den Kreuzzügen erfolgt sein, aber verjagen ließen sich seitdem die Araber aus der Wüste Juda nicht mehr. Wann die heute unser Gebiet bewohnenden Araber-Stämme zuwanderten und auf welchem Wege, wird sich nicht mehr feststellen lassen.

Man teilt bekanntlich die heutige palästinische Bevölkerung in ḥaḏari, d. h. Seßhafte, und in bedaui, d. h. Nomaden. In der ersten Gruppe ist eine Scheidung zwischen Stadt- und Dorfbewohnern ethnographisch wohl angebracht, da jene ohne Zweifel sich aus viel mehr und recht verschiedenartigen Elementen zusammensetzen als diese. Die Nomaden aber sind meist reine Araber. Sie wohnen keineswegs alle in unsrer Wüste, sondern — vom Ostjordanland und Negeb sehen wir ganz ab — auch in der Küstenebene und im ṛōr bis hinauf nach Galiläa. Sie selbst nennen sich mit Stolz „el-'arab". Halten wir uns hier nur an diejenigen, die unser Untersuchungsgebiet inne haben, so sehen wir zunächst, daß es, so klein es ist, doch nicht etwa von einem einheitlichen größeren Stamm, etwa wie diejenigen des Ostjordanlandes, besetzt ist, sondern von einer ziemlichen Reihe kleinerer arabischer Stämme, die offenbar alle die Reste solcher durch große Hochfluten ins Land gebrachten Stämme darstellen. Die Zerstückeltheit unseres langgestreckten Gebietes infolge der verkehrsfeindlichen Durchschluchtung spiegelt sich also in der Zersplitterung der Bevölkerung. Bei näherem Zusehen finden wir aber hier neben rein arabischen Stämmen, die nie etwas anderes waren, als was sie heute sind, auch einen Stamm ganz andrer Art, der in rückläufiger Bewegung sich wieder in die Wüste als Asyl zurückgezogen hat, nämlich verarmte und verkommene Fellachen, die ta'āmire, die früher in dem nach ihnen genannten Dorfe in der Nähe des dschebel ferdēs, also am Rande der Wüste gewohnt, aber samt und sonders vor den Drangsalierungen der türkischen Regierung sich in die Wüste geflüchtet hatten (Seetzen II,

S. 221, Robinson, Palästina II, S. 401). Der Übergang zum vollen Beduinenleben mag ihnen nicht so schwer geworden sein, als wir uns leicht vorstellen, nicht bloß weil sie als Habenichtse nichts dabei zu verlieren hatten, sondern auch weil sie wie noch jetzt die Bewohner andrer Randsiedlungen, z. B. von beni nā'im weiter südlich, nur als halbseßhaft vorzustellen sind. Sie treiben noch heute Ackerbau; auch in ihrer Kleidung unterscheiden sie sich von ihren arabischen Nachbarn, sofern sie nicht wie diese das mendīl mit dem 'akāl, sondern den Turban, nicht Sandalen, sondern Schuhe tragen, und werden von diesen nicht als voll angesehen. Sie bilden heute einen der größeren Stämme und bewohnen den Distrikt zwischen ihrer alten Heimat und teḳū' einerseits und dem Toten Meer andrerseits. Nach Memoirs III S. 388 scheidet sie der tiefe Graben des wādi el-ṛōr, wie das wādi el-'orēdsche weiter oberhalb heißt, von ihren südlichen Nachbarn, den dschahalīn, dem anderen größeren Stamme der Wüste Juda. Die Weidebezirke der letzteren erstrecken sich bis an die Südgrenze, wo sie auf der Wasserscheide zwischen dem Toten Meer und dem wādi ṛazze an die der dullām-Araber stoßen. Sie stehen, weil abgelegener und mit der Kultur in geringerer Berührung als die ta'āmire und die noch zu nennenden anderen nördlichen Stämme, auf einer tieferen Kulturstufe, werden als weniger intelligent denn die letzteren charakterisiert,[1] schauen aber nichtsdestoweniger mit Verachtung auf die unbeduinischen Neigungen huldigenden ta'āmire herab. —

Zwischen diesen beiden Hauptstämmen der Wüste liegt am wādi el-'orēdsche das kleinere Territorium der ḳa'ābine und das der raschā'ide. Letztere wurden im letzten Jahrhundert zur Zeit der kurzen, aber strammen ägyptischen Herrschaft dezimiert und stehen im Schutze der ta'āmire. Ihnen gehört die Oase 'ēn dschidi. Im Norden der ta'āmire zelten noch eine ganze Reihe kleiner Araberstämme, z. B. die 'obēdīje, die Schutzbefohlenen des Klosters Marsaba, in dessen Nachbarschaft am wādi en-nār, ferner die ḥetēm und abu nuṣēr, die in der Nähe von Jericho und ins Gebirge hinauf am wādi ḳelt usw. wohnen. Nach Robinson II 557 f. sind sie viel dunkler als die anderen Stämme, eine Art Zigeuner und ein Derwisch-Stamm. Ganz besonders interessant aber ist die Notiz Conders[2], die abu nuṣēr stammten ab von einem Stamm, der in einem besonderen Ruf der Heiligkeit stand, und dem es frei stand, unter den anderen Stämmen

[1] de Saulcy, Voyage I, S. 195, Tristram, Land of Israel, S. 292, 352, Conder, Tent Work, S. 271.

[2] a. a. O., S. 347 f.

umherzuziehen wie eine Gemeinschaft von Derwischen. Wer denkt da nicht an die Leviten? Bei Seetzen u. a. werden sie als ṛauârine, d. h. ṛôr-Araber, bezeichnet wegen ihres Aufenthalts in der Depression. — Von dem härteren Geschlecht der Berge zu trennen sind die Bewohner des Oasendorfs erîḥa, die als eine degenerierte faule Sorte von Menschen ohne Seele dargestellt werden, z. T. vielleicht, weil sie Mischlinge sind zwischen ḥaḍari und bedaui (Rob. II S. 524), wie Lortet S. 464 vermutet, im Zusammenhang mit der Garnison, z. T. wohl aber infolge der entnervenden Wirkung des ṛôr-Klimas und der Fieber. Es ist deshalb auch schon der Vorschlag eines Imports von Negern in den ṛôr zur Kolonisierung laut geworden. G. A. Smith meint S. 268, die Bewohner seien immer so gewesen, mit Posaunenstößen habe man ihre Stadt über den Haufen blasen können.

Von einer rein arabischen Bevölkerung der Wüste Juda kann also nur mit Vorbehalt geredet werden, auch wenn wir von einigen Halbnomaden aus den Randdörfern und den Insassen der wenigen Klöster ganz absehen. Es hängt mit der Natur der Wüste zusammen, sofern sie von Fremden gemieden wird, aber doch auch ein Rückzugsgebiet darstellt. So wird sich leicht in die im allgemeinen einheitliche Bevölkerung auch ein fremder Bestandteil einmischen. Von ethnologischem Interesse mag noch die Beobachtung Tristrams sein, daß die einzelnen Stämme unseres Gebietes auf den ersten Blick zu unterscheiden seien so gut wie Kelten und Angelsachsen, Gallier und Teutonen. Ja innerhalb desselben Stammes der dschahalîn möchte er zwei Schichten unterscheiden, eine arabische Aristokratie der Schechs und eine niedriger stehende Rasse. Beide Klassen stehen nicht einmal in Konnubium miteinander. Denn ein echter Araber ist stolzer auf die Reinheit seines Blutes als ein europäischer Graf. Nur nebenbei sei noch bemerkt, daß auch unter den Stämmen der Wüste Juda der alte Gegensatz von ḳês und jemen, d. h. von Nord- und Süd-Arabern, fortlebt. Die dschahalîn und ḳa'âbine rechnen sich zu der ersteren, die raschâ'ide zu der zweiten Partei.

Dennoch tragen alle diese Bewohner unsrer Wüste ein einheitliches Gepräge — die Wüstennatur hat es ihnen aufgedrückt durch die überall gleichartige Lebensweise. Der Kampf um die Futterplätze und die Wasserstellen füllt im wesentlichen das Leben dieser Nichtstuer aus — ein geschichtsloses Dasein. Die Arbeit überläßt man den Frauen, deren Leben mit Wasserholen ausgefüllt ist, und den jugendlichen Elementen, die die Herden auf die Weide führen. Wer hat nicht, wenn er je die Wüste Juda durchstreifte, den Hirtenknaben gesehen, hoch oben über den Wadis auf den Höhen, wo sich seine Silhouette scharf vom Himmel abhob, wie er sich die Zeit vertrieb mit seiner Hirtenflöte? Von einem Zusammenhalten und Einigkeit der Stämme ist keine Rede — zum Glück für die Bauern der nahen Kulturgebiete und die türkischen Behörden. Eifersüchtig wachen die einzelnen Stämme, daß kein Übergriff in ihre Weiderechte von seiten der Nachbarn erfolge.[1] Doch scheinen auch in dieser Hinsicht im Lauf der Zeit große Verschiebungen stattgefunden zu haben. Nach Seetzen II S. 222 verdrängten z. B. die stärkeren ta'âmire die ḥetêm aus ihrem Besitz. Er bezeichnet dieselben (II S. 53) als die schlimmsten, unverbesserlichen Waldverwüster. Die Araber, die aus der Wüste oder Steppe kommen, haben keinen Sinn für den Wald. Abgesehen davon, daß sie den Unterschied von Mein und Dein nicht kennen — in ihrem Kreis herrscht ja mehr Gütergemeinschaft als Privateigentum, denn die Weiden gehören dem ganzen Stamm —, sind sie ein zwar wildes und rohes, aber unverdorbenes Geschlecht von einfachen, strengen Sitten, und dies um so mehr, je weniger sie mit der Stadt und den Fremden in Berührung kommen. Letztere Bedingung wird aber in unserer schmalen Wüste nicht immer erfüllt. Reisende haben durch ihre Geschenke ihre Habgier angestachelt. Nicht überall findet sich der stolze Sinn des echten Arabers, der in den freien Triften der Wüste trotz aller Armseligkeit sich hoch erhaben dünkt über den Stadtleuten und den Bauern. In ihrem Charakter sind große Kontraste vereinigt wie meist bei tiefstehenden Völkern (Q. St. 1901 S. 203): kindliche Einfalt und tückische List, Ehrlichkeit und Verräterei, Räuberei und Freigebigkeit, gemeinster Egoismus und treue Anhänglichkeit, Verstand und Überlegung und doch zügellose Phantasie, Zähigkeit im Festhalten des Überkommenen und doch Unbeständigkeit, unbändiger Freiheitssinn und doch grausame Herrschsucht.[2] Gewohnt, in der unwegsamen Felswüste zu springen und zu hüpfen von Fels zu Fels, elastisch wie die Steinböcke, wird es ihnen in den Gassen der Stadt bald zu enge und unheimlich. Sie machen keine großen Ansprüche an das Leben, z. T. wohl wegen des heißen, trockenen Klimas, das zu einem frugalen Dasein erzieht, z. T. darum, weil sie in der unwirtlichen Wüste, bei dem Tiefstand ihres Geisteslebens, nicht weiter wissen. Ihre Nahrung besteht meist aus Brot und Grütze und den Erzeugnissen ihrer Herden. Während der Frühlings-Weidezeit „schwimmen sie dann in Milch“.

---

[1] Conder, Tent Work, S. 262ff.

[2] Lynch, Narrative, S. 428ff: ein interessanter Vergleich der Araber mit den nordamerikanischen Indianern.

Mißgestaltete sieht man kaum unter ihnen. Roh, was Wissen betrifft, sind sie uns hochgebildeten Europäern mindestens in einem überlegen — dem Geographen kann dieser Zug nicht entgehen —, nämlich in der Heimatkunde.

Von einer Berechnung der Dichte dieser Bevölkerung, die sich keineswegs gleichmäßig über das ganze Gebiet verteilt, da manche unwirtlichen Teile ganz menschenleer sind, so daß man Tagereisen weit selbst im Frühjahr keiner Seele begegnet — nach dem oben angeführten arabischen Sprichwort ist einem das am liebsten —, müssen wir leider absehen. Die Größe der Stämme wird gewöhnlich nach der Zahl ihrer Zelte oder ihrer waffenfähigen Mannschaft angegeben. Vervielfacht man letztere Zahl mit 3 oder 4, so wird man die Zahl der Seelen erhalten. Nach Conder S. 339 ist die Gesamtzahl eines Stammes wie der ta'âmire ca. 1000 Personen oder 300 Zelte; aber durchschnittlich seien die Stämme ca. 100 Familien stark. Aber alle diesbezüglichen Angaben bei Robinson, in ZDPV 1879 S. 142 ff. und in den Memoirs III S. 382, sind nicht nur lückenhaft, sondern gehen auch so weit auseinander, daß sich darauf eine brauchbare Statistik nicht gründen läßt. Es scheint aber, als Minimum könne man danach eine Bevölkerungsdichte von 1 Menschen auf den Quadratkilometer, und als Maximum das Doppelte annehmen — jedenfalls Zahlen, in denen sich deutlich genug der Wüstencharakter unseres Gebietes ausspricht, das keine größere Bevölkerung erträgt. Zum Vergleiche sei nur gesagt, daß auf dem judäischen Plateau selbst — unter Ausschaltung von Jerusalem — die Volksdichte der Fellachen ca. 50 bis 55 ist. Eine merkbare Zunahme der Bevölkerung scheint nicht stattzufinden aus begreiflichen Gründen, da unter den jetzigen Wirtschaftsverhältnissen die Lebensbedingungen der einzelnen dadurch sich noch verminderten.

3. Die wirtschaftlichen Verhältnisse.

Wir sagen ausdrücklich „unter den jetzigen Wirtschaftsverhältnissen". Denn die Zahlen der Volksdichte sind doch nicht bloß der Ausdruck eines Naturfaktors, sondern zugleich der heutigen Form der wirtschaftlichen Ausbeutung des Landes. Ohne Zweifel könnte unser Gebiet wenigstens in seinen Oasen eine viel größere Menschenmenge ernähren als heute, wie die Geschichte zeigt. Und wenn heute ganz Palästina vor einem wirtschaftlichen Aufschwung steht und viele an dieses Land die größten Zukunftshoffnungen knüpfen und es als eine Art Kolonialgebiet betrachten, sollte unsere Wüste samt und sonders für immer zur Rolle des Aschenbrödels verdammt bleiben und der Verwahrlosung nicht mehr entrissen werden können? Wenn aber doch, wie weit wird dies möglich sein bei den vorhandenen natürlichen Bedingungen?

Die geographischen Bedingungen des wirtschaftlichen Lebens in unserem Gebiet liegen nach dem, was wir bereits gesagt haben, zu klar zutage, um darüber den nüchternen Beurteiler im Zweifel zu lassen, zu welcher Art von nutzbaren Gebieten es gehört. Handelt es sich doch hier um wasserleere halbwüste oder vollwüste Flächen mit einigen wenigen Randoasen von allerdings immensem Kulturwerte, und alle wirtschaftliche Erfahrung lehrt, daß solche Räume ihrer Natur nach nur auf dem Wege der Viehzucht, und zwar der extensiven, ausgenützt werden können. Ein Anbau außer in den Oasen, von denen wir vorerst ganz absehen, da sie doch nur wie Inseln im Ozean ,der Wüste liegen, und an den westlichen regenreicheren Höhen längs des judäischen Kulturgebiets und an einigen wenigen Parzellen (z. B. am chān es-sahl, ZDPV 1896 S. 171; 1880 S. 28), hat keine Aussicht. Auf diese Art der wirtschaftlichen Ausnutzung weisen auch die Namen hin, welche im Alten Testamente einigen Bezirken unserer Wüste gegeben werden. Sie werden dort genannt nach den nächstgelegenen Siedlungen, von denen aus sie wirtschaftlich ausgebeutet wurden. So lesen wir, um im Süden zu beginnen, von einem midbar ma'ōn, offenbar dem Weidebezirk östlich vom heutigen tell ma'in südlich von Hebron gelegen; von einem midbar zīf in der nördlichen Nachbarschaft bei der heute noch gleichnamigen Ruine; vom midbar 'ēngedi, offenbar in der Umgebung dieser Oase am Toten Meer, wahrscheinlich sich oberhalb des Steilabfalls ins Gebirge hinein gegen Hebron erstreckend; von einem midbar teḳōa' in der Umgebung der heutigen chirbet teḳū' südlich von Bethlehem; endlich noch von einem midbar jerū'ēl, dessen Lage noch nicht feststeht; vielleicht ist dafür jezre'ēl zu lesen, das eine jüdische Stadt war (cf. Encycl. Bibl. col. 2408, 2459 f.). Dazu kommen noch zwei andre ebenso als midbar (= Weidebezirk) bezeichnete Bezirke auf dem Stammgebiet Benjamins, nämlich midbar gib'ōn — es sollte aber offenbar gib'ā heißen, das steinige Gebiet im Osten des heutigen dscheba'; und nördlich daran grenzend das midbar bēt āwen, im Südosten von bētīn gelegen. Daneben aber weiß die Bibel noch von ganz anders bezeichneten Bezirken unserer Wüste Juda zu reden, nämlich von einem jeschīmōn, d. h. einer eigentlichen Wüste, die also zur Weidetrift nicht taugte; wo dieser Bezirk lag, ist einstweilen noch ungewiß. Die gewöhnliche

Annahme der Memoirs, auch G. A. Smiths u. a. geht dahin, daß er oberhalb des Toten Meeres lag auf der untersten trockensten Terrasse der Ostabdachung, vielleicht südlich von Engedi, wo die Wüste am sterilsten und ausgesprochensten ist. Und ferner von ʿarbōt jerēchō, d. h. den z. T. versalzten Wüsten, in der Nachbarschaft der Oase Jericho bis zum Toten Meer im eigentlichen ṛōr gelegen. Mit diesen verschiedenen Namen werden die verschiedenen Teile unseres Gebietes, das ja in der Bibel keinen einheitlichen Namen hat, als an Kulturwert sehr unterschiedlich charakterisiert. Taugten etliche auch nicht einmal zur Weide, so wurden doch andere, höher gelegene jahraus, jahrein von den Randsiedlungen aus als willkommene Weidetriften für die neben Ackerbau auch reichlich Viehzucht treibende Dorfbevölkerung ausgenützt. Wenn auch dies letztere heute zurücktritt und die Araber den Spieß eher umgedreht haben und ihre Herden auch auf die Äcker der Randgemarkungen treiben, so ist doch die Wüste Juda heute wie einst nur ein Gebiet extensiver Viehzucht. Infolge der Humusarmut des Bodens und der unzuverlässigen und geringen Niederschläge widerstrebt die Wüste jedem Ackerbau ohne künstliche Bewässerung und zwingt ihre Bewohner, die freiwillig oder unfreiwillig sich dieses Gebiet zum Aufenthalt erwählen, zur Viehzucht, und zwar zur nomadisierenden. Denn ein bleibender Aufenthalt verbietet sich von selbst, wo die Weiden so mager sind wie hier, und wo nur während der Regenzeit einige nennenswerte, den Herden aber wahrscheinlich sehr wohlschmeckende Vegetation sich einstellt, und wo die Wasservorräte mangels Quellen so bald erschöpft sind. Der poröse Kalkstein verschluckt zu schnell den Regen, soweit er nicht alsbald wieder verdampft auf dem glühend heißen Boden, und stehendes Regenwasser muß sorgsam geschützt werden, um nicht bei der hohen Verdunstungsgröße in unserer Wüste, die die kaspische darin weit übertrifft, allzu schnell zu verschwinden; und auch in den Wadis gräbt man bei der Tiefe des Grundwasserspiegels vergeblich nach dem kostbaren Lebenselement für die Herden und die Hirten. Bessere Weidebezirke sind nur die Ebene el-bukēʿa, die sich im Frühling reichlich mit Gras und wilden Blumen bedeckt.[1] Während der Regenzeit weiden die Araber auf den tiefer gelegenen östlichen Gebieten, besonders auch im ṛōr selbst, wo sie im Winter auch mehr vor der Kälte geschützt sind, um sich mit eintretender Trockenzeit immer weiter auf die Höhen in solche Wadis zu verziehen, die, durch Taufälle oder Quellen und andere reichere Wasser-

[1] Memoirs III, S. 166; Fraas, Aus dem Orient, S. 61; vom Rath, Reisebriefe II, S. 84.

schätze begünstigt, zu Sommerquartieren sich besonders eignen. Während der ersten Hälfte der Trockenzeit leben sie noch in der Wüste und erst mit dem Austrocknen ihrer Regenwassersammlungen, von denen, so ekelhaft sie oft sind, doch einträchtig Mensch und Tier leben, kehren sie sich zu den ausdauernderen Wasserstellen, z. B. die dschahalīn nach kurmul. Während der Gluthitze des Sommers ist die Wüste auch für die Nomaden unbewohnbar, und selbst die Oase 'ēn dschidi wird von den raschā'ide frühzeitig geräumt.[1] Unter den Wasserplätzen gibt es da und dort einen Brunnen, dem das Wasser nicht ausgeht, z. B. im wādi en-nār der bīr hurubbet el-ḥaṭṭābe (ZDPV 1880 S. 34). Weidebezirke ohne Brunnen sind ja wertlos, dem Besitzer der letzteren gehört darum auch das Gebiet ringsum. Darum Streit und Krieg um sie. Es handelt sich hier um Sein oder Nichtsein. Geht aber daraus nicht auch hervor, daß die Bewohner der Wüste Juda sterben und verderben müßten, wären sie allein auf die Wüste selber angewiesen, und würde eine kräftige Regierung diesen Störenfrieden der Ackerbauer besonders in Dürrejahren den rettenden Rückzug an den Rand der Kulturzone abschneiden? Die das sommerliche Rückzugsgebiet der Nomaden in Händen haben, sollten eben darum von Rechts wegen diese selbst wirtschaftlich und politisch beherrschen. Und wenn dies so lange nicht geschah und auch heute die Türken in diesen Gebieten nur nominell die Herren sind, so liegt das eben an dem beliebten System des laissez aller. Die Ägypter in den dreißiger Jahren des vorigen Jahrhunderts verstanden die ihnen von der Natur selber in die Hand gegebene Position besser auszunützen und zeigten durch Entwaffnung und andere Maßregeln den Stämmen, wer der Herr im Lande ist.[2]

Wer die natürlichen Verhältnisse in unserem Gebiete recht überlegt, wird sich demgemäß davor hüten, die extensive Viehwirtschaft der Beduinen auf ihre Faulheit zurückzuführen, sondern es ist die naturgemäße Wirtschaftsweise. Die karge Natur zwingt sie zu dauerndem Nomadenleben, und die nicht zu leugnende Faulheit der Männer erklärt sich z. T. gewiß eben daraus. Wie sollen sie sich genügend betätigen, wenn sie nicht das Nomadentum aufgeben wollen? Die Jagd wäre zu wenig ergiebig, wollten sie ihr auch in größerem Maße obliegen, als sie es jetzt tun. Dafür ist die Wüste zu wenig wildreich. Die Araber sind überall keine Jägervölker, sondern immer Hirten. Für ihr Wanderleben kommt neben bereits angeführten natürlichen

[1] Tristram, a. a. O., S. 300, Lortet, La Syrie, S. 438.
[2] Robinson, Palästina II, S. 400f.

Bedingungen auch der Umstand in Betracht, daß die Vegetation nicht bloß überhaupt äußerst spärlich und mager ist, sondern daß die von den Schafen und Ziegen abgeweideten Gräser vielleicht erst ein paar Jahre später wieder durch frischen Nachwuchs ersetzt werden. Es ist daher begreiflich, daß diese Wanderhirten für ihre Herden außergewöhnlich große Weideflächen bedürfen, die in keinem Vergleich stehen etwa mit unseren europäischen Verhältnissen. Dazu kommen noch andere, auch in der Natur begründete Bedingungen, die zurzeit die Viehwirtschaft niederhalten. Hierher gehörten zunächst die jedes Jahr vorkommenden Verluste nicht bloß durch die Raubtiere, sondern auch durch räuberische Menschen bei der in der Wüste herrschenden Unsicherheit, sowie auch durch plötzlich auftretende Wolkenbrüche, die bei rascher Überschwemmung eines Wadi kulturfeindlich wirken und gelegentlich ein ganzes, allzu leichtfertig angelegtes Lager mit Tieren und Menschen zugrunde richten. Ferner schwere Viehseuchen, die ebenso wie andere Epidemien an dieser Ecke zwischen Asien und Ägypten fast endemisch sind; noch mehr aber schlechte Jahre infolge von Dürreperioden, die die armen Hirten zwingen, ihre Herden loszuschlagen, damit sie ihnen nicht unter ihren Augen verhungern und verdursten. Zu dem Gesagten kommt aber noch, daß auch in guten Jahren die Absatzmöglichkeit der Produkte ihrer Wirtschaft in diesen Gebieten der Halbkultur gering ist — höchstens während der Fremdensaison in Jerusalem besteht ein größerer Fleischkonsum im Lande; denn das Fleisch ihrer Herden und nicht die Wolle ist es, auf die es abgesehen ist, außer der Aufzucht von Lasttieren, insbesondere von Kamelen. Wird das oder kann das bei den tatsächlichen Naturverhältnissen einmal viel anders werden? Es ist so gut wie ausgeschlossen, daß größere Partien der oberen Wüste außerhalb des Ghor jemals etwa durch künstliche Berieselung in Kulturland verwandelt werden könnten. Woher sollte man das Wasser bekommen? Die Araber glauben zwar an Regenzauber und haben die Christen im Verdacht, daß sie diese Macht in Händen hätten.[1] Sie fabeln auch davon, daß die wüsten Plateaus zu christlichen Zeiten voller Weinberge gewesen seien.[2] Aber es bleibt bei Conders sarkastischer Antwort auf die Zumutungen seiner beduinischen Quälgeister: „God made the country for the Bedawi." Dabei wird es wohl verbleiben. Selbst Anlagen von größeren Talsperren würden, fürchte ich, nicht zum Ziele führen, da doch viele dieser Wadis gar nicht einmal

[1] Conder, Tent Work, S. 264. Palmer, Schauplatz der Wüstenwanderung, S. 243.

[2] Conder, a. a. O., S. 349.

jedes Jahr von einem Regenbach durchflossen werden. Viele davon sehen auch gar nicht danach aus, als hätte in den letzten Jahren eine Flut sie durchtobt. Dieser Wüste ist man, so schmal sie auch ist, auch in den besten Zeiten des Landes nicht Herr geworden, und die Wüste wird dort immer Wüste bleiben und nur durch extensive Viehzucht ausgenützt werden können. Diese letztere würde ohne Zweifel sich intensiver gestalten zur Milchwirtschaft u. dgl. bei Vergrößerung der Absatzmöglichkeit, wenn nämlich in den benachbarten Oasen die Zeit einer neuen Blüte, wie sie von Natur durchaus nicht ausgeschlossen ist, wiederkäme. Aber das hat noch gute Weile.

So werden wir auch hier auf die Randzonen der Wüste hingewiesen, die z. T. das sommerliche Rückzugsgebiet bilden und deren kulturelle Hebung auch der Wüste zugute kommen wird. Es ist wirtschaftsgeographisch höchst bedeutsam, daß, während die ganz überwiegenden Teile unseres Gebietes nur für periodische Viehzucht und Weidewirtschaft, aber nicht für Feldbau geeignet sind, diese Randzonen im Westen längs des judäischen Plateaus, besonders aber im Osten in der Depression längs des Steilabfalls ganz andere Wirtschaftsbedingungen darbieten, die für Anbau und seßhafte Bevölkerung sich eignen und von wo aus der Kampf des Kulturlandes gegen die Wüste mit mehr oder weniger Erfolg eröffnet werden kann. Und dies geschah auch tatsächlich während des goldenen Zeitalters Syriens, als diese vorderasiatischen Provinzen dem europäischen Kulturkreis angeschlossen, wir würden heute sagen: europäisiert wurden, damals, als die Römer mit starker Faust — ohne gewisse Härten und Ungerechtigkeiten ging das ja natürlich nicht ab — Ordnung schufen und Frieden und Verkehr brachten, als das heilige Land von Flüchtlingen aus den westlichen Ländern, die vor dem Gotensturm wichen, der das westliche Römerreich zertrümmerte, überschwemmt ward, und Lauren und Klöster und andere Niederlassungen weit in die unwirtliche Wüste hinein sich vorschoben. Das Kulturland erweiterte sich damals von Westen her auf Kosten der Wüste. Wie war das möglich? Die vielen Zisternen, Berieselungsanlagen, Aquädukte nicht bloß in der Umgebung der Jericho-Oase, im wādi ḳelt usw., sondern auch bei chirbet mird am Rand der Ebene el-buḳēʿa, oder am dschebel furdēs, wo sich Herodes mitten in der Steinwüste ein Paradies schuf, wo er wollte begraben sein, geben uns auf diese Frage die beredte Antwort. Aber zuletzt erfolgte mit dem Einbruch der Wüstenhorden der Rückschlag, und die Wüste wies den Eingriff in ihren Bereich wieder zurück. Heute ist dieser Westrand ein rechtes Übergangsgebiet, insofern nämlich, als hier nicht bloß aus den Randsiedlungen ganz wie in alttestamentlichen Zeiten, wenn auch in geschwächtem Grade, weit hinein in die Wüste Viehzucht getrieben wird, z. B. aus beni nā'im, dessen Bewohner die Hälfte des Jahres in Zelten leben; sondern sofern hier auch verschiedene Beduinenstämme, die einen mehr, die anderen weniger, etwas Ackerbau treiben. Es wurde bereits darauf hingewiesen, daß besonders die ta'āmire, die ja einst Fellachen waren, sich auch heute nicht schämen, den Pflug in die Hand zu nehmen und das Feld zu bestellen. Wer den dschebel furdēs besucht und von dort oben die Aussicht in die Wüste genießt, sieht die Ebene am Ostfuß des Berges mit den wohlabgeteilten Äckern dieses Beduinenstammes. Ebenso trifft man auf dem Wege zum Kloster Marsaba durch das wādi en-nār hinab oder über dēr dōsi, desgleichen von kurmul südlich von Hebron, nach ez-zuēra in den Wadis bestellte Äcker dortiger Beduinenstämme, das eine Jahr mehr, das andere Jahr weniger, je nachdem wie ergiebig die winterlichen Niederschläge waren. Allerdings meist rohe Versuche, die oft von einer sehr spärlichen Ernte belohnt werden, nicht bloß infolge von Heuschrecken, die, von Osten kommend, hier den ersten Hunger stillen, sondern mehr noch infolge von Dürren.

In diesem Übergangsgebiet sind viele Beduinen den größten Teil des Jahres seßhaft; auch die raschā'ide sind fast stationär in 'ēn dschidi. Man sollte meinen, es sei ein leichtes, sie dafür zu gewinnen, das Zelt mit der festen Wohnung endgültig zu vertauschen und durch Übergang zum Feldbau mitzuhelfen, diese Randzone der Wüste wieder zu entreißen. Was sie aber davon abschreckt, ist nicht bloß der Militärdienst, dem sie dann verfielen und der auf der mohammedanischen Bevölkerung als eine überaus drückende Last ruht (s. vom Rath, S. 91), sondern jedenfalls auch das Klima. Im Sommer vor allem — und er ist länger als der Winter! — hat das luftige, transportable Zelt doch gewisse Vorteile gegenüber den stickigen, von Ungeziefer, zuweilen auch Skorpionen wimmelnden Häusern. Aber noch mehr: der echte Araber verachtet den fellāḥ und den Ackerbau, er hält ihn für entehrend. Nicht weil die Verhältnisse der Wüstennatur sie dazu zwängen, sondern weil sie es nicht anders wollen, bleiben sie auch hier oben ausschließlich Hirten und Zeltbewohner. Nach ihrer ganzen natürlichen Anlage, durch die starke Tradition einer Jahrtausende alten Geschichte sind sie zu einer seßhaften Lebensweise unfähig geworden. Lieber sterben und verderben sie, als daß sie es über sich bringen, mit der Vergangenheit zu brechen und den aussichtsreichen Schritt zu tun, obgleich sie doch sehen, wieviel die Uhr geschlagen hat, daß sie in ihren Weidebezirken immer mehr eingeengt werden, und die Bauern auf den Höhen, von der Regierung mehr geschützt, die Wohnstätten wieder anfangen zu besiedeln und bisherige Weidegebiete unter den Pflug zu nehmen — ein Rätsel, mehr beklemmend als interessant; jedenfalls zeigt es uns, wie sehr der Mensch auf tieferer Kulturstufe mit dem Boden verwachsen ist. Die Römer, die diese Rasse weniger romantisch fanden als das heutige Romane lesende Abendland, jagten diesen „Schädlingen" in ihre Wüste nach und nahmen ihnen ihre Herden, ihre Kamele weg, ohne die ein Leben in der Wüste nicht möglich ist, — die Türken handeln anders, wie ich schon oben sagte.

Wichtiger aber als die hochgelegene und damit vor der eigentlichen Wüste klimatisch begünstigte westliche Randzone ist die östliche, räumlich viel unbedeutendere im ġōr unterhalb des Steilabfalls, am Strand des Toten Meeres und seiner nördlichen Fortsetzung, die aber kein zusammenhängendes Band von Kulturland darstellt, sondern echte Oasen in der Wüste an den großen Quellen am Fuße des Gebirges. Wirtschaftsgeographisch sind sie aber das weitaus wichtigste Gebiet; denn hier sind in diesem ägyptischen Klima die Bedingungen einer Kultur vorhanden wie nirgends in Palästina und überhaupt in diesen Breiten. Welche Kontraste diese grünen, wasserreichen Eilande zu der ringsum starrenden Stein- oder Mergelwüste bilden, werden Forscher wie Tristram, Lortet u. a. nicht müde hervorzuheben, insbesondere bei ʿēn dschidi, ʿēn feschcha, ʿēn es-sulṭān und der Mühle bei ʿēn ḳelt. Ohne Zweifel schon sehr früh von Menschen besiedelt — auf den ersten Blättern der Bibel heißen sie ein „Garten Gottes" —, wurden sie, wenn auch im Schatten des Steilrandes, überaus niederschlagsarm, oder vielmehr gerade deshalb, mit ihren reichen Quellen und ihrer afrikanischen Hitze zu tropischen Paradiesen von unschätzbarem Reichtum umgewandelt. Ohne Bewässerung gedeiht nichts in der ġōr-Ebene. Nach Strabo XVI 2, 41 war die Jericho-Oase 5 Stunden lang und 1 Stunde breit und dehnte sich wahrscheinlich über die oberste Lisan-Terrasse aus, auf der Jericho selber liegt, weltberühmt durch ihren Palmenwald mit den köstlichsten Datteln (Plinius Hist. nat. 13, 4), insbesondere aber auch durch die Kultur des Balsamstrauchs (Balsamodendron opobalsamum), Henna (Lawsonia alba) u. a. Josephus (Bell. Jud. IV, 8, 3 u. o.) schildert die Oase mit begeisterten Worten als einen Fleck Erde, der nicht seinesgleichen habe, ein θεῖον χωρίον. Wegen der milden Winter errichtete Herodes hier seine Winterresidenz. Durch Berieselungsanlagen, in denen große Werte steckten, leitete man zu den reichen Wasservorräten aus ʿēn es-sulṭān, ʿēn dūḳ usw. noch das Wasser der Quellen im wādi ḳelt hinzu, um der Kultur immer neues Terrain zu gewinnen und die Oase gegen die versalzte Wüste vorzuschieben. Palmen gedeihen in Salzboden ganz gut; Plinius hebt das (l. c.) ausdrücklich hervor.[1] Die zu diesem Zweck gebauten Aquädukte reden noch heute in ihren Trümmern, z. B. im wādi abu-ḍ-ḍabā', von einer regsamen und kapitalkräftigen Bevölkerung mitten in einer armseligen Gegenwart. Solche kostspieligen Wasserbauten finden sich auch südwärts in jetzt weit und breit einsamen Wüsten längs des Toten Meeres, wie Teichanlagen und Terrassenbauten bei 'ēn dschidi, wo eine ähnliche, wenn auch kleinere tropische Kulturoase blühte, Wasserleitungen im wādi sudēr, um die Wasservorräte der letztgenannten Oase zu verstärken, ferner im wādi umm baṛṛek, Talsperren im wādi ez-zuēra, riesige Zisternen in Masada — in den letzteren drei Beispielen allerdings weniger zu direkten Kulturzwecken, als um die Besatzungen der Festungen und Lager mit Wasser zu versorgen. Sie sind heute alle verfallen und verschlammt. Wollten die Beduinen die alten Anlagen nur im Stande erhalten, so hätten sie überall rings um den See Wasser genug, meint Tristram S. 357; aber wie rechte „Wilde" sind sie kindisch, was klugen Vorbedacht betrifft. Im Mittelalter scheinen die Oasen Jericho und Engedi noch geblüht zu haben und wurden von den Kreuzrittern als wertvolle Lehen geachtet; sie kultivierten hier das Zuckerrohr — die „Zuckermühlen" nördlich von 'ēn es-sulṭān erinnern noch in ihren Ruinen daran. Später aber verfiel und verödete alles, und die Wüste fraß mächtig um sich. Das ist ja das Geschick und die Jammergeschichte aller vorderasiatischen Oasen, daß sie ständig von den räuberischen Nomaden bedroht und, weil zum großen Teil auf kunstvollen Anlagen beruhend, auf Jahrhunderte hinaus zerstört werden mögen. Der Oasengürtel des ṛōr lag zu zerstreut, als daß sie etwa durch einen Zusammenschluß besser gegen die hereinbrechende Unkultur sich hätten schützen können.

Vielleicht aber ist die Zeit nicht mehr so ferne, obwohl im Morgenland alles, von gewissen schauderhaften Vorkommnissen abgesehen, entsetzlich langsam geht, wo man, wie auf dem judäischen Plateau die große Wasserleitung von den sog. salomonischen Teichen, so auch diese entlegenen Anlagen einer besseren Vergangenheit wieder in Gang bringen wird. In Jericho ist damit in neuester Zeit bereits angefangen worden, die antiken Aquädukte z. T. wieder herzustellen; aber Palmenwälder sind keine zu sehen. Vielleicht könnten im Schutz

[1] Vgl. Fischer, Mittelmeerbilder S. 466.

der säuselnden Kronen ganz andere Erzeugnisse dem reichen Boden entlockt werden als heute, wo man allerdings auch schönen Bananenpflanzungen begegnet, aber wo sonst im allgemeinen nur kleine Felder mit Getreide, Melonen, Tabak, Gemüse, auch Trauben die sperrigen Dschungel der zaḳḳūm-Bäume, des Zizyphus spina Christi und Solanum coagulans, Ricinus communis usw. unterbrechen. Wildes dorniges Gewirre hat die Haine der edeln Dattelpalmen und die köstlichen Balsamgärten verdrängt. Zuckerrohr und Baumwolle würden ohne Zweifel hier gedeihen (Memoirs III. S. 183). Wie armselig nehmen sich die paar Gurkengärten und Weizenfelder der raschā'ide unterhalb der Quelle von Engedi aus! Kein Palmbaum und keiner von den berühmten Rebstöcken von einst ist mehr zu sehen. Die ganze Strandebene zwischen w. sudēr und w. el-ʿorēdsche (nach Memoirs III S. 385 1,2 km lang von Nord bis Süd und 1/2 km breit) ließe sich auch heute noch mit Leichtigkeit in einen herrlichen Garten mitten in der Geröllwüste, dazu in einer grandiosen Umgebung, verwandeln. Denn wo nur immer die geringste Zuleitung von Süßwasser sich ermöglichen läßt, da ruft die Gunst des Klimas eine unvergleichlich üppige Vegetation hervor (Tristram, S. 281). Würden dort die Palmen wieder ihr Haupt wiegen, so müßte die schattigere Oase gewiß nicht im Sommer von den Menschen wegen unerträglicher Hitze geräumt werden. Im übrigen könnte ja das halbe ṛōr durch die auch in der Gegenwart Wunder wirkende Berieselung mit der Zeit in eine Kulturoase großen Stils verwandelt werden, wenn auch die nicht ausgelaugten salzreichen Absätze des alten Jordansees gewissen Kulturen — aber nicht den Datteln, wie oben bemerkt ward — Hindernisse bereiten würden. Vorderhand gehen die Wasser des Jordan und seiner Zuflüsse weiter im Norden wirtschaftlich verloren, weil sie in ein „Totes" Meer ausmünden. Würden sie diesem zu Berieselungszwecken entzogen, so dürfte der dadurch angerichtete Schaden im Landschaftsbilde — der See würde im Westen und Süden stark zurücktreten, also schmäler und kürzer werden — gewiß reichlich durch die der Wüste entrissene Kulturlandschaft mit intensivster Oasenwirtschaft in dem herrlichsten Dattelklima aufgewogen werden. Fischer[1] redet davon, daß sich die Oase auf 55 qkm Fläche ausdehnen ließe; er meint, mit den heutigen technischen Mitteln sei es möglich, die Oase in wirtschaftlicher Hinsicht so zu heben, daß sie „die größte Blütezeit des Altertums in Schatten stellte". Diesen Optimismus teile ich auch, denn die Natur selbst steht dem nicht im Wege. Es bedürfte hier keiner so kostspieligen Schwellen, wie

[1] Mittelmeerbilder, S. 111 ff., 151.

sie die englischen Ingenieure in Ägypten bauen; es ist eine Schwelle von Natur da — nämlich die den Tiberias-See abdämmt.

Fragen wir aber, durch wen die Besserung der verwahrlosten Oasenwirtschaft in die Wege geleitet werden solle, so müssen wir von den heutigen Oasenbewohnern ganz absehen. Denn wie wir schon oben andeuteten, ist der Menschenschlag, der erīha bewohnt, zu entnervt durch Klima und Fieber und Liederlichkeit und hat zu wenig „Rasse", um an dergleichen zu denken und die vor den Füßen liegenden Bodenschätze auszubeuten. Nicht einmal die Felder der Oase bebauen sie. Fellachen aus den Randdörfern oberhalb im Gebirge, aus eṭ-ṭaijibe u. a. steigen herab, um die Felder zu bestellen und zur Zeit der Ernte, die übrigens hier unten vier Wochen früher stattfindet als in Jerusalem, gleich Saisonarbeitern bei uns, Leben und Bewegung ins Land zu bringen. Wenn auch vielleicht mit der Zeit sich die gesundheitlichen Verhältnisse durch geeignete Maßregeln gegen die intermittierenden Fieber bessern werden, so ist doch an die aufmunternde Wirkung europäischer Kolonien, sei es jüdischer oder christlicher, wie sie sonst in Palästina in der Ackerwirtschaft wohl zu spüren ist, hier nicht zu denken; das Klima würde die fremden Eindringlinge abstoßen. Nach Lortet S. 461 ist es von Anfang Juni bis Ende Oktober für sie unzuträglich. Darum hat man auch schon an Ansiedlung von Negerkolonien gedacht. Aber alle derartigen Unternehmungen werden dadurch erschwert, daß der ganze ġōr dschiftlik ist, d. h. Krongut, Besitztum der kaiserlichen Domäne, und diese hat offenbar vorläufig nicht die Absicht, die praktische Kolonisation selbst in die Hand zu nehmen und die abendländische Welt zu überraschen durch ein ungewohntes Schauspiel, daß nämlich der Türke, wenn es Kulturarbeit zu fördern gilt, auch einmal schnell reiten kann.

Noch lange wird also hier in den Oasen der Mensch der Natur nicht das Erreichbare abgerungen haben. Noch mehr gilt dies von den Formen der Wirtschaft, die ans Gewerbliche streifen. Wohl entbehrt die Wüste Juda der Lockmittel an Edelmetallen, die manche Einöde z. B. der Neuen Welt bevölkern halfen. Aber ganz arm an Bodenschätzen ist zuletzt kein Land. Ohne Zweifel liegen im Wasser des Toten Meeres, wie die chemischen Analysen zeigen, große Reichtümer, z. B. Brom, aufgespeichert, die noch der Hebung warten, und sei es auch nur in Form von Bädern. Heilkraft schrieb man ihm schon im Altertum zu. Aber wenn Tristram S. 299, Lortet S. 430 und auch Fischer S. 151 das Ufer dieses Salzsees schon bevölkert sehen mit Winterstationen und Sanatorien, in Jericho, besonders aber auch

ʿin ʿēn dschidi, herrlicher als Kairo und Biskra, wenn sie die Thermen und Schwefelquellen in dieser eigenartigen grandiosen Wüstenumgebung ihre Anziehungskraft wie in römischer Zeit entfalten sehen, so ist das wie so vieles andere Zukunftsmusik und wird es noch lange bleiben. Heute wird in Lagunen am See in Salzgärten Salz gewonnen, und von jeher ward vom Salzberg des dschebel usdum ganz Palästina mit Kochsalz versorgt. Auch im Tempeldienst zu Jerusalem gehörte Salz von Sodom zu den täglichen Bedürfnissen. Im Mittelalter gab es nach Ritter XVI, S. 511 besondere Privilegien, dieses Salz zu sammeln und in den Handel zu bringen. Eselkarawanen bringen es heute über den naḳb ʿēn dschidi nach Bethlehem und Jerusalem zu Markte (Tristram S. 292, Q. St. 1869 S. 145). Die Stelle Math. 5, 13 ist nur verständlich, wenn die fragliche Masse nicht reines Chlornatrium war wie unser Kochsalz, sondern die weiße, vom Rand des Toten Meeres oder in den Salzgärten gewonnene Kruste, die auch Magnesia, Kalk und andere Bestandteile enthält. Nicht umsonst aber hieß der See im Altertum lacus Asphaltitis. Vielleicht würde die Asphaltgewinnung sich lohnen, wenn die Regierung es nur gestattete. Der bituminöse Asphaltkalk von en-nebi mūsa, ḥadschar mūsa genannt, der aber auch sonst sich findet, z. B. ganz im Süden im wādi el-muhauwat[1] wird ja jetzt schon in Bethlehem industriell verarbeitet zu allerlei Luxusgegenständen. Auch Schwefelknollen finden sich in den Lisān-Schichten des ġōr, aus denen die Beduinen sich ihr Pulver herstellen, und die Senonkalkschichten enthalten lokal Gipse und Phosphate; aber nach dem Urteil des Geologen ZDPV 1905, S. 116 (dem steht die Angabe Löhrs, Volksleben der Bibel S. 81, auf Grund eines Konsularberichts gegenüber) sind sie doch nicht ergiebig genug, um insbesondere bei der Erschwerung des Betriebes in der Wüste und bei der Kostspieligkeit der Transporte eine industrielle Ausbeutung zu lohnen. So willkommen diese letzteren Bodenschätze als Düngemittel in dem düngerarmen Lande, wo man den Mist der Tiere zur Feuerung verbraucht, sein sollten, so denkt doch kein Bauer so weit bei der rohen Art und dem Schlendrian seiner Bodenbewirtschaftung. Schließlich sei noch erwähnt, daß die Beduinen durch Verbrennung der längs des Toten Meeres reichlich vorkommenden Alkalipflanzen zu Potasche, die sie in die Seifensiedereien der Städte liefern, einigen Erwerb haben, daß auch der starke Fremdenverkehr jetzt schon einiges Geld ins Land bringt und im Dienste des Verkehrs und des Transports manche Einnahmen erzielt werden, die mit dem Aufblühen Jerichos zu einer

[1] Vgl. Blanckenhorn, ZDPV 1896, S. 50; Lortet, a. a. O., S. 306ff.

Handelsstadt, wozu sie durch ihre Lage prädestiniert ist, sich noch steigern werden; und endlich, daß in den Beduinenzelten von den Frauen einiges Hausgewerbe gepflegt wird, indem sie die Wolle und Haare der Schafe und Ziegen verspinnen und weben, insbesondere zu den wasserundurchlässigen schwarzen Zelttüchern. Sonst aber findet sich im Bereich unserer Wüste nichts von Gewerbe, und dies entspricht durchaus dem allgemeinen Tiefstand der Bildung der Bevölkerung und der Armut des Bodens, den sie bewohnt. Doch fehlt es nicht, wie wir gesehen haben, an Ansätzen zur Besserung.

4. Wege und Verkehr.

Hat sich in wirtschaftlicher Hinsicht gezeigt, daß nur die Vergangenheit erfreulich ist und vielleicht auch die Zukunft, aber die Gegenwart durchaus nicht, so wird sich uns diese Empfindung noch mehr aufdrängen, wenn wir Wege und Verkehr auf dem Boden der Wüste Juda ins Auge fassen. Wir sehen, die Wüste Juda ist ein armes Land, ohne besondere Bodenschätze, die anderen Wüsten Leben bringen; nicht einmal fruchtbarer Boden ist vorhanden und kein Wasser — außer in den Randoasen: was Wunder, wenn Handel und Verkehr innerhalb eines solchen Gebietes selbst keine Rolle spielen. Um die Herdentiere, die doch meist aus den alles erkletternden Ziegen und Schafen bestehen, auf die Weide zu treiben, oder die junge Aufzucht der Kamele auf die Märkte zu bringen, bedarf es auch keiner „Wege". Da die Wüste zudem einst wie heute ein Gebiet der Unkultur, der Unsicherheit war, außer in einigen Teilen zur Zeit der Klostergründungen, und so sehr wasserarm, so war sie immer mehr nur ein Durchgangsland, wenn der Verkehr sie nicht lieber ganz umging, statt sie notgedrungen zu kreuzen. Nur aus der Zone der Oasen mit ihren reichen tropischen Erzeugnissen, wie auch vom Salzberg im Süden aus mußten sich frühzeitig Austausch und Verkehr entwickeln mit dem Kulturland auf dem Plateau, insbesondere mit den uralten Städten Jerusalem und Hebron, auch Bethel, und über sie hinaus zur Küste des Mittelmeers, wo die via maris vorüberzog von den Euphrat- zu den Nilländern. Außerdem mögen die Oasen selbst untereinander in Verkehr gestanden haben, obgleich sie gegenseitig kaum mehr auszutauschen hatten, als vielleicht Salz. Es liegt auf der Hand, daß Jericho sich zu einem großen Verkehrs- und Handelsplatz entwickeln mußte, weil es nicht wie die südlicheren Oasen durch das Tote Meer gegen Zugang vom Ostjordanland her abgeschlossen war. Nur die bereits jenseits unseres Gebietes ganz am Süd-, besser Südostende des Toten Meeres liegende Oase ṛōr eṣ-ṣāfie, wo viele das biblische Zoar suchen, mochte mit Hebron, noch mehr mit Gaza einer- und dem Ostjordanland anderseits eine Handelsbewegung veranlassen, die derjenigen um das Nordende des Toten Meeres herum gleichkam. Außer diesen beiden wichtigeren Umgehungsstraßen um das Tote Meer durch den Nord- und den Südteil unserer Wüste mögen von den anderen Oasen, insbesondere von Engedi, und wohl auch von ʿēn el-feschcha Linien ausgestrahlt sein nach Süden und nach Norden. Dieses Netz von Verkehrswegen wird zur Zeit der Römerherrschaft sich kaum verschoben, sondern nur verdichtet haben, als mit der Besitzergreifung des Landes viele Truppentransporte mit Belagerungsmaschinen nötig wurden, und militärische Stationen zur Aufrechterhaltung des Friedens an diesem von Arabien her immer gefährdeten Winkel des Reichs eine Steigerung des Verkehrs, und im Gefolge des Krieges auch eine stärkere Zunahme des Handels nach sich zogen, insbesondere als Petra im Süden sich zu einem Handelszentrum erster Ordnung entwickelte. Aber über den Saumverkehr hinaus wird sich vielleicht in anderen Teilen Palästinas, aber doch schwerlich in diesem wasserarmen Gebiete der Verkehr jemals bis in die allerneuste Zeit hinein entwickelt haben. Die Betrachtung aller dieser Linien auf einem von Natur so unwirtlichen Raume, dem so viele harte Züge der Verkehrsfeindlichkeit eigen sind, ist für die Geographen insbesondere darum von Interesse, weil es sich zeigt, daß auch die Steigerung von Handel und Verkehr im goldenen Zeitalter Syriens doch den natürlichen Bedingungen sich anpassen und den naturgegebenen Linien folgen mußte.

Was zunächst den Verkehr der Oasen untereinander betrifft, so führte ja eine Römerstraße den ṛōr herab am westlichen Gebirgsfuß entlang bis Jericho, und man sollte denken, da alle weiteren Oasen unterhalb des Steilrandes liegen, durch keine großen Höhenunterschiede voneinander abweichend, die Fortsetzung dieser Straße habe den Verkehr zwischen ihnen vermittelt. Aber dem ist nicht so. Die ṛōr-Straße endete in einer Sackgasse, denn ihre Fortsetzung längs des Toten Meeres, etwa ähnlich wie längs des galiläischen Sees, litt an einem Zug der Verkehrsfeindlichkeit, insofern die obere Wüste mehrfach in schroffen Vorgebirgen direkt ins Tote Meer abstürzt und am Strande keinen Raum zu einem Wege frei läßt. Im Osten war eine Fortsetzung aus dem gleichen Grund noch viel weniger möglich als im Westen. Ein Verkehr zu Lande von Jericho bis ʿēn el-feschcha bot keine weiteren Schwierigkeiten. Aber hier gebietet die Natur selbst denen Halt, die da meinen, das Wort „unmöglich“ stehe nicht in ihrem

Wörterbuch. Der Versuch Tristrams, das Vorgebirge zu überklettern, ist lehrreich (Tristram, S. 256 ff.). Wie im Norden unserer Wüste karn ṣarṭabe weit ins ṛör vorstößt, so hier rās el-feschcha und weiter südlich rās merṣid. Erst von Engedi aus tritt der Steilabfall des Gebirges weit genug zurück, um überall eine Verbindung nach Süden frei zu lassen bis zum Salzberg des dschebel usdum. Von hier ab ändern sich die Verhältnisse, indem sich der letztere längs der südlichen Ausbuchtung des Toten Meeres bis zur sebcha zwischen das niedriger gewordene Gebirge und das Salzmeer einschiebt. Doch nicht, um den Verkehr nach Süden in die ʿaraba ganz zu unterbrechen. Aber es kommt ganz auf den Staud des Sees an, welche Richtung der Weg nach Süden oder Osten einschlägt. Es gab Zeiten, wo das Niveau des Sees, wahrscheinlich infolge längerer Trockenperioden in dem weiten, dem See tributären Gebiete, sehr niedrig stand, so daß die Karawanen auf einer Furt vom Nordende des dschebel usdum die südliche Ausbuchtung umgingen, wenn sie nach el-kerak wollten. Der See aber stieg, und diese Linie verbot sich von selber, aber noch stand der See nicht so hoch, um nicht am Ostfuß des dschebel usdum fast das ganze Jahr hindurch einen oft schmalen Strand für die Karawanen frei zu lassen. Aber der Seespiegel stieg weiter, und seit einigen Jahren ist diese Linie nicht mehr gangbar. Doch auch so ist der Weg nach Süden nicht versperrt. Denn die Wintersturzbäche haben die Lisānterrasse, deren Ostklippe der heutige dschebel usdum früher bildete, zerrissen und ein breites, aber nach Süden sich zur engen Klamm verschmälerndes Tal eingerissen, das wādi nuchbār. Hier führt heute die Straße hindurch nach ṛör eṣ-ṣāfie. Die ans Südende des Toten Meeres sich anschließende sebcha wird dabei von den Karawanen meist in weitem Bogen umgangen, um allerlei Abenteuern aus dem Wege zu gehen, wie sie von de Saulcy[1], Tristram[2] und Gautier[3] erzählt werden. Das sich verengende wādi nuchbār sieht wie eine natürliche Falle aus, und Gautier weist auf die Sorge seiner Führer hin beim Betreten derselben. Als einst Petra, das Palmyra des Südens, noch blühte, besaß diese Straße von Engedi ab ohne Zweifel eine große Handelsbedeutung, worauf schon die militärische Postenkette an ihrem Rande, ḳalʿat umm baṛrek, sebbe, ḳalʿat ez-zuēra hinweist. Noch im Mittelalter, wo Engedi und el-kerak in den Händen der Kreuzritter sich befanden, wird sie belebt gewesen

---

[1] Voyage I, S. 287; II, S. 64 ff.

[2] Land of Israel, S. 336.

[3] Autour de la Mer Morte, S. 49 ff.

sein. Sie war aber auch verrufen, da auf ihr die arabischen Horden auf ihren Beutezügen ins Westjordanland über den nakb 'ēn dschidi stürmten. Noch im vorigen Jahrhundert wurde der diwān von einem auf diesem Weg still nach Norden vorgedrungenen, aus dem Südosten des Toten Meeres gekommenen Araberstamm plötzlich überfallen und geplündert. Auf dem Heimweg machten sie auch den Mönchen im Kloster Marsaba einen unwillkommenen Besuch. Noch heute läuft der Reisende hier unten Gefahr, von einem solchen plötzlichen ṛazu (= Beutezug) überrascht zu werden. Im übrigen gibt es auf diesem Wege keine eigentlichen Durststrecken, wie sie sonst den Wüstenverkehr zu charakterisieren pflegen, es sei denn, daß man aus wissenschaftlichen Gründen den Tagemarsch unterbricht. Zwischen 'ēn dschidi bis ṛōr eṣ-ṣāfie, eine Strecke, die mindestens zwei Tagereisen beansprucht, gibt es nur eine Stelle mit trinkbarem Wasser, nämlich im romantischen wādi umm baṛṛek. In unsicheren Zeiten ist das Lagern im Hintergrund des Wadis nicht unbedenklich, da es eine reine Falle und Sackgasse darstellt: wird der östliche Ausgang versperrt, ist ein Entweichen nach Westen ins Gebirge nicht möglich.[1]

Ein Landverkehr längs des Strandes des Toten Meeres von Jericho ab nach Süden, von Oase zu Oase, ist also durch die Naturbedingungen ausgeschlossen. So mag von jeher die Schiffahrt auf dem Toten Meer dem Mangel abgeholfen haben. In der Art haben wir uns den blauen Spiegel des geheimnisvollen Sees nicht immer so unbelebt vorzustellen, als er heute ist. Wir haben Urkunden, daß ein Schiffsverkehr von el-kerak über den See in der Richtung nach Jerusalem bestand. In römischen Zeiten mag der Verkehr noch mehr geblüht haben, wo von Königen besuchte Bäder und reiche Oasen und Festungen den Rand des heute in besonderem Sinne „Toten" Meeres schmückten. Auch heute besteht eine wenn auch spärliche Schiffahrt durch Segelboote, aber nicht nach dem ausgestorbenen Westrand des Sees, sondern nach der Bucht der Halbinsel el-lisān, dem Hafen des schon genannten el-kerak hoch oben auf dem Plateau von Moab. Ich selber sah niemals, so oft ich auch den weiten Wasserspiegel überschaute, ein ihn belebendes Segel- oder Ruderboot. Einst aber wie heute hatte die Schiffahrt auf dem See mit natürlichen Schwierigkeiten zu kämpfen. Denn nicht bloß wird sie gefährdet durch gelegentliche föhnartige Fallwinde in der tiefen Depression, die die Schiffe an die hafenlosen Felsküsten treiben und besonders dadurch gefährlich

[1] Vgl. Qu. St. 1869, S. 149.

sind, daß die Schiffe in die konzentrierte Salzlauge des Sees nicht tief einsinken und demgemäß leicht zum Keutern gebracht werden. Sondern sie wird auch kostspielig, insofern nämlich die ätzende Salzlauge Holz- und Metallschiffe vor der Zeit stark angreift und unbrauchbar macht. Bei mehrmaligen Versuchen in neuerer Zeit, auch kleine Dampfer auf den See zu bringen, um mit dem aufblühenden el-kerak, wo eine starke christliche Bevölkerung besteht, den Verkehr zu erleichtern (cf. Fischer S. 114 f.), machte man diese wenig ermutigenden Erfahrungen, von denen schon Lynch, Narrative S. 344 zu erzählen weiß, abgesehen von anderen Schwierigkeiten, die sich aus der abergläubischen Sorge oder sonstigen politischen Bedenken der umwohnenden Araberstämme und vor allem aus der Ungunst der türkischen Regierung erhoben.

Wichtiger aber als der Verkehr der Oasen untereinander war zu allen Zeiten derjenige aus diesen Oasen mit den Städten des judäischen Plateaus, von wo aus sie politisch beherrscht wurden, und darüber hinaus mit den Städten der Küstenebene. In dieser Richtung kommt erst recht die Verkehrsfeindlichkeit des Aufbaus unserer Wüste zur Geltung. Insbesondere ist es der erste Aufstieg aus dem ṛōr über den Steilrand, der die meisten Schwierigkeiten macht. Ist er auch nicht überall gleich hoch, so ist er doch überall vorhanden. Nur bei der Einbuchtung des Gebirges am Nordende des Toten Meeres macht er einem anderen Übergang Platz, der verkehrsgeographisch bedeutsam ist und eine Straße an sich ziehen mußte. Im wesentlichen beschränkt sich heute der Verkehr auf drei Linien nach den drei größten Bevölkerungszentren des judäischen Plateaus. Beginnen wir im Süden mit der Straße um das Südende des Toten Meeres herum, am dschebel usdum vorbei, so haben wir diesen Teil bereits auf seine natürliche Bedingtheit geprüft. Die Karawanen ziehen durch die enge Schlucht des wādi nuchbār, gelangen in den breiten unteren wādi muhauwat in die zuēra-Ebene am Nordende des Salzbergs, um von da durch die Schlucht des wādi ez-zuēra am Sperrfort mit seinen Teichen vorbei den äußerst steilen Aufstieg auf das Plateau nach ez-zuēra el-fōḳa zu wagen. Hier teilt sich der Weg; der eine Zweig geht von der flachen Wasserscheide herab über chirbet el-milḥ und Beerseba nach Gaza, der andere gelangt in weiterem Anstieg über kurmul, tell zīf nach Hebron. Im ganzen sind auf ca. 55—60 km 1260 m Steigung zu überwinden (d. h. 1:43), die sich aber ganz ungleichmäßig verteilen. Ebene, leicht gangbare Partien wechseln mit dem Erklimmen der geologischen Stufen. Denn das judäische Plateau fällt hier im Süden in drei deutlichen Stufen zum Südende des Toten Meeres ab. Diese Linie, einst gewiß eine wichtige belebte Handelsstraße, wie schon die Ruinen und Anlagen längs derselben dartun, wird auch heute noch viel begangen, da sie den schnellsten und verhältnismäßig bequemsten Weg von dem gewerbreichen Hebron nach el-kerak darstellt. Die geringere Höhe der Terrassenränder hier im Süden und die zum untersten Steilrand durchbrechende gangbare zuēra-Schlucht kennzeichnen diesen Weg als von der Natur selber vorgezeichnet. Er stellt jedenfalls geringere Anforderungen an die Leistungsfähigkeit der Lasttiere, als die Linie über den naḳb ʿēn dschidi.

Über diese letztere Paßstraße führt die zweite Linie, auf der sich heute noch einiger Verkehr aus dem ṛōr auf das Hochplateau bewegt, nicht bloß die frühreifen Produkte der Oasengärten auf den Markt zu bringen, sondern besonders Salzkarawanen. Der Aufstieg zum Klippenrand, der 201 + 394 = 595 m über dem Toten Meer und 201 + 207 = 408 m über der Quelle liegt, ist oft beschrieben und vielfach mit der Gemmi verglichen worden:[1] ein Zickzackpfad, z. T. künstlich in den glatten Marmor gehauen, meist aber ein Werk der natürlichen Erosion an einer aus verschieden harten Gesteinschichten sich aufbauenden Felswand. Er zieht sich am inneren Rande einer halbkreisförmigen Klippenwand hin und ist wegen der Glätte der oft blaßrötlichen kristallinen Kalksteine nur mit Vorsicht zu begehen. Hier heißt es: „inzil" = absteigen! Da der Pfad in häufigen spitzen Winkeln wendet, müssen die Lasttiere kurz bepackt sein. Für größere Karawanen mit schwer beladenen Tieren ist er überhaupt nicht brauchbar. Wie sonstige Wüstenwege fordert auch diese Steige alljährlich Opfer genug (de Saulcy I S. 175); aber die die Steilränder umschwebenden beutesuchenden Adler und Geier sowohl wie Hyänen und Schakale räumen mit den gefallenen Tieren auf. An Ausbesserung dieser jedenfalls uralten Verkehrslinie denkt kein Mensch. Einen leichteren Zugang zum Oberland gibt es nicht von ʿēn dschidi aus, etwa mit Benutzung der tief eingeschnittenen, den hohen Steilrand durchsägenden Wadis, z. B. des wādi el-ʿorēdsche. Sie sind durchaus unwegsam und z. T. Sackgassen. Ist der Klippenrand erreicht, so ist allerdings die Hauptschwierigkeit überwunden. Der Weg verzweigt sich; denn Engedi mußte einen Anschluß nach zwei Richtungen suchen, nach Hebron und nach Jerusalem. Der erstere westliche Weg, den

[1] Vgl. Ebers-Guthe, Palästina II, S. 226; Memoirs III, S. 386; Gautier, a. a. O. S. 22f.

Gautier S. 14 ff. beschreibt, ist der kürzere; er führt über den bīr el-kubrusīje und en-nebi jaḳīn. Robinson (II S. 430 ff.) zog über den bīr selhūb mehr südwestlich. Darum waren Hebron und Engedi auch immer enger verknüpft, auch kirchlich.[1] Der über 80 Jahre alte Schech Hamze ging diesen 27 km langen Weg in ca. 6 Stunden.[2] Der andere längere Zweig nach Bethlehem und Jerusalem bewegt sich mit Benutzung der flachen, vielverschlungenen, offenen Wadis, die nur durch ganz niedrige Wasserscheiden voneinander geschieden sind in welligem Auf und Ab; er zieht durch das wādi ḥaṣāṣa, wo man gewöhnlich Beduinenlager antrifft, und gelangt endlich durch die oberen Täler des wādi ed-deredsche am Ostfuß des Plateaus von teḳū' und dem alten Herodeion (dschebel furdēs) vorbei — im ganzen ein recht einförmiger Weg ohne größere Steigungen, der alle tieferen Schluchten sorgsam vermeidet und vielleicht auch durch das Vorhandensein von Brunnen mitbestimmt wird. Vielfach wird die 2. Chron. 20, 16 erwähnte ma'ale haṣṣīṣ mit diesem Wege identifiziert. Vom wādi ḥaṣāṣa ab geht eine Abzweigung weiter östlich nach dem wadi el-mu'allaḳ und berührt den Ostfuß des dschebel furdēs. Sie soll eine Römerstraße darstellen. Von ihr gilt das gleiche wie vom ersteren Zug, doch soll sie heute wasserärmer sein. Vom Steilrand oberhalb 'ēn dschidi (201 m über dem Mittelmeer) bis Bethlehem (777 m), ca. 36 km, beträgt die Steigung 1:62, während auf dem Weg nach Hebron die Steigung vom Steilrand bis en-nebi jaḳīn auf dem Ostrand des oberen Plateaus von Hebron doppelt so groß ist, aber nur deshalb, weil das Gelände zuletzt im Westen aus der Wüste mächtig aufsteigt. Erwähnt sei noch eine andere römische Straßenruine von Engedi direkt nach Jerusalem, die vom naḳb ab sich auf der unteren Wüstenterrasse zunächst nördlich wendet über el-ḥaṭrura, um mit Benutzung einiger Wadis, wie dscherfān und 'alia die höheren Terrassen zu ersteigen. Sie hat nur bei dem 660 m hohen Plateau umm eṭ-ṭal'a östlich von Bethlehem eine schärfere Steigung zu überwinden von ca. 250 m auf 1 km, und zieht von da direkt nach Jerusalem ziemlich geradlinig auf einem Bergrücken. Diese Straße hat aber heute keine Bedeutung mehr.

Waren die bisher besprochenen Wege lauter Karawanenpfade, so erhebt sich über dieses Stadium der zuletzt noch zu besprechende wichtigste Straßenzug aus dem ẓōr von Jericho nach Jerusalem. Mit der Zeit mußte sich hier eine Hauptverkehrslinie entwickeln, da

[1] Vgl. G. A. Smith, Historical Geography, S. 272.

[2] Conder, Tent Work, S. 268.

das westjordanische Gebirge gerade hier eine Einsattlung hat, indem das Plateau von Jerusalem nach Süden wie nach Norden ansteigt, ganz abgesehen von der reichen Oase im ġōr und von dem Furtenreichtum des Jordan gerade östlich von Jericho. Im Jahre 1892, und dann nochmals 1898, wurde der Weg soweit ausgebessert, auch durch Anlage von Brücken, daß er als gute Fahrstraße gelten kann. Sie ist als die östliche Fortsetzung der Jafa-Jerusalem-Bahn zu begreifen. Zwar ist es weniger ein starker Frachtverkehr, der in dieser Richtung von Jerusalem weiter nach Osten über die Jordanbrücke hindurchflutete, als der starke, noch immer wachsende Fremdenverkehr, der zu dieser Straßenanlage drängte, die das Hinterland von Jafa bedeutend erweitert. Denn zum Programm einer modernen Palästinafahrt gehört nun einmal der Besuch Jerichos, des Badeplatzes am Jordan und des Nordstrandes des Toten Meeres. Auch hier ist die erste Partie des Aufstiegs aus dem ġōr die schlimmste. Von Jericho bis ṭalʿat ed-damm beträgt die Steigung 1:20. Bis die erste Anhöhe des Steilabfalls gewonnen ist, müssen auch hier die Reisenden meist zu Fuße gehen. Die Blutsteige, ṭalʿat ed-damm, hatte schon im Alten Testament einen Namen; sie heißt dort Adummim-Steige wegen der rötlichen Farbe der auf der Höhe anstehenden Gesteine der obersten Stufe des Senon. Im ganzen sind auf dem Wege von Jericho nach Jerusalem in gerader Linie auf 21 km 1100 m Steigung zu überwinden. Auch im weiteren Verlauf wechseln verhältnismäßig flache Partien mit wenig Gefälle mit um so schwierigeren, wenn eine Flexur zu übersteigen ist. Der starke, 150 m hohe Aufstieg von der einzigen Quelle an diesem Wege, ʿēn el-ḥōḍ, dem sog. Apostelbrunnen, hinauf nach Bethanien, eine tektonische Stufe, wird heut in viel gewundener Straße bewältigt. Bethanien liegt dann nur noch 128 m unter dem Ölberge. Der berühmte chān ḫaṭrūr ist gewiß wie der andere chān es-sahl, der an der gleich zu besprechenden nebi mūsa-Straße noch in Trümmern liegt, eine alte Gründung. Viele suchen in ihm die im Gleichnis vom barmherzigen Samariter genannte Herberge, aber ohne sicheren Grund. Burgen sicherten den Zugang vom ġōr her, Xenodochien sorgten für die Unterkunft der Reisenden. Die Schlucht des wādi ʾkelt trägt so wenig wie die anderen Wadis bei den Südstraßen etwas dazu bei, den Aufstieg aus dem ġōr zu erleichtern. Denn die Straße führt nicht durch das Wadi, sondern oberhalb längs des Südrandes hinauf, und wäre die Schlucht nicht vorhanden, so wäre die Straße nicht anders, als sie ist. Jenseits des chān ḫaṭrūr benutzt die Straße allerdings vielfach die flachen, offenen Wadis, die nur Senken im Terrain sind, und übersteigt leicht die kaum merkbaren Wasserscheiden, wenn der Weg ein Tal verläßt, um ein anderes zu benutzen. Ob die dabei notwendigen niedrigen Brücken für alle Zufälle geeignet gebaut sind, dürfte fraglich sein. Größere Bogen, wie sie die Römer für ihre Brücken und Aquädukte anwendeten, wären doch wohl bei den gelegentlichen Sintfluten angebrachter. Daß diese wichtigste Straße der Wüste Juda in ihrem Gesamtverlauf von Jericho bis Jerusalem nicht in alttestamentliche Zeiten, nicht einmal in Römerzeiten zurückgeht, ist durch neuere Forschungen erkannt worden. David floh vor Absalom auf einem anderen Wege über den Jordan, und Jesus wird auf seinem Zug von Jericho nach Jerusalem dabei nicht über Bethanien gekommen sein. Denn die jetzige Straße, die den Ölberg umzieht, stammt aus der ältesten Kalifenzeit.

Doch näher als diese geschichtlichen Fragen liegen uns die geographischen Tatsachen, und sie treten in interessanter Weise heraus, wenn wir unser Augenmerk auf die bereits genannte, nach en nebi mūsa abzweigende Linie lenken. Bei der Ebene des chān es-sahl biegt sie von der Fahrstraße nach rechts ab nach en-nebi mūsa, einem vielbesuchten Wallfahrtsort der Moslemin, und führt von da durch das wādi el-kunēṭra zur ṛōr-Ebene entweder zu den Jordanfurten oder nach Jericho. Diese Linie bietet vor der anderen über chān ḥaṭrūr tatsächliche Vorteile, die in rein topographischen Verhältnissen begründet sind, und es muß uns darum schon gestattet sein, einen Augenblick bei der Klarstellung dieser zu verweilen. Die Römer mußten, als ein stärkerer und schwererer Frachtverkehr während der guten Zeit des Landes sich von den reichen Städten des Ostjordanlandes und der großen Jerichooase zum Mittelmeer wälzte, zum Ausbau gerade dieser Straße kommen. Ist sie auch länger als die heutige Fahrstraße, so ist sie doch bequemer, und bis auf den heutigen Tag werden trotz des Saumverkehrs nicht die kürzesten Straßen für die Karawanen von den Mukaris ausgesucht, sondern die bequemsten. Ich will damit auch die unzutreffende gegenteilige Behauptung rektifiziert haben, die ich in ZDPV 1904, S. 72 aufstellte. Der Hauptvorteil dieser Linie besteht darin, daß sie zum Austritt aus dem ṛōr die einzige Stelle wählt, wo der Steilrand, diese wichtigste verkehrsfeindliche Schranke unseres ganzen Gebietes, aussetzt, nämlich an der Einbuchtung im Gebirgskörper auf gleicher Höhe mit dem Nordende des Toten Meeres. Wie sehr die nebi mūsa-Linie gegenüber der anderen von Natur begünstigt erscheint, das beweisen am besten die Zahlen für die Steigungen auf den einzelnen Straßenabschnitten. Diese sind in abgerundeten Ziffern, indem ich als die Höhe von nebi mūsa nach Blanckenhorn, ZDPV 1896, S. 27 und nach eigenem Befund — 40 m annehme:

von Jericho bis nebi mūsa 1 : 39	von Jericho bis ṭalʿat ed-damm . . . . 1 : 20
von da bis zur Einmündung in die Fahrstraße . . . 1 : 35	von da bis zur Verbindung 1 : 500

von da bis ʿēn hōḍ . . . 1 : 26
von da bis Bethanien . . 1 : 14.

Die nebi musa-Linie wird noch von Pilgern frequentiert, und man hat neuestens einen Teil derselben benützt, um für die Fahrstraße nach Jericho einen leichteren Abstieg in den ṛōr zu gewinnen. Das große Unglück, das in den achtziger Jahren ein Wolkenbruch an einem mohammedanischen Pilgerzug angerichtet hat und von dem die Gräber in nebiʿmūsa noch heute erzählen, hat hoffentlich veranlaßt, die Brücken in möglichst breiten Bogen über die flachen Wadis zu führen. Diese Linie wird noch mehr in den Vordergrund treten, wenn der Verkehr mit der Oase und dem durch die neuerbaute Hedschāz-Bahn auf eine ganz andere wirtschaftliche Basis gestellten Ostjordanland sich wieder hebt und größere Frachten auf dem Wege nach Jafa zu bewältigen sind als bisher.

Damit haben wir die drei wichtigsten Straßenzüge aus dem ṛōr betrachtet. Es bestehen daneben noch einige andere, die wir kurz nennen wollen. Hierher gehören der von Marsaba herkommende Weg, der als Kletterpfad im Zickzack steil vom rās el-feschcha zur Quelle und Oase gleichen Namens hinabführt,[1] oder die weiter südlich vom naḳb ṛuwēr und naḳb terābe hinabführenden gleichartigen Pfade.[2] Sie spielen aber im Verkehr, d. h. für die Handelsbewegung oder Personenbeförderung, gar keine wirtschaftlich in Betracht kommende Rolle. Das gleiche gilt heute auch teilweise von den von Jericho noch weiter ins Gebirge hinaufführenden Kletterpfaden mit Benutzung der Talwände der Wadis am dschebel ḳaranṭal, nach muchmās, dēr diwān und bētīn, die z. T. am Rand des ṛōr bei ʿēn dūḳ durch eine alte Burg Docus geschützt waren.[3] Diese Wege mögen z. T. sehr alt sein; auf einem derselben brachen die israelitischen Stämme unter Josua von Jericho landeinwärts hinauf nach Ai. Von Bedeutung, sollte man denken, müsse immer eine Linie gewesen sein, die die obere Wüste auf den Plateaus der Länge nach durchzöge, um so mehr, als eine Ver-

[1] Fraas, Aus dem Orient S. 61—63; Tristram, Land of Israel, S. 261.
[2] Tristram, a. a. O., S. 274 ff.; Lynch, Narrative, S. 381.
[3] Vgl. Ebers-Guthe, Palästina I, S. 195; Robinson, II S. 557 ff.

kehrslinie im ṛôr selber längs des Steilabfalls, wie wir gesehen haben, durch die Natur selber verschlossen ist. Mag sein, daß einst die Bedingungen zu einem lebhafteren Verkehr in dieser Richtung gegeben waren, heute sind sie jedenfalls nicht vorhanden, höchstens, wie ich schon erwähnt habe, für die Beutezüge, die ṛazu's arabischer Stämme, die über den nakb 'ēn dschidi auf den unteren Plateaus nach Norden bis ins Herz des Landes drangen. Jedenfalls war der Verkehr in dieser Richtung durch die Natur äußerst erschwert nicht bloß durch die Wasserlosigkeit, sondern auch durch die tiefen Schluchten, die die Plateaus cañonartig zerlegen und die zu umgehen nicht immer möglich ist. Auf der englischen Karte ist eine solche Linie eingezeichnet, und Robinson und de Saulcy benutzten sie auf ihren Forschungsreisen. Aber man lese nur die Schilderungen bei de Saulcy I S. 165 ff. und Tristram S. 290, Robinson II S. 432 u. 482, so wird man einen Begriff bekommen von der Unwegsamkeit der Wüste in dieser Richtung. Die Cañons sind so tief eingeschnitten, daß man in ihre Sohle nur mit der größten Lebensgefahr für Mensch und Tier und mit vielem Aufenthalt wegen mehrmaligen Auf- und Abladens der Lasttiere hinab und wieder hinauf gelangt, mit gelegentlicher Benutzung eines kleinen Seitentälchens. Auch Conder[1] findet das Gelände fast unwegsam. Man kommt nur mühsam und sehr langsam vorwärts, in 4½ Stunden angestrengten Reitens nur 9½ km, alles infolge der tiefen Täler, die zu überschreiten sind. Dazu steigert sich die Wasserarmut gegen Süden so sehr, daß die englische Expedition 1875 sogar im Frühjahrsanfang kaum Wasser genug für ihre Karawane auftreiben konnte. Das Vorhandensein von Wasser ist aber in Wüsten nicht bloß für Wirtschaft und Siedlung, sondern auch für die Verkehrslinien bestimmend. Bedenkt man diese verkehrsfeindlichen Züge der Natur, die doch auch schon im Altertum bestanden haben, so möchte man kaum annehmen, daß ein nennenswerter Verkehr über diese Staffelplateaus stattgefunden hat. Wenn, wie bereits gesagt, die arabischen Raubzüge gerne auf diesem Wege nach Norden vordrangen,[2] um nach vollbrachter Tat ebenso rasch, wie sie gekommen, wieder zu verschwinden, so mußten diese den Durchzug erschwerenden Züge der Wüstennatur in Zeiten der Unsicherheit und Schwächlichkeit geradezu wohltätig wirken, weil sie die Araberflut etwas hemmten. Im Norden aber, wo die Fläche der Ebene el-buḳēʿa sich ausbreitet, von keinem tieferen Taleinschnitt betroffen, ließen es sich die Römer angelegen sein,

[1] Tent Work, S. 261 f.; Robinson, II, S. 484.

[2] Tristram, a. a. O., S. 305; Robinson, II, S. 485 f.

von Jericho aus einen Weg anzulegen (Mem. III S. 188), um die auf dem dschebel el-munṭār gelegenen Kolonien und das heutige chirbet mird an die Kulturgebiete anzuschließen; er führt in guter Anlage mit verhältnismäßig geringer Steigung an den Berghängen hinauf, westlich von chirbet mird vorüber, rings um den dschebel el-munṭār und von da nach Jerusalem. Verschiedene Wasserreservoirs, wie der bīr umm el-fūs und bīr ez-zūk, die in den Fels neben dem Wege eingehauen sind, gehen vielleicht auf diese alte Anlage zurück. Aber auch im Süden ist das Gelände weniger von großen Cañons durchschluchtet; so sehen wir denn auch dort Straßenzüge vom Steilrand oberhalb ʿēn dschidi südwärts nach Masada zu und nach Südwest, um über chirbet tuāne in leichterem Anstieg auf das Hochplateau hinaufzugelangen. Aber wohlweislich ziehen all diese Wege, auch wenn sie Randsiedlungen des ṛōr wie ʿēn dschidi und Masada verbanden, weit landeinwärts, um die tiefen Schluchten der Wadis zu umgehen, oder ziehen auf den zwischen den Wadis stehen gebliebenen Höhenrücken hin. G. A. Smith meint, aus allerlei Fragmenten der Militärstraße, die Masada mit dem Hochland verband, schließen zu dürfen, daß sie gar für den Wagenverkehr taugte. Jedenfalls haben die Römer bei diesen Straßenbauten durch die ödeste Wüste alles getan, was der spröden Natur hier abzugewinnen ist. An ihren Anlagen läßt sich darum auch mehr als an den heutigen Saumpfaden und Kletterwegen, die eher für Ziegen als für Menschen taugen, verfolgen, wie der Verkehr, sei es nun Handels- oder Heeresbewegung, nicht willkürliche Bahnen gegangen ist, sondern sich durch die natürlichen Bedingungen des Landes hat bestimmen lassen.

Auch die Art und Güte der Verkehrswege wird von der Natur abhängig sein. Auf meinen Touren hatte ich reichlich Gelegenheit, die Beschaffenheit derselben in den verschiedenen Teilen der Wüste kennen zu lernen. Von einer eigentlichen Straße kann nur zwischen Jerusalem und Jericho die Rede sein. Wie sollte es auch in der unwirtlichen Wüste gute Wege geben? Wozu? Gute Wege sind immer ein Zeichen hohen Kulturstandes. Hier aber treiben nur die Hirten ihre Herden aus. Die in die englische Karte eingezeichneten Verkehrslinien hüte man sich für Wege in unserem Sinne anzusehen. Es sind in der Tat nur Verkehrslinien, von denen selbst ein Araberschech in grimmigem Hohn sagte, „sie seien gut genug für Engländer und Ziegen".[1] Saumtiere sind darauf oft ihres Lebens nicht sicher. Es liegt in der Natur der Dinge, daß die Pfade im Gebirge, weil der

[1] Tristram, a. a. O., S. 291; vgl. auch Lynch, S. 330.

verkehrsfeindlichen Natur durch oftmaliges Begehen abgerungen, nur schmal sind, wogegen die flacheren Gelände des ṛōr, wo der kulturlose Boden ja auch nichts kostet, und ebenso auf den ebeneren Flächen der Plateaus ein Abschweifen nach rechts oder links erlauben. Je steiniger das Gelände ist, um so eher werden bestimmte Pfade eingehalten. Im ṛōr, wo bei Regenwetter die Lisānmergel in einen Brei übergehen, der das Fortkommen überaus erschwert, ist es geradezu geboten, die Spur des Vorgängers zu meiden, um nicht zu versinken (Robinson II 493). Auch die Unterhöhlung des Bodens durch die vielen Nagetiere wirkt gelegentlich schädlich. Am Straud des Toten Meeres werden die Karawanenpfade oft durch die Geröllströme aus den tiefen Wadis gänzlich verschüttet, und es ist eine Aufgabe für Mensch und Tier, sich durch das entsetzliche Trockendelta einen neuen Weg zu suchen. Wie gefährlich die sebcha ist, wurde bereits gesagt. Solche sebcha-artige Stellen, wo das Tier leicht im Salzschlamm versinkt, finden sich rings um das Tote Meer. Anderseits aber muß auch betont werden, daß viele Partien des Landes verwunderlich gute Reitwege haben, wo es so sanft auf weichem Kalkboden dahingeht, wie man es in dem sonst so steinigen und felsigen Palästina, insonderheit in Judäa, gar nicht gewohnt ist. Was für ein schöner Reitweg führt durch das wādi en-nār hinab, durch ein offenes Tal, bis an die Kidronschlucht beim Kloster Marsaba: aber dort, wo die harten mizze-Kalksteine den weichen ka'kūle für eine kurze Strecke ablösen, gehen auch alsbald die gefährlichen Rutschpartien an. Ebenso bequem sind die Wege über die Terrassen von kurmul bis ez-zuēra, vom nakb 'ōn dschidi herauf bis in die Nähe von Bethlehem. Mit welchen Unbilden, die aus dem Klima resultieren, sonst das Reisen in unserem Gebiet verbunden ist, besonders was die Wasserarmut betrifft, haben wir bereits zur Genüge hervorgehoben. Wegen der unerträglichen Hitze am Tage finden die Märsche, wie auch sonst in Wüsten, vielfach nachts statt, so auch zwischen Jericho und Jerusalem[1] und am ganzen Toten Meer hin. Im Sommer ist die Hitze dort so intensiv, daß Europäer nicht ohne ernste Gefahr sich der Sonne aussetzen können, und daß die einheimischen Araber selbst auf dem glühenden Straude nur nachts und unter großen Vorsichtsmaßregeln zu reisen wagen.

Im übrigen ist bekanut, auf welche Weise sich der Verkehr in der Wüste Juda vollzieht: sie hat nämlich auch den Zug mit den Wüsten gemein, daß das Alleinreisen sich hier bei der Unsicherheit und Kulturlosigkeit von selbst verbietet, daß der Verkehr also sich immer

[1] Vgl. Lortet, La Syrie, S. 438.

nur in Form von mehr oder weniger großen Karawanen über dieses Gebiet bewegt. Man begegnet am liebsten in der Wüste keinem Menschen, als wäre er ein schädliches Tier! Es ist auch bekannt, daß man im allgemeinen nicht ungestraft das Territorium der einzelnen Stämme passieren darf. Sie beanspruchen, daß man sie erst um Erlaubnis angeht und daß sie gegen ein Geschenk einen Geleitsmann stellen, zum Schutz und Sicherheit gegen Zufälle. Einen Führer braucht man ja im allgemeinen doch in dem Labyrint der Wüste. Läßt man sich darauf nicht ein, so ist man vor Belästigung nicht sicher, weniger im Frühjahr, wenn sie vollauf zu tun haben und zerstreut bei ihren Herden auf der Weide sind. Wir sollten die Auffassung der Beduinen nicht als Anmaßung zurückweisen. Sie betrachten ihr Gebiet eben wie wir unser Privateigentum. Auch wir verbitten es uns, daß jeder beliebige Fremde durch unser Haus, Hof, Garten hindurchläuft ohne Vorstellung und Einholung der Erlaubnis dazu. Übrigens gibt es auch europäische Staaten, die man nicht betreten und durchreisen darf ohne oft recht lästige Kontrolle durch die Polizei. Befolgt man die Regel des Anstandes im Verkehr mit diesen Beduinen, so reist man in der Wüste, von kleineren Diebereien abgesehen, im allgemeinen so sicher wie auch bei uns in den hochgepriesenen Kulturländern. Liegen die Stämme in Fehde miteinander, so ist allerdings nicht ratsam, ihr Gebiet zu betreten. Es ist auch bekannt, daß die Angelegenheit des Geleitsrechts wenigstens im Norden unserer Wüste in den letzten Jahrzehnten vereinfacht ist (Ebers-Guthe I, S. 194), indem der Schech von abu dis sich von der türkischen Regierung das Recht erkauft hat, die Reisenden nach dem ṛōr hin- und zurückzugeleiten. Wir würden dieses Umstandes hier nicht weiter gedenken, wenn sich darin nicht der größere Einfluß ausspräche, den die Türken heute weit in die Wüste hinein, wo man zur Zeit Seetzens nicht nach dem Pascha von Jerusalem fragte, ausüben, ohne Zweifel zum besten des Landes, zur Hebung der Sicherheit und des Verkehrs. Im Süden sind sie zurzeit noch nicht ganz so weit, aber doch auf dem Wege dazu. Das militärische Geleite des türkischen Beamten in Hebron ersetzt schon jetzt zwar nicht den Führer, aber doch das früher halb erzwungene und aufgedrungene größere Geleite des Beduinenstammes, dessen Gebiet man betritt. Es weht eben eine andere Luft wie früher, und sie ist den Beduinen weniger günstig. Der Pfiff der Lokomotive auf der Hedschaz-Bahn drüben auf dem Plateau von Moab und vielleicht über kurz oder lang auch auf der neuen Hebroner-Straße wird die unheimlichen kulturfeindlichen Geister der Wüste erschrecken und bannen und überall zur Hebung von Ordnung und Sicherheit beitragen. Clermont-Ganneau (Special Papers S. 330) scheint es fast zu bedauern, daß vielleicht schon bald am Grabe Rahels der Ruf erschallen wird: „Bethléhem! Dix minutes d'arrêt! Les voyageurs pour la Mer Morte changent de voiture!“ Werden wir nicht im Gegenteil bedauern, daß das noch recht lange ein frommer Wunsch bleiben wird?

5. Das Siedlungswesen.

Unsere Betrachtung der geographischen Verhältnisse des Menschen in der Wüste Juda wäre unvollständig, wollten wir nicht schließlich noch das Siedlungswesen ins Auge fassen, wie es einst und jetzt diesem Boden eigentümlich war, wenn man vielleicht auch zunächst meinen möchte, daß Wüste und Siedlungen sich ausschließen. Dem ist aber nicht so; aber als Ausdruck der natürlichen und der wirtschaftlichen Bedingungen werden sich letztere erweisen. Unter Umständen ist die wirtschaftliche Kraft des Menschen so groß, daß die abstoßende Kraft der Wüstennatur überwunden wird, doch nicht, ohne daß letztere sich in der Form des Siedelns geltend macht, und nur durch ständigen Kampf des Menschen gegen sie können sich die Siedlungen halten. Die Menschen, die von jeher die Wüste Juda wirtschaftlich ausnützten oder sich von ihr anziehen ließen als einem Rückzugsgebiet, verfolgten dabei ganz verschiedene Zwecke und standen auf ganz verschiedener Kulturhöhe. Wie überall, so suchten sich Acker- und Gartenbauer dabei ganz andere Plätze zur Niederlassung aus als etwa Nomaden und Jäger, und diese vielleicht wieder andere als Rebellen und Räuber oder Asketen; militärische Stationen werden endlich wieder durch ganz andere Naturgegebenheiten angezogen werden. Daß die Möglichkeit, Wasser zu erhalten, in allen diesen Fällen eine große Rolle spielen wird, ist selbstverständlich, sei es nun durch Quellen oder durch die Möglichkeit der Zuleitung oder der Sammlung von Regen. Je nach der Kulturhöhe der Bewohner eines Gebietes wird darum das Siedlungswesen ein recht verschiedenes Antlitz zeigen und in verschiedenem Grade und in verschiedener Form natürlich bedingt sein.

Betrachten wir dies im einzelnen, so ist zunächst klar, daß Nomadenhorden, die das Hauptkontingent der Bewohner unserer Wüste stellen, Siedlungen im strengen Sinn des Wortes nicht haben. Sie sind ja nicht seßhaft. Sie schlagen ihr Zeltlager (menzil, duwār) auf, um es nach kürzerer oder längerer Zeit wieder abzubrechen und an einen anderen geeigneten Ort zu verlegen. Die Rauchsäulen, die man da und dort in der Ferne aus solchen zerstreuten Beduinenlagern aufsteigen sieht und die einen eigentümlichen malerischen Reiz der Wüstenlandschaft bilden, verkünden, daß die Einöde doch nicht so menschenleer ist, als es zunächst den Anschein hat. Aber es ist interessant, auch den geographischen Bedingungen dieser Zeltlager einen Augenblick nachzugehen. Ihre Spuren halten sich in der trockenen Wüste außerordentlich lange, verwischen dann aber völlig, ganz anders als die „Römerlager" bei uns und erst recht das bei Masada. Die größeren Wanderungen der Stämme sind, wie wir gesehen haben, durch Klima und Vegetation und Wirtschaftsweise bedingt. Im kleinen soll es oft die Ungezieferplage sein, die zur Verlegung zwingt (Q. St. 1901, S. 253). Daß das Wohnen in Zelten in diesem Klima seine Vorzüge vor dem Wohnen in Häusern hat, wurde schon gesagt. Aber auch die Form der Zelte paßt sich den Naturbedingungen an, insofern sie durchschnittlich nur etwas über 2 m hoch sind, so niedrig, damit die starken Wüstenwinde sie in der kahlen Wüste nicht so leicht vom Boden wegfegen. Diese Beduinenlager sind aber doch wieder nicht so veränderlich, als man sich dies oft vorstellt. Wir haben bereits darauf hingewiesen, zunächst daß am Rand des Kulturlandes im Westen manche Zeltdörfer fast stationär sind (vom Rath, Reisebriefe II, S. 91), so daß man meinen sollte, der Schritt vom Zelt zum festen Haus sei ein leichtes Ding. Aber auch weiter in die Wüste hinein kann man in einigen breiteren, offenen Wadis zu gewissen Jahreszeiten fast sicher darauf rechnen, ein Beduinenlager anzutreffen. So im wādi ḥaṣāṣa die taʿāmire und im wādi sejāl die dschahalīn. Die Anziehungskraft dieser Plätze beruht jedenfalls vor allem darauf, daß Trinkwasser in der Nähe vorhanden ist in Teichen oder Zisternen und Wasserlöchern. Gelegentlich ist das Wasser dieser „Brunnen" von Dauer das ganze Jahr über wie in hurubbet el-ḥaṭṭābe im wādi en-nār oder im bīr el-ʿödd. Das sind dann geeignete Sommerquartiere. Es wird hinzukommen, daß solche Senken Schutz bieten vor Stürmen, insbesondere aber auch vor der alles versengenden Glut des Scirocco, daß also Baum und Strauch und Gras sich darin länger vor Austrocknung halten als die exponierten Höhen. Selbstredend werden alle engen Schluchten gemieden, weil bei plötzlichen Wolkenbrüchen das ganze Lager Gefahr liefe. Jeder Leichtsinn in dieser Hinsicht kann sich bitter rächen.[1] Allzu freie offene Stellen werden gemieden, nicht bloß um hinter Felswänden oder Bodenwellen vor Wind und Regen Schutz zu haben — im Sommer sucht man natürlich im Gegenteil nach Westen offene, luftigere Höhen, um noch die kühlenden Seebrisen zu profitieren —,

[1] Vgl. Conder, Tent Work S. 339.

sondern überhaupt der Sicherheit wegen schmiegen sich die Lager in die Depressionen des Geländes und machen sich möglichst unsichtbar. In dem Wirrwarr der vielverschlungenen flachen Wadis, die oft kaum den Namen Tal verdienen, zieht man wohl gelegentlich in nächster Nähe eines solchen Lagers vorüber, ohne es zu ahnen. War vorher alles menschenleer, so kann auf ein Warnungszeichen plötzlich alles von drohenden Gestalten wimmeln.[1] Von hohen Aussichtspunkten aus sieht man solche Gruppen von schwarzen Zelten, die sich von dem weißen Wüstenboden deutlich abheben — in der ägyptischen Wüste sind die Zelte der arabischen Nomaden weiß. Bissige, halbwilde Hunde hüten die von den Männern während der Weidezeit tagsüber verlassenen Lager.

Die Anordnung des Lagers selbst ist keine willkürliche und zufällige, sondern stellt, wie die Siedtungen bei uns, einen wirtschaftlichen Typus dar und wechselt mit dem Stamm. In der Regel sind die Zelte nicht in einer Linie aufgestellt, sondern das Lager bildet eine geschlossene Figur. Nach Doughty, Arabia deserta I S. 221, II S. 309, kann man schon aus der Ferne aus der Lagerform den Stamm erkennen, der es bewohnt. Bei den Stämmen unserer Wüste ist der Konservatismus in dieser Hinsicht nicht so ausgeprägt, und dieses Merkmal würde hier oft versagen. Aber auffallend ist es doch, daß z. B. die ta'âmire nach Robinson II S. 304 und Conder, Tent Work S. 339 f. in rechteckigen — nach Tent Work S. 261 aber in dreieckigen Lagern sich niederlassen, die ḥetêm nach Robinson II S. 557 in viereckigen, die ka'âbine in einem großen Oval (Robinson II S. 430) und die dschahalîn nach Robinson III S. 6 in einem Kreis, nach Tent Work S. 339 aber in einem Rechteck. Je größer die Zahl der Zelte ist, die das menzil zusammensetzen, so vermute ich, um so eher wird man die runde Form wählen, um sich besser in den engen Raum zu schmiegen. Die Lagerform ist in der Wirtschaftsweise der Nomaden begründet; denn nachts wird das Vieh in die Mitte getrieben und so am leichtesten vor Weglaufen und Raub gesichert. Nach der letztzitierten Stelle ist unter den Arabern unserer Wüste die größte Zahl von Zelten in einem Lager durchschnittlich 30 — Robinson sah aber viel größere Lager — und diese enthalten etwa 30 Familien oder über 100 Personen. Daß größere Lager eine Seltenheit sind, liegt daran, daß sich der Stamm bei der Spärlichkeit der Weide in kleinere Haufen verteilen muß. Einzelne Zelte dagegen verbieten sich aus Sicherheitsgründen. Auch wirken die Wasser

[1] G. A. Smith, a. a. O., S. 272 f., 316.

in anhäufender Richtung. Finden sich diese vorübergehenden Lager in der Wüste naturgemäß, wie schon bemerkt, nur in der Nähe von Trinkwasser, gegen dessen Qualität der Beduine weniger empfindlich ist als unsereins (vgl. Lynch S. 389 f.), so daß dem Araber alles fließende Wasser als rein erscheint, so vermeiden sie doch, sich direkt an einem vielbesuchten Wasserplatz zu lagern, auch wenn nun die armen Frauen sich mit Wassertragen stundenlang plagen müssen. Sie sind dabei geleitet nicht von Reinlichkeits- oder, wie Conder, Tent Work S. 339 meint, von Gesundheitsrücksichten, sondern von Sicherheitsgründen. Denn die Wasserplätze der Wüste sind das Stelldichein von allen möglichen zweifelhaften Elementen, räuberischen Menschen und Tieren, denen man insbesondere nachts möglichst aus dem Wege geht. Auch auf Touren befolgt man meist diese Regel (cf. Robinson III S. 18). Auch unser Führer ʿabd el-munʿim aus Hebron widerriet uns, in dem viel begangenen Paß des wâdi [illegible] et-taḥta an den dortigen Teichen zu lagern, und führte uns an einen mehr abgelegenen Brunnen unterhalb des râs abu kadâde — und doch, kaum gegen Abend dort angekommen, wurden wir auch hier zwei höchst unwillkommene Menschengestalten gewahr, die wie aus der Erde auftauchten.

Daß eine Menge von Beduinen sich die zahlreichen natürlichen Höhlenbildungen zunutze machen, die in vielen imposanten Tälern hoch an den schwer zugänglichen Wänden in allen Stadien der Entwicklung von der einfachen Nische mit überhängendem Dache bis zur tieferen Höhlung fast immer im Niveau der meleke-Bänke sich finden und, wie oben bemerkt, einen charakteristischen Zug im Bilde unserer Wüste ausmachen, darf nicht unerwähnt bleiben. In solchen Höhlen, besonders am Westrand der Wüste an der Grenze des regenreicheren Kulturlandes, hausen sie wohl fast das ganze Jahr hindurch; insofern könnte man sie fast als Siedlungen, als Winter- und Sommerdörfer, betrachten, wenn sie nicht so vereinzelt wären. Im wâdi chrêṭûn und im w. eṣ-ṣwêniṭ kann man genug dieser rauchgeschwärzten Höhlen sehen, in denen sich auch die Herden gut bergen lassen, und man muß sich gestehen, daß sie sich trefflich ins Bild der Wüste fügen und daß sie weniger auffällig sind in diesem natürlichen Rahmen von Unkultur als ein einsames Steinhaus oder Kloster oder Mühle. Es besteht die nicht unbegründete Vermutung, daß diese Höhlen die aus der arabischen Wüste zugewanderten Nomaden zur Seßhaftigkeit mit erzogen haben.[1] Sind sie doch trocken und bieten im Winter gewiß

[1] Fischer, Mittelmeerbilder, S. 79.

mehr Schutz als das lustige Zelt. An dem gegenwärtigen Geschlecht, das dort haust, haben sie, scheint's, besonders schwer zu erziehende Kinder.

Lassen sich die Wanderhirten in ihren „Siedelungen“ vor allem durch Wasser und Weide bestimmen, so sehen Asketen bei ihrem weltflüchtigen Streben, die die vorhandene, wenn auch armselige Natur gar nicht auszubeuten gedenken, auf anderes. Sie werden mit Vorliebe gerade die abgelegensten, einsamsten und trostlosesten Schluchten und Berge aufsuchen, die vielleicht durch die Legende geweiht waren, um dort in Felshöhlen sich und der Welt abzusterben. Die Nähe von Wasser war aber dabei immer willkommen; wenn nicht, so mußten künstliche Anlagen wie Zisternen und Zuleitungen nachhelfen. Die Trümmer solcher kann man noch heute gelegentlich wahrnehmen, z. B. am dschebel ḳaranṭal; denn die Erosion hat stark unter ihnen aufgeräumt. Doch ist die Lufttrockenheit der Wüste so groß, daß die Freskomalereien der seit Jahrhunderten offenen Räume noch gut erhalten sind. Wir wissen, daß einst besonders die nördliche Hälfte der Wüste Juda von Einsiedeleien und Lauren dicht besetzt war. Schick-Marti, Furrer u. a. (vgl. ZDPV 1880, S. 1 ff., 88 ff.) haben versucht, aus den Angaben alter Pilgerschriften und Heiligenlegenden die alten Mönchsniederlassungen zu lokalisieren, von denen oft kaum noch Spuren — oft waren es ja auch nur Höhlenwohnungen — oder auch nur der Name vorhanden ist; die Bevölkerung der Wüste hat eben aus geographischen Gründen viel mehr gewechselt als die an guten Traditionen reicheren, weil mit seßhafter Bevölkerung ausgestatteten Kulturgebiete Palästinas. Außer den gleich zu nennenden heute noch bestehenden oder wieder belebten Klöstern gehörten hierher der chān es-sahl, ferner chirbet mird am Rande der buḳēʿa, dēr el-mukellik, ch. chrēṭūn am Rande der gleichnamigen Wadis, und en-nebi mūsa, welch letzteres ein mohammedanischer Wallfahrtsort geworden ist, ch. fell et-tīn u. v. a. Im allgemeinen scheint ein wesentlicher Unterschied die Mönchsniederlassungen des Gebirges und der ġōr-Ebene zu charakterisieren. Die letzteren waren nämlich wirkliche Klosterbauten, da es im ġōr selbst keine Höhlen gibt. Aber auch im Gebirge waren die Stiftungen des geistig hervorragenden, an den abendländischen Benedictus erinnernden Theodosius, dessen Name noch in dēr dōsi lebendig ist, weitverzweigte Klöster auf hochragender Stätte mit weiter Übersicht und in fester Lage. Denn je länger, je mehr hatten diese Asketensiedlungen sich gegen arabische Eindringlinge zu wehren. Während im Mittelalter noch manche dieser Niederlassungen bestanden, war zuletzt bis in die siebziger Jahre des vorigen Jahrhunderts nur noch eines, das Kloster Marsaba, am wādi en-nār übrig. Heute aber ist dieses Felsennest nicht mehr die einzige noch erhaltene dieser einst zahlreichen Einsiedeleien. Seit etlichen Jahrzehnten blüht neues Leben aus den Ruinen. Wenn auch die meisten dieser einstigen Eremitenbehausungen noch den Fledermäusen und Tauben, Schakalen und Klippdachsen zum Aufenthaltsort dienen, so sind doch verschiedene wieder aufgebaut und bezogen. Dazu gehörten in erster Linie das bekannte Georgskloster im unteren wādi ḳelt und die benachbarten laurenartigen, in mehreren Schichten sich übereinander aufbauenden Mönchswohnungen am dschebel ḳaranṭal, deren Lichter eigentümlich in die Nacht der Wüste des weiten ṛōr hinausstrahlen. Ferner im ṛōr selbst am Wege von erīḥa zum Toten Meer das Johanneskloster ḳaṣr el-ḥadschle, vielleicht in der Nähe des alten bēt ḥoglā gelegen, und drüben am Jordan in der kahlen Mergelwüste, bereits jenseits unseres Gebietes ḳaṣr el-jehūd. Ganz neuerdings sind auch die Einsiedeleien an der schönen, von Jerusalem aus viel besuchten ʿēn fāra und das bereits genannte dēr dōsi hoch oben am Knie der wādi en-nār neu belebt worden. Über die Zahl der Insassen dieser verschiedenen Mönchssiedelungen gibt uns der „Zionsbote“ 1906, S. 56 einige Auskunft. Danach ist das Marsaba-Kloster mit über 60 Mönchen immer noch das bedeutendste. Die anderen, außer ḳaṣr el-ḥadschle haben nicht einmal 10. Der Stand des Quarantania-Klosters (am dschebel ḳaranṭal) scheint sehr zu wechseln. Zur Zeit der Pilgerzüge hat es vorübergehenden Zuzug. Dabei hatte es lange Zeit überhaupt sein Bewenden, bis nun neuerdings einige wenige sich dort dauernd angesiedelt haben. Die Anlage mehrerer dieser Klöster an den senkrecht aufragenden Klippen der Felswände, so daß sie wie unzugängliche Schwalbennester an der Mauer hängen, ist für die Natur unserer Wüste sehr charakteristisch. Sie sind, wenn sie auch später zu größeren Gemeinwesen ausgewachsen sind, aus alten Höhleneinsiedeleien an den Talwänden hervorgegangen. Die wachsende Unsicherheit der Wüste, nachdem der starke Arm der Römer und Byzantiner erlahmt war, zwang zum Zusammenschluß und zu festungsartigem Ausbau. Insbesondere ist das vielbeschriebene Kloster Marsaba in dieser Hinsicht lehrreich. Es liegt in dem Winkel, den eine Seitenschlucht in östlicher Richtung mit dem Kidrontal bildet. Diese endet ca. 60 m über der Talsohle mittels jäh abstürzender Felsen (vgl. vom Rath S. 87 f.). So ist das Kloster von zwei Seiten von Natur geschützt; während die Schlucht in ihrem oberen Teil durch zwei mächtige Bergfriede und einen sog. hohen Mantel ganz nach der Art der mittelalterlichen Ritterburgen am Neckar und am Rheine abgesperrt ist. Die Klosterzellen sind im lebendigen Fels ausgehöhlt, während durch großartige Unterbauten Raum für eine Kirche gewonnen ist. Diese kolossalen treppenförmigen Stützmauern sind neueren Datums; sie wurden erst nach dem Erdbeben von 1837 ausgeführt, um den Zusammenbruch des Bauwerks zu hindern. Das Ganze ist ein merkwürdiges Aggregat von Bauten und kleinen Höfen, die durch Treppen miteinander stockwerkartig verbunden sind.[1] Dem Besucher des Klosters wird die daselbst zugebrachte Nacht mit ihren Eindrücken unvergeßlich sein, insbesondere wenn zweimal die Glocken der Klosterkirche in die öde Steinwüste hinausschallen und die Mönche zum nächtlichen Gebete rufen! Daß bei dem allgemeinen Rückgang dieser Klostersiedelungen besonders auf den vorgeschobenen Posten in den Weidebezirken der Beduinen gerade das am verborgensten liegende und am stärksten befestigte sich durch alle Jahrhunderte hindurch erhalten hat, nicht zwar ohne gelegentlich erobert und ausgeplündert zu werden und, wie angedeutet ward, durch Erdbeben zu leiden, ist gewiß nicht zufällig. Der leichte Zugang nach Jerusalem durch das offene Kidrontal mag auch dabei mitgewirkt haben.

Trugen diese Lauren und Klöster zuletzt auch notgedrungen einen burgartigen, also militärischen Charakter, so sind doch die eigentlichen, als Militärstationen angelegten Burgen und Kastelle andersartig und nehmen andere von der Natur vorgezeichnete Stellen ein. Sie liegen nicht im Tal in einem versteckten Winkel, sondern vorn, auf freier Höhe, weithin sichtbar. Schon im Alten Testament (z. B. 2. Chron. 26, 10) wird erzählt, daß die Könige von Jerusalem „Türme" in der Wüste errichteten und zahlreiche Zisternen — das notwendige Zubehör — aushauen ließen, wohl zur Sicherung der Grenzen und zum Schutz der Weiderechte der Randsiedlungen auf der Höhe oder in den Oasen und vielleicht auch der Verkehrswege gegen die unruhigen Bewohner der Wüste. Unter diesen Türmen haben wir wohl Forts zu verstehen. In der Anlage solcher Stationen waren auch die Makkabäer und die Herodäer und endlich die Römer nicht säumig, als von Arabien her ebenso wie vom Rheine dem Reiche Gefahr drohte. Und lassen uns auch die mittelalterlichen Chronisten im Stich, so ist doch aus dem Stil der Bauten und aus anderen Anzeichen zu schließen, daß auch die Kreuzfahrer und die Sarazenen

[1]) Vgl. Duc de Luynes, Voyage d'exploration I S. 183—187; Lynch, Narrative S. 385 ff.

solche Kastelle in der Wüste unterhielten. So hatten die Templer eine Burg auf dem dschebel karantal, und vielleicht bestand dort schon im Altertum eine ähnliche Anlage. Man ist versucht, die Burg Docus dahin zu verlegen, jedenfalls lag sie in der Nähe der am Fluß des dschebel karantal entspringenden 'ēn dûk. Ihr fiel die wichtige Aufgabe zu, die heute fast ganz vergessenen Wege von Jericho hinauf nach muchmâs und dēr diwān zu schützen (cf. Ebers-Guthe I S. 95). Auch die Straße von Jericho nach Jerusalem konnte oberhalb der Herodes-Stadt und im Mittelalter auch in der Umgebung des chān hatrūr durch Sperrforts abgeschlossen werden. Desgleichen zeigt der Paß von ez-zuēra et-tahta eine Burgruine auf einem Zeugenberg mitten im Wadi, die dem gleichen Zwecke diente.[1] Auch weiter oberhalb führt der Karawanenweg nach ez-zuēra el-fōka durch ähnlichen Zwecken dienende Anlagen hindurch (de Saulcy II S. 81). Zur Sicherung der Straße am Straud des Toten Meeres zwischen dem dschebel usdum und 'ēn dschidi, das, wie die Ruinen von Türmen zeigen, ebenfalls befestigt war, um die wichtige Paßstraße über den nakb nach Bethlehem und Hebron zu sichern, dient ein anderes Glied in dieser Kette, nämlich das Kastell am Ausgang des einzig wasserreichen Tales dieser Strecke, des wādi umm barrek. Und erst recht gehört hierher das hochgelegene sebbe, das alte Masada, das, vielleicht schon eine ältere Feste, von den Makkabäern, noch mehr von Herodes, entsprechend der jenseits des Toten Meeres angelegten Festung Machaerus, zur Sicherung der Südgrenze seines Reichs gegen die Araber ausgebaut ward. Dazu eignete sich dieser durch zwei tiefe Wadis ganz isolierte Felsklotz, vorgeschoben vor den Steilrand, wie kaum ein anderer Platz. Durch riesige Zisternen und andere Bauten auf dem Plateau der Höhe schuf Herodes sich hier und seinem Hause eine uneinnehmbare Burg, die, selbst mit gefüllten Zisternen ausgestattet, in der wasserlosen Wüste ringsum allen Angriffen trotzen konnte.[2] In dieser regenarmen, dürren Gegend nimmt es uns heute nur Wunder, woher denn die Zisternen sich füllten. Wie mußten erst die Belagerer leiden, als die letzte Schar der Sicarier nach der Einnahme Jerusalems sich hier festsetzte. Nur einer Macht wie den Römern gelang das Unglaubliche, die Feste Masada zu brechen, nachdem alle Verteidiger, die Nutzlosigkeit weiteren Widerstandes einsehend, sich zuvor den Tod gegeben hatten. Noch heute sind die Römerlager, die den Berg einschlossen, deutlich zu verfolgen.

---

[1] Ebenda, I, S. 91 f., 240 f. — S. Tafel IV, Nr. 2.

[2] Josephus, Bell. Jud. VII, 8, 2 ff.

Außer dieser mächtigen Feste, bei deren Bezwingung sich am Rand des Toten Meeres diese schreckliche Tragödie vollzog, die aber nachher, nach den Ruinen zu schließen, keineswegs sich selbst überlassen blieb, sondern noch weiter bewohnt war in christlichen Zeiten, und außer den andern schon genannten gab es gewiß besonders im Süden unseres Gebietes noch manche andere Militärstation, in der römische Garnisonen lagen zur Sicherung der Grenzen und der Straßen. Viele waren noch über die Grenzen unseres Gebietes hinaus nach Süden gerückt (ZDPV 1906, S. 124). Sie alle suchten von Natur feste Punkte, woran die klippen- und kuppenreiche Wüste noch mehr als das sonstige Palästina Auswahl genug bot. Genannt sei nur noch eine andere Schöpfung des großen Herodes, die er am oberen Rand unseres Gebietes südöstlich von Bethlehem in die Wüste auf einer weithin sichtbaren, aus dem Plateau aufragenden Kuppe hineingebaut hat, an deren Fuß er durch Zuleitungen aus den sogenannten Salomonischen Teichen ein künstliches Paradies schuf, das Herodeion, heute dschebel furdês. Diese wie alle anderen Militärstationen sind heute Ruinen, da ihnen mit dem Verfall des Reichs die wirtschaftliche Basis entzogen ward. Sie waren rein künstliche Schöpfungen in der Wüste und wurzelten nicht in der Natur, oder doch nicht tief genug, um die großen Stürme überdauern zu können, die ihrer warteten; sie lebten von der geographischen Lage, vom Verkehr. Als die große Verschiebung dieser Verhältnisse in Vorderasien eintrat, die einen Umschwung auch der ganzen Wirtschafts- und Verkehrsweise bedeutete, erstarben diese starken Festen nach und nach. Und wurden sie z. T. vielleicht auch in den Kreuzzügen neu belebt, so versanken sie doch nach kurzer Zeit mit samt Vorderasien nach all den blutigen Wirren und schrecklichen Raubkriegen und Verwüstungen blühender Länder in um so tiefere Nacht und Vergessenheit. Konnten sich doch kaum die Siedlungen der Oasen und des höheren Westrandes, die doch von Natur viel begünstigter und lebenskräftiger waren, erhalten.

Wenden wir uns schließlich noch diesen zu, so ist der ganze Westrand unseres Gebietes im Osten der heutigen Grenze seßhaften Wohnens durch eine Fülle von Ruinen charakterisiert wie sonst nirgends in der Wüste. Ganz Palästina ist durch Ruinenreichtum ausgezeichnet als ein Kampfgebiet zwischen Kulturland und Wüste. Ist doch die Zahl der Ruinen auch auf dem Plateau oft größer als die der bewohnten Orte! Dies zeigt sich auch hier im kleinen. Der Vorstoß, der einst zur Zeit der Kraft und wirtschaftlichen Blüte vom regenreicheren Kulturland aus gegen die trockene öde Wüste erfolg war und zur Anlage von Ackerbau- und anderen Siedlungen führte, ward zurückgeschlagen, und die schönen Blüten sind verwelkt. Die zusammengeschmolzene Bevölkerung verzog sich in die sicheren Lagen auf der Höhe. Die äußersten bewohnten Randsiedlungen hoch oben am Rand des judäischen Plateaus, der nur z. T. (im Norden und wieder im Süden) mit der Hauptwasserscheide zusammenfällt, sind heute, von Norden her gezählt, folgende: eṭ-ṭaijibe und rammūn, dēr diwān und muchmās, dscheba', ḥezma, 'anāta, el-'ēsawīje; ferner am Jericho-Weg el-'azārīje, dann abu dīs; ṣūr bāhir, und bēt saḥūr bei Bethlehem; im oberen Gebiet des w. el-'arrūb: bēt feddschār, ṣia'īr, esch-schijūch und endlich östlich von Hebron beni nā'im, der südlichste bewohnte Ort hier im Osten. Weiter südwärts folgen nur noch Ruinen. Vor nicht gar langer Zeit war dieser Kranz von Dörfern noch enger geschlossen durch Dörfer wie bēt ta'mer, südöstlich von Bethlehem; aber sie sind heute verlassen; ihre Bewohner, wohl schon vorher Halbnomaden wie noch jetzt die von beni nā'im, sind zuletzt ganz dem Beduinenleben verfallen. In alttestamentlichen Zeiten lagen die Ortschaften noch dichter, so daß es den Archäologen schwer wird, sie heute zu lokalisieren. Das alte Tekoa liegt auch in Trümmern. Noch zur Zeit der Kreuzfahrer hat es bestanden. Diese hochgelegenen Siedlungen, denen meist eine herrliche Aussicht in die Wüste eigen ist, von denen viele schon im Alten Testament genannt werden, die also einer alten Geschichte sich rühmen können und von denen einige die Geburtsstätten großer Führer der Menschheit sind, wie Tekoa, die Heimat des Propheten Amos, Anatot, die Heimat des Jeremia — haben den Kampf mit dem Ansturm der Wüste am härtesten kämpfen müssen, was Wunder, wenn etliche in ihrer Schlachtreihe niedersanken? Der uralte Krieg zwischen Hirten und Ackerbauern, zwischen Kain und Abel, wurde hier an der Grenze bis aufs Blut gekämpft. Gewiß war den Hirten, wenn auch die Wüste ihr eigentliches Revier blieb, wasserreicheres und fruchtbareres Gelände immer willkommen. Konnte sie doch die Wüste, wie wir gehört haben, im Sommer und Spätsommer nicht ernähren. So drangen sie immer weiter gegen das Ackerland vor und ernteten bei ihrer Räuberart, wo der Bauer gesät hatte, bis dieser den nutzlosen Kampf aufgab und sich zurückzog, worauf etwaige Kulturanlagen verfielen. Denn wo die Araber hinkommen, da wächst kein Baum mehr, und das Ernten kann man sich schenken. Für den Ackerbauer sind sie schlimmer als eine Heuschreckenplage (Q. St. 1901, S. 203). Besonders seit Beginn der eigentlichen Türkenwirtschaft scheint der Ruinenreichtum bedenkliche Fortschritte gemacht zu haben. Noch zur Zeit der Kreuzzüge lag die Grenze des Kulturlandes weiter östlich als heute. Während in unserem feuchteren Klima diese Ruinen längst vom Zahn der Zeit zerfressen und verschwunden wären, halten sie sich in der Trockenluft Palästinas viel länger.

Die wichtigsten dieser Ruinenplätze an der oberen Grenze unserer Wüste und östlich von dem eben aufgezählten Kranz von noch bewohnten Ortschaften sind etwa folgende: chirbet fāra, eine alte Ortslage, das Para des Stammes Benjamin, nach der die Quelle und das Wadi benannt sind; ch. ed-duwēr und ch. ed-duwāra oberhalb des wādi es-ṣuēniṭ; ch. buḳē' dān, eine alte Ortslage mit Zisternen, östlich vom Ölberg; östlich von abu dīs liegen ch. ed-dikke und ch. el-muraṣṣaṣ, letzteres eine große Ruine mit einem Kloster, in eigentümlicher, von Natur geschützter Lage, mit vielen Zisternen; ch. 'el-ḥudēdūn nördlich vom dschebel el-munṭār am Rande eines tiefen Tales; ch. dschindschis am Wege aus dem wādi en-nār nach dem ebengenannten Berge; ch. el-ḥaradān am Knie des gleichen Tales, eine zeitweise bewohnte Ortschaft, dessen Ruinen den 'öbēdīje-Beduinen als Aufbewahrungsorte dienen. Ferner sind alte Ortslagen zwischen ṣūr bāhir und Bethlehem die Ruinenorte ch. umm el-'aṣāfīr, und weiter südlich ch. umm ṭūba (= Metopa), weiter im Osten liegen ch. el-machrūm und ch. dschuchdum, letzteres an der Römerstraße nach Engedi; beim dschebel furdēs liegt ch. umm en-netesche u. a. Gehen wir von ch. teḳū', einst eine größere Stadt auf ragendem Plateau, weiter südlich über den ḳanān ez-za'ferān, so schwinden östlich von den Randdörfern nennenswerte Ruinenorte. Die Wüste stürzt hier viel steiler von der Wasserscheide nach Osten ab, der Übergang vom Kulturland zur Wüste ist hier unvermittelter, und feste Siedlungen wagten sich nicht weiter vor. Dagegen südlich von beni na'im und südöstlich von Hebron, wo sich das judäische Plateau in Staffeln zum Toten Meer herabsenkt, auf denen sich die Straße nach ez-zuēra et-taḥta und zum dschebel usdum hinabzieht, fand sich einst ein größerer Reichtum von Siedlungen. Hier sieht man die Wüste allmählich kommen, je weiter man heruntersteigt, und die oberen Hänge des Gebirgslandes werden noch reichlicher befeuchtet durch die hier zum Aufsteigen gezwungenen Südwestwinde. Hier konnte das Kulturland verhältnismäßig weit nach Südosten vorgeschoben werden. Viele der Ruinenorte tragen Namen, die schon im Alten Testament genannt werden, sie waren damals die Zentren großer Weidebezirke: so tell zīf, das alte Ziph; kurmul, das Karmel in der Davidsgeschichte, noch von den Kreuzfahrern besetzt; tell ma'īn, das alte Maon, ch. ḳuretēn das alte Kirjataim, ch. iṣṭabūl, wo man das herodäische Aristobulias sucht und tell ʿarâd, das schon in der Geschichte der Eroberung des Landes genannt wird. Diese und andere Ortschaften hier im Süden wurden mit der Zeit alle vom Erdboden weggefegt. An der großen Einfallspforte der vordringenden Wüstenstämme waren die Existenzbedingungen für eine seßhafte Bevölkerung besonders schwierig. Die schönen, hochgelegenen, darum auch im Sommer noch dauernden Weidebezirke dieser Ortschaften mußten den aus der furchtbar öden östlichen und südöstlichen Wüste hier herauf sich flüchtenden Arabern besonders in die Augen stechen.

Erst recht aber mußten diesem Schicksal die Oasen im ġôr verfallen. Seit alters lag die andere Einfallspforte nach Südpalästina bei Jericho, wo der Jordan, im Sommer reich an Furten, niemals weder eine ethnographische noch militärische Grenze bildete. Noch nicht lange ist es her (cf. die Zeiten Lynchs), daß jedes Jahr Araberstämme aus dem Ostjordanlande hier im ġôr und auf der Ebene el-bukēʿa ihre Herden weideten und jedes Aufkommen der Jericho-Oase unmöglich machten. Die Oasen hier am Ostrande unserer Wüste an den großen Quellen sind ohne Zweifel uralte Wohnplätze der Menschen und waren schon früh Sitze hoher Kultur. Wie oft werden auch sie das Los aller vorderasiatischen Oasen, der des Nillandes wie der am Euphrat und Tigris, geteilt haben, nämlich von Zeit zu Zeit von räuberischen, hungrigen Wüstenhorden ausgeplündert und zu Boden getreten zu werden. Sind sie ohne Zweifel auch widerstandsfähiger als die in die Wüste vorgeschobenen Siedlungen, von denen wir vorhin geredet, so sind sie doch auch anderseits, weil in der Niederung liegend, viel mehr als die Gebirgsorte der Willkür roher Horden preisgegeben, und zuletzt wird es auch hier an den Händen fehlen, die fruchtlos, ohne Aussicht auf Ernte, den fruchtbarsten Boden bebauen. So sind denn heute alle Randoasen im Osten der Wüste Juda Ruinen, ʿēn dschidi, ʿēn el-feschcha und auch Jericho. Letzteres ist eines der elendesten Dörfer in ganz Palästina. Nur die Fremdenhotels und Hospize ragen aus dem Elend hervor. Erdbeben mögen allerdings an der Verwüstung mitgewirkt haben; denn solche Naturereignisse wirken doppelt kulturfeindlich und alle Energie lähmend, wenn sie zusammentreffen mit dem Niedergang der Kultur überhaupt durch Krieg und Seuchen u. dgl. Will man übrigens diese Oasen als die hellen Punkte im Bilde unserer Wüste bezeichnen, so darf man doch nicht vergessen, daß, wo viel Licht ist, auch viel Schatten sich findet. Blanckenhorn hebt ZDPV 1896, S. 5 die Schattenseiten deutlich genug hervor, wenn er sagt: „Der Mangel an trinkbarem Wasser in der Umgebung des

Toten Meeres, die vielfach herrschenden ungesunden Dünste von Schwefelwasserstoff und Kohlenwasserstoff, die die vielerorts aufsteigenden Thermen in und um den See aushauchen, der häufig wehende glühend heiße Scirocco und schließlich die in der Gegend von Jericho und im Süden endemische heftige Malaria erschweren den Aufenthalt des Menschen und teilweise auch der Tiere an seinen Ufern und machen eine dauernde Ansiedlung fast unmöglich. Man kanu die ganze Umgegend im vollen Sinn als Wüste mit einigen Oaseu bezeichnen."

Oasenhaft muß von Aufang jede Siedlung in diesem Gebiet gewesen sein. So auch Sodom und Gomorrha, an die wir unwillkürlich deuken, wenn vom Toten Meer die Rede ist, — ob auch Adama und Zeboim (Hos. 11, 8) ebenfalls durch Naturereignisse vernichtet wurden? Es liegt uns fern, an dieser Stelle in den Streit deutscher Geologen einzugreifen, der schon allzu großen Umfang angenommen hat, was für geologische Tatsachen den Untergang der Städte verständlich machten. Niemand weiß mit Sicherheit anzugeben, wo diese Städte gelegen haben; gewöhnlich sucht man sie im Süden in der Nähe des dschebel usdum (= Sodomsberg), dessen Name aber bekanntlich nichts beweist. Mehrere englische Forscher wie Grove, Tristram, Hull u. a. suchen sie nördlich vom Toten Meere. — Ebenso schwer hält es, die in Jos. 15, 61 f. genannten Städte in der Wüste Juda irgendwo zu lokalisieren. Niemand weiß, wo Bet Araba anzusetzen ist, obgleich viete es nach ʿēn el-feschcha verlegen; die Vermutung, daß die dortigen Ruinen eine dieser Städte darstellen, ist natürlich nicht von der Hand zu weisen. Aber welche? Middin, Sekaka, Nibschan (Wellhausen liest Kibschan = „Ofen"), Ir hammelach — wo lagen sie? Nur Engedi ist jedenfalls ʿēn dschidi, wenn auch die Enc. Bibl. col. 4342, 3079 ihr bekanntes Fragezeichen dazu macht. Ir hammelach sucht man vielfach in ch. el-milḥ jenseits unseres Gebietes, in der östlichen Fortsetzung des wādi es-sebaʿ. das bei Gaza ins Mittelmeer mündet. Vielleicht war es aber nur eine Burg zum Schutz der Salzausbeutung am Toten Meer, etwa am birket el-chalīl an der Mündung des wādi el-chabera, oder am dschebel usdum? Die Ruinen, die dort und anderwärts de Saulcy sah, waren allerdings nur Phantasiegebilde; aber im wādi eẓ-zuēra mag doch wohl schon in alten Tagen eine Burg bestanden haben zum Schutze des Salzhandels. Vielleicht ist auch das spätere Masada aus einer dieser Siedlungen erwachsen. Es ist nicht ausgeschlossen, daß die eine oder andere dieser „Städte" gar nicht zum Oasenkranz des ẓōr gehörte, sondern auf dem oberen Plateau lag. Denn man braucht nicht anzunehmen, daß diese Siedtungen der Wüste Städte in unserem Sinne waren, sondern sie waren vielleicht z. T. ummauerte feste Plätze und Burgen gegenüber den Viehkraalen („ḥaṣērôt") auf den Weidetriften. Chirbet mird, wo später ein Kloster erbaut ward, mag ein solcher fester Platz in der Ebene el-buḳē'a gewesen sein. Er hätte sich vorzüglich dazu geeignet. Aber bei unseren geographischen Betrachtungen bleiben wir lieber unserem Vorsatz treu und widerstehen der Versuchung, uns etwa auf dem Weg von Konjekturen in mehr oder weniger billige Identifikationsversuche einzulassen. Führte uns die nicht zu umgehende Betrachtung von Jos. 15 aus dem Oasengebiet fast hinaus, so ist es an der Zeit, dahin zurückzukehren. Die ganze Oasenherrlichkeit von einst ist heute, wie gesagt, vernichtet. Jericho, in der Reihe der Städte der Wüste Juda im Josua-Buch gar nicht genannt, weil es zum Stammgebiet Benjamins gehörte, lag wohl ursprünglich am Gebirgsfuße an der 'ēn es-sulṭān. Dort ist es nicht bloß gesünder als weiter draußen in der Ebene (cf. Lortet S. 426), sondern auch sicherer; und doch war wohl zur Erhöhung der Sicherheit die älteste Stadt auf einem der dortigen tell gebaut. In der griechisch-römischen Zeit hätte die tell-Lage für die wachsende Oasenstadt nicht mehr gereicht; sie lag etwas weiter südlich gegen den Ausgang des wādi ḳelt hin — ch. ḳāḳūn ist wohl ein Rest davon —, geschützt durch die Herodesburg Kypros, die oberhalb der Stadt am Gebirgshang sich erhob wie eine Art Akropolis. Denn im übrigen scheint die Stadt nie besonders fest und widerstandsfähig gewesen zu sein, und sie als starke Festung und Schlüssel Südpalästinas zu bezeichnen, zu deren Bewältigung Wunder nötig gewesen seien, dazu ist, wie mir scheint, kein Anlaß; jedenfalls hat sich das Jericho der Geschichte niemals als solches bewährt (cf. G. A. Smith S. 268). Doch kann nicht bestritten werden, daß es einen wichtigen Platz im Verkehre einnahm; kreuzten sich doch hier die Straßen durch das ġōr und die aus dem Ostjordanland nach Jerusalem. Drum hat die Siedlung auch immer sich wieder erhoben, bis das Ostjordanland selbst starb und aller Verkehr zu Grabe ging. Das heutige elende Dorf erīḥa, dessen Bewohner die einzigen Menschen sind, die das ganze Jahr über, aber nicht ungestraft, im ġōr bleiben, ist weiter draußen in der Ebene am wādi ḳelt gelegen; es ist der Rest des mittelalterlichen Jericho, wie man annimmt. Auf dem engen Raume der hochkultivierten Oase mögen einst viele tausend Menschen sich ernährt haben. Heute sind es vielleicht 300 Menschen, die die elenden Hütten bewohnen. Vergangenheit und Gegenwart, Alt und Neu stehen sich im Bilde dieser Siedlung schroff gegenüber wie sonst gelegentlich in Städten, die eine große Umwandlung erfahren durch Verschiebungen im Verkehr und in wirtschaftlichen Verhältnissen. „Neu-Jericho" mit seinen Hotels und Hospizen steht mit den erbärmlichen Hütten der Einwohner in einem seltsamen Kontraste. Über die Zukunft dieses Platzes haben wir uns bereits früher ausgesprochen. Der neu erwachte Verkehr wird ihm ohne Zweifel noch mehr Leben zuführen.

Auch bei den anderen größeren Quellen weiter südlich liegen Ruinen. Nicht bloß bei ʿēn el-feschcha selbst, wie schon bemerkt, sondern auch etwas weiter nördlich in eigentümlich geschützter Lage, auf einer ausgehenden Zunge der Lisān-Terrassen direkt unterhalb des Steilrandes des Gebirges, chirbet kumrān. Engedi, wie eine Burg an der Quelle oberhalb der Strandebene und unterhalb des Steilrandes geschützt gelegen, war immer eine berühmte Kulturoase, weil die einzige Quelle weit und breit, dazu auch der Schlüssel zur Straße über den Paß landeinwärts. Ob Hazazon Tamar (Gen. 14, 7) mit Engedi identisch ist, wie vielfach angenommen wird, muß dahingestellt bleiben. Nach den Kreuzzügen versank es in Nacht und Vergessenheit, bis Seetzen es im Anfang des vorigen Jahrhunderts wieder entdeckte. So bestehen die Oasen auf der ganzen Linie wohl heute wie einst; aber was die Menschen daraus gemacht hatten, das ist vergangen. „Gärten Gottes" sind sie noch, aber nicht der Menschen, und insofern Ruinen. Der einzig schöne, idyllischste Fleck in der Wüste Juda ist, soweit ich sah, die Oase eṭ-ṭahūne im wādi ḳelt, wo die Quelle entspringt, nach der der untere Teil des Tales genannt wird.

Wir sind damit zum Ende unserer Betrachtungen gekommen. Bei einem Rückblick werden wir sagen müssen, daß die gesamten anthropogeographischen Verhältnisse der Wüste Juda durchaus im Einklang stehen mit den physikalischen Grundzügen des „badland", auf dem sie gewachsen sind und sich bewegen. Die Wüstennatur prägt sich auf allen Gebieten des menschlichen Daseins aus, auch in dem Kommen und Gehen so vieler menschlicher Erscheinungen. Erklären sich viele Züge der ethnographischen und der Verkehrsverhältnisse, besonders aber der Niedergang aller Kultur aus der geographischen Tatsache der Randlage unserer kleinen Wüste Juda an der großen syrisch-arabischen, so spiegeln sich andrerseits ihre besonderen topographischen und klimatischen Bedingungen im ganzen Charakter der Bewirtschaftung und der Besiedlung sowie in den Verkehrslinien. Man mag bei der Betrachtung des großen Wandels dieser Dinge auf unserem Gebiete Gelegenheit haben, viel zu beklagen und zu bedauern; der wissenschaftlichen Forschung aber ist zunächst nur daran gelegen, die Gesetze dieser vielleicht traurigen Entwicklung zu erkennen und den Gang der menschlichen Dinge auch auf diesem Boden zu begreifen. Gewiß müssen wir bewundernd stille stehen vor der menschlichen Tatkraft, die im goldenen Zeitalter des ganzen syrischen Landes auch hier so mächtig sich betätigte und Wasser rauschen ließ in der wasserlosen Wüste von weither und ihr manchen Acker und manchen Garten abgewann. Wenn man aber daran die Hoffnung knüpft, daß, was einst einmal war, sich alles wieder „machen" ließe, so müssen wir uns doch zu denen bekennen, die diesen Optimismus nicht in jeder Hinsicht teilen können. Denn wenn auch inzwischen die physikalischen Grundzüge Palästinas sich wahrscheinlich im wesentlichen gleich geblieben sind, so hat doch unterdes der ganze Zusammenhang der Länder und Völker sich wesentlich verschoben. So wenig die Aussicht vorhanden ist, daß etwa Griechenland wieder werde, auch nur in Hinsicht der materiellen Kultur, was es einst war, so wenig darf man dies zuversichtlich bei nüchterner Betrachtung der realen Tatsachen von Palästina erwarten.

III.

Von unsern Reisen.

Nach Petra!

Von Dr. Friedrich Jeremias, Pastor in Dresden-Trachenberge.

1. Durch die Wüste Juda.

19. März 1906.

Es war schon ziemlich dunkel, als wir, von Jerusalem kommend, die Straßen Hebrons, von seinen Bewohnern nicht gerade freundlich betrachtet, hindurchritten unserm Lager zu. Der Reiz des Neuen, Ungewohnten nahm uns gefangen und versetzte uns in gehobene Stimmung. Das haben doch auch die Großen noch mit den Kindern gemeinsam, daß sie, gänzlich Neues erlebend, auch nur auf das Reizvolle den Sinn richten und die Schatten zuerst übersehen, oder auch den Beschwerlichkeiten, so lange sie den Reiz des Nochnichterlebten haben, eine heitere Seite abgewinnen. Nur kommt die Ernüchterung schneller, und das „Neues erleben“ wird seltener. Jetzt waren wir einmal in der Lage. Wir waren nicht weniger neugierig wie die Jugend von Hebron, welche das Lager spähend umstand. Es machte uns auch nichts aus, daß die Zelte auf sumpfigem und steinigem Terrain aufgerichtet waren. Am Morgen sahen wir, daß wir inmitten des weit ausgedehnten mohammedanischen Friedhofs unter Leichensteinen genächtigt hatten. Zum ersten Male wurden die Koffer ausgepackt und die recht spärlichen Raumverhältnisse der Zelte ausprobiert. Und der ersten gemeinsamen Zeltmahlzeit sahen wir wie einem Fest entgegen. Die Zwischenzeit bis dahin verkürzten wir uns durch einen Besuch beim ḳâimmaḳâm (Landrat), der uns militärischen Schutz für die Wüstentour zusagte.

20. März.

Früh um 6 Uhr standen wir auf. Wir hatten Zeit, Hebron zu besehen. Denn es müssen noch Vorräte in der Stadt eingekauft und dazu auch noch für einen Teil des Wegs — bis durch den fortgehenden

Verbrauch die Lasten sich verringert haben — Kamele gemietet werden, was wegen des Rücktransports langwierige Verhandlungen nötig macht. Hinter dem moslemischen Friedhof steigt der Hügel an. Von einem Felsblock auf halber Höhe aus schweift der Blick über das Gräberfeld, das wie eine Steinwüste sich ausbreitet. Jenseits steigt die Stadt Hebron an, auf der Höhe von dem berühmten ḥaram, der sich breit über dem höchsten Stadtteil lagert, beherrscht. Zwischen den Gräbern und der Stadt liegt hinter Mauern, vom wâdi el-chalîl bewässert, eine dichtbewachsene Olivenpflanzung. Hie und da hebt sich aus der Masse der weißen Grabsteine ein größeres, halb zerfallenes Grabmal heraus. Zur Linken, d. h. der jetzigen Stadt gegenüber, steigen verwitterte Felsen empor zu einem Olivenhügel, wahrscheinlich der Ortslage des alten Hebron, welches der Höhle Machpela gegenüber lag. Am Himmel kämpft die Sonne mit den Wolken. Unsere Gedanken gehen vorauf in die Ferne der Wüste zu, den Weg hin, den Abraham mit den Engeln ging, den Höhen zu, wo er Fürbitte tat für Sodom und Gomorrha, und wo er am Morgen danach stand und sah den Rauch aufgehen von dem Lande wie einen Rauch vom Ofen, das Gericht über die Städte, in denen auch nicht zehn Gerechte weilten (1. Mos. 18, 16. 22; 19, 27 f.).

Da wir das Tote Meer auf dem Paßweg von ez-zuêra, also am Südende, erreichen wollten, nahmen wir die Richtung auf die Wüstengegend um Siph und Maon. Wir ritten zunächst noch in den herrlichen und fruchtbaren Weinbergstälern, wo einst die Kundschafter Josua und Kaleb staunend den Reichtum des gelobten Landes geschaut hatten. Wir hätten uns auch gern Trauben geschnitten für die Wüstenwanderung. Mit den noch winterlich tot aussehenden Weinbergen wechselten Olivenhaine mit uraltem Baumbestand. Sehr schnell veränderte sich das Bild, als wir in Südsüdost-Richtung aufwärts stiegen. Eine trostlos öde Steinhalde breitet sich aus, von niedrigem Dorngebüsch übersät. Es ist ein ergreifender Anblick, wie aus den grauen Steinen und dem dürren, graugrünen Gestrüpp die purpurglühenden Anemonen herausleuchten. Der Süden der Wüste Juda ist Weideland. Hier streifte der flüchtige David mit seinen Scharen umher „in der Heide" (1. Sam. 23, 18), auf der Flucht vor Saul und nirgends seines Lebens sicher, denn die Siphiter wollten ihn an Saul ausliefern (ib. V. 19), und in Maon weiter südlich wäre er fast Saul in die Hände gefallen (ib. V. 26). So blieben ihm nur noch die schaurigen Höhlen und Klüfte der Wüste von Engedi im Norden, wo die wüsten Berge nach dem Toten Meer abstürzen, die letzte, äußerste Zuflucht der Geächteten damals und jetzt. Die Gegend, durch welche wir ritten, ist reich an Trümmern, welche alte Ortslagen bezeichnen. Wir ließen tell zîf links liegen und untersuchten die Ruinen von chirbet ṛanāim links von der Straße, mit den Überresten von Teichen und Brunnen und Gebäudefundamenten. In der Ferne sahen wir unweit Maons, des jetzigen ma'in, die Reste der Kirche und Burg von Karmel, wo der reiche Herdenbesitzer Nabal herrschte (1. Sam. 25): el-kirmil. Unser Mittagsmahl halten wir bei tell tuāne an einer Quelle. Nach 3½ Stunden Wanderung über das Hügelgelände, das auch bebaute Flächen hat und das Fellachen mit Kamelen pflügen, an Höhen vorüber, auf denen Hunderte von Störchen versammelt sind — ein günstiges Wetterzeichen für uns — kommen wir in einen breiten, von niedrigen Hügeln umgebenen Talkessel: el-muḳēbrāt. Mit Jubel werden die schon aufgeschlagenen Zelte begrüßt. Eilig, ehe die Sonne untergeht, steigen wir den nächsten Hügel im Südwesten hinauf und schauen über unseren Weg hin nach den Bergen, die nach der Wüste Juda zu abgrenzen. Die Strahlen der untergehenden Sonne, ein flüchtiges Abendrot, leuchten über die graugrünen Weidehänge hin und bescheinen ein liebliches Bild. Die Abhänge herab weiden, heimkehrend zu den Zeltlagern, fünf riesige Schafherden in langsamem Zug dicht beieinander, den Abhang in Zickzackwegen überwindend. Hinter dem Ausläufer der Berge, welcher unser Lager nach Süden zu abschließt, sehen wir jetzt von der Höhe große Zeltlager errichtet. Es sind Bauern von jaṭṭa, die hier in den Sommermonaten nach Beduinenweise zelten und die Weiden von ihren Herden abgrasen lassen.

21. März.

Wir reiten in weit ausladenden Tälern, deren Kessel wie vom Winde zusammengeweht schauen, nach dem breiten wādi sejāl zu. An den in langgezogenen Wellen aufsteigenden Hügeln tauchen aus versteckten Buchtungen große Beduinenlager auf. Von Süden her schieben sich die hohen Berge der letzten nach dem Toten Meer abstürzenden Terrasse vor. Die Täler sind voll von Störchen, Kamelherden bis zu 100 Stück begegnen uns. Wir durchqueren das nach Ostsüdost gekehrte Terrain in südlicher Richtung. Schon längst sind wir von menschlichen Siedelungen weit entfernt. Im Nordwesten lagert sich breit die Höhenlinie der Wasserscheide. Beduinen sammeln sich um uns, bald sind es mehr als zwölf. Selīm abu dahūḳ, der berühmte Scheich des Stammes der dschahalin, wird herbeigerufen. Es handelt sich um den Beduinenschutz für die Wanderung ums Tote Meer. Unser Chalil erweist sich bei den Verhandlungen als brauchbarer Diplomat. ¾ Stunden dauerte das Spiel. Der Scheich hat sich mit seinen Leuten abseits zur Beratung begeben, sie hocken im Kreis um ihn her. Mit einer fürstlich herablassenden

Handbewegung lädt er Professor Dalman ein zur Beratung. Wir stehen in weiterem Kreise umher, jeder sein Pferd am Zügel; Dalmans Pferd wird von einem jungen Beduinen bewacht. Die Verhandlungen spielen sich in verschiedenen Etappen ab und werden mit größter Zähigkeit seitens der fordernden Beduinen geführt, die jedes Angebot mit Mienen begleiten, die ein weiteres Herabgehen von den geforderten Sätzen für ausgeschlossen halten lassen. Professor Dalman imponierte ihnen und uns durch die Ausdauer, in der er das Kauern am Boden aushielt und durch die würdevolle Ruhe und Bestimmtheit, die er bis zum letzten Augenblick bewahrte. Das erste Angebot des Scheichs, mit der größten Gelassenheit ausgesprochen, war der Versuch schamloser Erpressung. Er verlangte von jeder Person der Reisegesellschaft einen Betrag von 3 Napoleons, dafür wollte er persönlich mit seinen Leuten 5 Tage Schutz und Geleit übernehmen. Das wäre ein Tribut von annähernd 600 Franken gewesen. Nach langem Hin- und Herreden erklärt Dalman als letztes Wort und letztes Gebot: 30 Franken für den Scheich und für jeden begleitenden Beduinen 1 Medschidi, etwa 5 Franken, pro Tag. Daraufhin wurden die Verhandlungen abgebrochen. Der Schluß nahm einen bedrohlichen Charakter an. Wir saßen auf. Mit finsteren Mienen und habgierig funkelnden Augen lief der Scheich noch ein Stück Wegs mit uns. Es war ihm doch leid, den Gewinn sich entgehen zu lassen. Gewalt zu brauchen scheute er sich, davon hielt ihn wohl die Gegenwart des von Hebron mitgenommenen berittenen Soldaten zurück. So machte er einen letzten Versuch, zwei seiner Leute zum Mitgehen unter den angebotenen Bedingungen zu bewegen. Es war ein imposantes Bild, als er auf der Höhe stand, den Beduinen zurufend, die sich schon in weite Fernen zerstreuten, den Arm halbdrohend erhoben. Aber jetzt wollten seine Stammesgenossen nicht. So ganz behaglich freilich war uns allen nicht. Waren doch auf dem Wege, den wir vor uns hatten, öfters Reisende überfallen und ausgeraubt worden, u. a. die Dominikaner von Jerusalem. — Ganz ohne Führer sollten wir indes nicht sein. Ein Beduine kam uns nach einiger Zeit über die Hügel hinweg nachgeklettert; ein kleiner schmächtiger Kerl mit kohlschwarzem Bart und funkelnden schwarzen Augen, dunkelbraun gebrannt, nur wie aus Knochen, Haut und Sehnen bestehend. Er war in der Gegend von ḍāna daheim. Seine Ortskenntnis war mäßig. Aber er war ein guter Gesell, hat uns manchen ganz guten Dienst erwiesen, und war der willkommene Spielball für die derben Späße der Troßbuben, denn er war ein wenig beschränkt. Sein einziges Kleidungsstück war ein gelbgraues Hemd, das noch nicht bis an die Knie reichte, seine einzige Ausrüstung ein dünner Stab und ein Wasserschlauch.

Allmählich verliert sich das Weideland in die kahle Wüste. Aus dem Hochplateau heben sich, wie bei einem starken Sturm aufgewirbelt und dann im Laufe erstarrt, die faltigen Kalkhöhen und Kuppen heraus, in den Rinnen versteckt sich noch ein wenig Grün.

Beim râs ez-zuēra el-fōka begann der Abstieg nach dem Toten Meer. Das breite wâdi ez-zuēra ist zwar Steinwüste, hat aber eine reiche Wüstenflora. Weithin verfolgten uns die weißblühenden Ginsterbüsche, unter denen die fetten Kolben der Orobanche mit leuchtend gelben Blüten standen. Nach mehrstündigem Ritt verändert sich das Bild der Talränder. Die grauen Kalksteinhöhen weichen den weichgeformten, gelblich überlaufenen Mergelhöhen, die sich am Ende des Thales vor dem steilen Absturz wie mächtige Bastionen wuchtig zu beiden Seiten lagern. Der erste Blick auf das Tote Meer, das noch tief unter uns liegt. Wir sind etwa auf gleicher Höhe mit dem Spiegel des Mittelmeeres. Die Ostjordanberge steigen im Hintergrund in blauem Dunst wie in einen duftigen Schleier gehüllt empor. Man könnte denken, in der Nähe des Genfer Sees zu sein, wenn man die nächste Umgebung nicht beachtet. In tiefem Blau breitet sich der Spiegel des Toten Meeres, südlich der Halbinsel, die es fast in zwei Teile zerlegt, aus. Die perspektivische Verschiebung des tiefgelegenen Meeres täuscht völlig über die Entfernung. Man meint, das Ufer müsse in einem bequemen Spaziergang zu erreichen sein, sobald man nur den Abstieg hinter sich hat. In gewaltigen Windungen geht es steil hinab, daß wir die Pferde am Zügel führen müssen, 1½ Stunden lang, zuletzt zwischen hohen Mergelwänden. Unser Lager ist beim ḳaṣr ez-zuēra et-taḥta, schon 280 Meter unter dem Meeresspiegel. Ein unvergeßlicher Abend! Rings um das Lager heben sich wie hochgetürmte Schutzwälle die Mergelwände, im Schatten der Nacht tiefschwarz und gespenstisch vergrößert. Das schmale Tal, an dessen Seiten sich die Bergmassen abwärts in die Dämmerung verlieren, grenzt mit einer Mauer und einem Spitzbogentor nach uns ab, so daß wir wie in den Trümmern einer Burg zelten. Über uns breitet der Sternhimmel sein Dach. Auf einem Vorsprung der Berglehne sind die Ruinen des arabischen Kastells, welches einst den Zugang vom Toten Meer und den Weg dahin mühelos sperrte.[1] In die weichen Mergelwände gegenüber ist ohne viel Mühe eine natürliche Bastion ausgebrochen. Weiche, schwüle Luft umgibt uns. Wir müssen mit elendem Wasser uns behelfen. In einer Seitenschlucht ist in den Steinen ein Wasserbassin, welches das Wasser von den Höhen in der Regenzeit sammelt, sumpfig und dumpf. Im Mai soll das Becken ganz austrocknen. Weiter abwärts, wo in guten Zeiten das über-

[1] S. Tafel IV, Nr. 2.

fließende Wasser abläuft, standen Sidrbäume, und unsere Maultiere tummelten sich fröhlich darunter nach dem beschwerlichen Marsch.

2. Am Sodomsberg und durch die Araba.

22. März.

Bei Sonnenaufgang sind wir schon oben auf dem Kastell und schauen das enge Tal hinab, über das Tote Meer hin, auf die Berge im Osten. Wie ein Lichtmeer geht die Sonne über den duftigen Ostjordanlandhöhen auf. Die Mergelhöhle am Vorsprung gegenüber scheint in der Morgendämmerung wie eine gedrückte romanische Kapelle. Der Talweg hinab zum Toteu Meer beträgt eine Stunde und endet in einer weiten, steinigen, mit wenig Gestrüpp bewachsenen Ebene, die sich nach Süden immer mehr verbreitert, während im Norden, unweit unseres Talausganges, die Bergwände hart an das Meer herantreten. Der Meeresspiegel leuchtet in einem wunderbaren Blau. Über dem geheimnisvollen Dunstschleier, welcher die Ostküste einhüllt und dem ganzen Bild eine eigenartige weiche Schönheit verleiht, vergißt man den Mangel an Vegetation. Die Landschaft macht durchaus keinen toten und wilden Eindruck, sondern erinnert eher an die Gestade des Vierwaldstädter Sees. Kommt man näher an das Ufer, so wirkt allerdings die direkte Umgebung mit ihrer Wüste und Wildnis stärker ein. Deutlicher treten aus der Verschwommenheit die zerrissenen und zerklüfteten Gebirgsformationen hervor. Im Süden erhebt sich der Sodomsberg, auf dessen Hängen die Natur ein wunderliches Spiel mit dem aus Gips, Salz, Kalk- und Kreidemergel zusammengesetzten Schwemmland getrieben hat. Die Oberfläche der Mergelhöhen, trocken und spröde im heißen Sommer, ist fortgesetzt den Veränderungen durch die Witterung ausgesetzt. Es herrscht eine drückende Schwüle, obwohl das Thermometer nur 14° aufweist. Wir konnten es uns nicht versagen, ein Bad im Toten Meer zu nehmen. Ein zweifelhaftes Vergnügen, denn der steinige Boden am Uferrand, und ebenso am Rand des Meeres selbst — scharfkantige, spitze und harte Feuersteine — machten den Weg zum Bad und den Zugang zu tieferen Stellen des Meeres, wo man schwimmen konnte, zu einer Pein.

Das Tote Meer ist im Steigen begriffen. Wir mußten den Sodomsberg an der Westseite umgehen. Er bildet einen langgestreckten, von Nord nach Süd verlaufenden Gebirgszug, der den südlichen Teil des toten Meeres und auch noch den nördlichen Teil der sebcha, dieser salzdurchtränkten Sumpfwüste, in welche das Meer nach Süden hin ausläuft, begrenzt. Der Gipfel ragt bis gegen 200 Meter über den Spiegel des Toten Meeres hinaus, so daß also die Spitze des Berges noch tief unter dem Meeresspiegel liegt. Mühelos kann man große Salzkristalle aus der Bergwand lösen. Vor uns stieg an einer steilen Stelle der Bergwand eines der großen, verwitterten Salzsteinprismen auf, das, von der Bergmasse losgelöst, sich scharf gegen den blauen Himmel abhob, eines der merkwürdigen Gebilde, wie sie immer wechselnd entstehen und vergehen und dann jeweilig von den Reisenden als Weib Lots bezeichnet werden, nach der Geschichte von Lots Weib, die sich auf der Flucht von Sodom trotz des Verbots umwandte und zur Salzsäule erstarrte.[1] Wir befinden uns jetzt auf einer breiten Ebene, die von den merkwürdigsten Mergelbildungen durchzogen und gegliedert ist. Die gelblichweißen, im Sonnenlicht blendenden Mergelhöhen steigen am Rande der Ebene auf wie riesige Schanzen in grotesken Formen, die der Phantasie weiten Spielraum gewähren. Die Gegend ist berüchtigt. Unser Soldat und ebenso der begleitende Beduine befanden sich in merklicher Unruhe. Zeitweilig ritt der erstere auf einen der niederen Hügel, um Ausschau zu halten. Unser Zug und der Troß schlossen sich eng zusammen. Nach Süden zu verengert sich die Ebene. Die Mergelberge treten so nahe zusammen, daß sie eine Schlucht bilden, in der oft ein Nebeneinander von zwei Lasttieren unmöglich ist. Etwa 20 Minuten währt der schweigende Ritt durch das wādi nuchbār.[2] Das wādi hat sich in Schlangenwindungen den Weg durch die weichen Kreidemassen gebrochen, die zu beiden Seiten in verrenkten Pyramiden, Türmen, Felsburgen und spitzen Zacken emporsteigen und sich in scharfen Umrissen gegen den vom Sonnenlicht durchfluteten Äther abheben. Die einzelnen Schwemmschichten der Berge steigen wie Baumkuchen auf und verlaufen in den Rändern wie die aus der Flut aufsteigenden Dünen. Ganz überraschend ist der Ausgang aus der Schlucht nach dem ġōr und der sebcha. Eine breite, glatte Ebene dehnt sich nach beiden Seiten aus. Vom nuchbār ist nichts zu sehen. Wenige Schritte, nachdem man aus der Schlucht emporgestiegen ist, verschwindet sie den Blicken. Die noch zurückgebliebenen Lasttiere tauchen daraus empor wie aus der Unterwelt; die hinein ziehen, entschwinden den Augen, als würden sie wie die Rotte Korah von der Erde verschlungen. Auf den ersten Blick könnte man meinen, in einem herrlichen, fruchtbaren Gefilde zu sein, wo eben die Pflugschar über die weiten Ackerflächen gegangen ist. In Wirklichkeit ist es völlige Wüstnis, steiniges Geröll an Stelle der Vegetation, so weit das Auge sieht, bis zu den Mergelbergen hinter uns und bis zu dem breiten Rücken des dschebel usdum zu unserer Linken Die Ablagerungen des Toten Meeres und die Anschwemmungen von

[1] S. Tafel IV, Nr. 1.
[2] S. Tafel IV, Nr. 3.

Mergel, Kreide und Gips, mit Salz und Kalkgestein vermengt, bilden auf weite Strecken hinaus den Rand der sebcha. Noch einmal führt unser Weg zu einem breiten, mehr einer Schlucht ähnlichen Tal. Unter uns in beträchtlicher Tiefe — wir reiten am Rand des Abhanges — erfreut inmitten der Öde eine Oase von Euphratpappeln und Palmen den Blick, durch die sich ein munteres Salzbächlein windet. Der Weg senkt sich, und bald laufen die Wasser über unseren Weg. Wir nähern uns nun dem Rand der sebcha, deren Sumpf man in trockenen Zeiten durchqueren kann. Unsere Absicht geht dahin, in südöstlicher Richtung oberhalb der sebcha den ṛôr zu überschreiten, dann aber in der ʿaraba bis zum direkten Aufgang nach den Grenzbergen des peträischen Arabiens zu reiten. Rechts am Wege, auf etwas erhöhtem Gelände, steigt ein Wäldchen von niedrigen Palmen vor uns auf. Hier halten wir Mittagrast in einem Stück Urwald unter Palmen und Tamarisken, zu denen wir uns nicht ohne Mühe den Weg bahnen. Über den Weg laufen die Salzablagerungen, und es glitzert von Salzkristallen. Noch zwei Stunden dauert der Ritt an den Abhängen der Mergelberge, welche im Westen den Rand des ṛôr bilden, zu unserer Lagerstelle, der ʿēn el-ʿarûs, einer Süßwasserquelle mit mäßigem Salzgehalt. Hohes Schilf und Salzsümpfe treten bis an den Weg heran, unser Lager ist mitten unter Schilf, das über mannshoch steht, aufgerichtet. Aus dem Schilf hervor sprudelt die frische Quelle und bildet einen kleinen Teich, eine köstliche Erquickung nach dem anstrengenden Ritt.

Lange Zeit zur Erholung bleibt uns nicht. Es dauert nur kurze Zeit, da sehen wir schon unseren unermüdlichen Leiter mit großen Schritten den Mergelhöhen zueilen, die sich vor uns auftürmen. Sie sahen so harmlos aus, daß ich unbedenklich wagte, mich der Expedition in Hausschuhen anzuschließen. An eine mehrstündige Gebirgstour hatte ich freilich nicht gedacht. Der harmlose Hügel erweiterte sich zu einer Gebirgswelt, eine Höhe nach der anderen stieg herauf, wenn man glaubte, endlich den freien Ausblick zu gewinnen. Der Mergelboden war stellenweise mit einer Kruste überzogen wie eine Gletschermoräne, wenn der Schnee alt und schmutzig geworden ist. Aufwärts mußte man sich jeden Schritt in dem weichen Boden tief einsinkend erobern. Es galt auch äußerste Vorsicht. An den Hängen taten sich plötzlich unheimliche Spalten auf, das ganze Terrain war von tiefen Schluchten, Kessellöchern und Rissen durchklüftet. Endlich ist die Höhe und der freie Ausblick gewonnen, und es lohnte wohl der Mühe. Nach Westen und Süden breiten sich die Mergelberge aus wie riesige, weißgelbe, vorsintflutliche Dickhäuter mit stark gefurchten Häuten. Unter uns hat eines der durch den ṛôr nach der sebcha zu fließenden Wadis die Höhenzüge in einer wilden und tiefen Schlucht zerrissen. Weithin dehnt sich in schmutzigem Grau die Sumpfwüste aus, in welcher man den Lauf der Salzbäche verfolgen kann. Ein letztes Stück vom Toten Meer schaut im Norden hervor, als äußerste nördliche Grenze vermutlich die Höhen von Engedi. Jenseits der sebcha sieht man die grünen Streifen des von Beduinen angebauten Grenzlandes zwischen der sebcha und den Höhen des Ostlandes, die Oasen es-ṣâfie und el-fêfe. An den Abhängen der Gebalenehöhen hebt sich der dunkelrote Sandstein charakteristisch hervor, der den Gräbern von Petra das eigentümliche Gepräge gibt. In äußerster Ferne unterscheiden wir noch zackige Gipfel, in denen wir den dschebel hârûn, unser letztes Reiseziel, vermuten. Die Sonne geht unter und gießt über die ganze Bergkette ein sattes dunkles Rot, das in kurzer Zeit einem tiefen Blauviolett weicht. Noch lange haben wir nach der Rückkehr zum Lager unter dem gestirnten Himmel beieinander gesessen. Es war wohl ein Ort zum Sinnen und Träumen. War diese Sumpfwüste mit den rieselnden Salzbächen, die sich vor uns ausgebreitet hatte wie ein Leichengefilde, einst ein blühender Gottesgarten? War da, wo jetzt Dünste von Schwefel- und Kohlenwasserstoff aufsteigen, wo tiefe Asphaltgruben sich bis in die verborgenen Gründe des Toten Meeres ausbreiten, früher ein Land der Früchte nnd des Reichtums, wo sich die Herden um die wasserreichen Brunnen lagerten?

Die Katastrophe von Sodom und Gomorrha ist in den Erinnerungen Israels lebendig geblieben wie das Gericht der Sintflut in den Erinnerungen der Völker. Der Name des dschebel usdum knüpft an den Namen der Stadt Sodom an. Da, wo jetzt die vegetationslosen fieberdunstigen Salzsümpfe sich ausbreiten, sucht die Überlieferung das Tal Siddim mit den Städten Sodom, Gomorrha, (Adama, Zeboim), Bela-Zoar, letzteres am Rande der sebcha im Osten am Hang der Moabiterberge. Diese Gegend hatte einst Lot gewählt, als er mit seinen Herden und Hirten sich von Abraham schied, als eigenes Stammesgebiet, weil sie wasserreich war „als ein Garten des Herrn“ (1. Mos. 13, 10). Dann kam das furchtbare Gericht über Sodom und Gomorrha, das auch Abrahams Fürbitte nicht aufhalten konnte. Bebend zerreißt die Erde und verschlingt die gottlosen Städte, während aus den Asphalt- und Pechgruben die Ströme aufspringen und die giftigen Gase hervorbrechen und ein Feuerregen von Schwefel und brennendem Pech auf die Gegend niederfällt. Über die zerstörte und von Grund aus umgekehrte Aue wälzen sich die entbundenen Salzfluten und tauchen die Gefilde in Schwefel, Salz und Asche, daß forthin nichts mehr an der Stelle des Fluchs gedeihen kann (5. Mos. 29, 22).

23. März.

Während wir im Zelt beim Frühstück sitzen, geht die Sonne über der Gebirgshöhen auf. Wir sagen der gastlichen Quelle Lebewohl und reiten nun [illegible] an den Mergelhöhen hin unter Euphratpappeln und Palmen. Wiederholt überschreiten wir breite Wadis, die [illegible] mächtige [illegible] in das Geröll der Wüste eingefurcht sind. Das breiteste ist vermutlich das wâdi ed-dscheb, der Hauptwasserlauf der 'araba. Doch sind die Karten der von uns durchwanderten Gegend völlig unzuverlässig. Eine Kamelherde mit höchst drolligem und ungeschicktem Jungvieh unterbricht die Einsamkeit, nach ihr Beduinen aus dem [illegible] mit Vorderladergewehren, auf die sie sehr stolz sind. Mit sichtlicher Bewunderung erfüllen sie die militärischen Exerzitien, die ein [illegible] mit seinen Waffen ausführt. Nach zweistündigem Ritt verlieren sich die letzten Kuppen der Mergelhöhen in der Ebene und wir befinden uns in der weiten Steinwüste der 'araba: nur dürres Tamariskengestrüpp [illegible] zwischen den braunen Steinen der verbrannten Ebene heraus. Die [illegible] Glut der Sonne drückte auf Roß und Reiter. Ehe eine Stunde vergangen war, wurde die Einförmigkeit des Weges unterbrochen. Wir erreichten einen aus Steinen gebauten 34 Meter langen Damm. Vor ihm [illegible]. [illegible] wie braune [illegible] in die weiten Felder eingesetzten Steinmauern, die ein großes Gebiet in Bewässerungsfelder einteilen. In der Nähe standen die Trümmer eines Kastells. [illegible]. Und kaum waren wir um das Kastell herumgeritten, so befanden wir uns in einem mit Schilf und Bäumen bewachsenen Tal und an einem rauschenden Bächlein, sêl es-sâfiah, einem rauschenden Bach, der von den Gebirgshöhen herabkommt. Wir [illegible] einen [illegible] Schilf schwangen. Unsere [illegible] nicht [illegible]. Aus dem Schilfdickicht kroch eine fast einen Meter lange braune Schlange heraus und wandte sich ihrem [illegible] Versteck hin. Sie verschwand [illegible] und Schilf [illegible] der [illegible] der [illegible] zeigt [illegible]. Wir [illegible] den sêl es-sâfiah und [illegible] in die Gebirgs[illegible] ein. Das wâdi el-[illegible][1] das wir durchwandern, ist ein [illegible] mit [illegible] am Eingang bewachsenes Tal. In der [illegible]

[1] [illegible] wâdi [illegible] sêl es-sâfiah [illegible]

Tafel 4.

Salznadeln auf der Westseite des Sodoms-
jes, nördlich vom Anfang des nuchbär.

Aufnahme von Fr. Jeremias.

2. Kaṣr ez-zuēra et-taḥta.

Aufnahme von R. Zickermann.

3. Unsere Gepäck-Karawane im nuchbär.

Aufnahme von Fr. Jeremias.

sind Zeichen eingeritzt, die darauf hinweisen, daß einst eine viel begangene Straße der Mekkapilger hier aus der 'araba nach den Höhen, wo die große Pilgerstraße verläuft, führte. Die Vegetation mehrt sich beim weiteren Vordringen, das Tal breitet sich immer weiter aus nach beiden Seiten, und inselartig schieben sich Erhöhungen in seinen Lauf ein. Zuletzt kommen wir wieder in die Nähe eines belebenden Quells: 'ēn el-hīsche, die „Waldquelle". Wir müssen uns den Weg durch einen Urwald von Schilf und Tamarisken bahnen, zwischen denen ein stark mit Geröll verschüttetes wasserreiches Bächlein fließt. Die Zelte sind schon aufgeschlagen, ein rechtes Zigeunerlager, in das nachts das Geheul der Schakale dringt. Unter unserem Zelttisch wachsen die leuchtenden und duftenden gelben Kamillen. Wir eilen auf die Höhe, um den Sonnenuntergang über der 'araba zu sehen von einem Vorsprung des Tales aus, das wir durchwandert haben. Unten haben sich die Mukaris ein tüchtiges Feuer angemacht, und sie tanzen darum her in ausgelassener Freude, während die Flammen und Rauchsäulen aus dem prasselnden Feuer schlagen (Holz ist ja reichlich da), die bunten Gewänder malerisch vergolden, über die dunkelbraunen Gesichter huschen und in den Augen blitzen. Besonders prächtig nimmt sich der stattliche Ibrahim aus, der den gutmütigen Muhammed, unsern Führer, in seinem dünnen Hemd wie einen Federball emporhebt und über die Flammen hebt, daß wir meinten, sein Gewand müsse sofort in Glut aufschlagen. Die kleinen Pferdejungen treten auch mit beim Reigentanz an, noch recht ungeschickt und täppisch. Alle jubeln und jauchzen, und Chalil bringt die Freude auf den Höhepunkt, indem er seinen neuen Revolver beim Tanz in die Luft abschießt. So mag es ausgeschaut haben, wie die Israeliten um das goldene Kalb tanzten. Gespenstisch dunkeln die Höhen über unserm Lager empor, das Ziel unsrer Wanderschaft für den nächsten Tag. Der Schlaf fordert sein Recht. Hier und da sieht man schon ein Bündel von Säcken und Decken, unter dem einer und der andre der munteren Tänzer schläft. Wir sind jetzt etwa 100 bis 200 m über dem Meeresspiegel, also vom Talgrund der 'araba an etwa 500 m gestiegen.

3. Im Lande Edoms.

24. März.

Das Tal spaltet sich. Wir verfolgen aufwärts den östlichen Teil im sandigen und steinigen Flußbett, immer an blühendem Ginster hin, der die Luft mit einem zarten Duft erfüllt. Die Pilgerzeichen an den Wänden der Berge mehren sich. Es ist wieder ein schöner sonniger Morgen. Man könnte meinen, im Kessel des Riesengebirges den grünen Hügeln zuzuwandern; heimatlich grüßt uns der Ruf des Kuckucks. Der letzte Aufstieg zur Höhe, welche das ganze Tal abschließt, geht in so steilen und gewundenen Serpentinen, daß der Troß sich einen anderen Weg suchen muß. Nur mit Mühe erklettern unsere geübten und gewandten Pferde den Pfad. Der Troß umgeht in weitem Bogen auf einem schmalen Paßweg unsere Höhe. Oben angelangt haben wir eine prächtige Aussicht. Da liegt zunächst unter uns die breite weiße Spur des Flußbettes und des Wegs, den wir an diesem Morgen geritten sind. Quer vorgelagert schließt den Vordergrund der Landschaft der Gebirgsgrat ab, welcher unsern sēl eḍ-ḍahl im Norden abgrenzt. Dahinter in der Ferne ein breiter weißlich gelber und weiterhin in braun übergehender Streifen, die ʿaraba, im Westen abgeschlossen durch die hohe Linie des Wüstenplateaus, die auf der ganzen Reise mit uns zieht als Landschaftsgrenze. Deutlich heben sich in der ʿaraba die Linien ab, welche den Lauf der großen und breiten Hauptwadis fiḳre und ed-dschēb kennzeichnen. Im Norden schaut tiefblau ein Ende des Toten Meeres heraus vor den Höhen des Sodomsberges, auch unsere Badestelle liegt noch in unserem Sehbereich. In weitester Ferne am Horizont verschwimmen die Höhen, auf denen Jerusalem liegen muß. Ganz scharf hebt sich auch von der ʿaraba die Grenze des Mergelgebietes ab. Hinter uns sind die Höhen mit Bäumen bestanden. Unser Weg geht noch zwei Stunden aufwärts auf steinigen Pfaden, zum Teil immer noch recht steil, und der Rückblick wird immer weiter und großartiger. Schöne Wacholdergruppen und prächtige Terebinthen stehen an den Berglehnen hinan. Freilich Schatten zur Rast geben sie nur wenig. Zwischen ḍāna und bṣēra erreichen wir das Hochplateau, das nach Osten zu noch beträchtlich aufsteigt. Abseits vom Wege in einer aufwärts führenden Schlucht ist ein wunderbarer alter Hain ez-zerēfe: 50 herrliche Zypressen, darunter 24 uralte Baumriesen, wie Eichen gewachsen, mit tief, fast zum Boden reichenden weiten Ästen. Die Leute von ḍāna hatten für die Bäume den allgemeinen Begriff arz. Wir konnten trotz der Zapfen, die an den Zweigen hingen, kaum unterscheiden, ob es eine Zypressenart sei oder Wacholderbäume. Mich erinnerte der Hain an die Bilder von den Zedernwäldern des Libanon. Ein heiliger Hain war es nach Meinung der umwohnenden Leute nicht. Auf der Höhe rinnen die Wässerlein einer reichen Quelle über den Weg. Wir reiten noch eine Zeit über die Hochebene zu einem Ruinenfeld mit gewaltigen Blöcken, Mauerresten, Türrahmen, aber ohne Inschriften und bemerkenswerte architektonische Überreste: chirbet en-nuṣrānije. Die Sonne geht unter. Tief unter uns, auf einem Tafelberg, der aus dem Absturz der Bergmassen auftaucht, liegt das Dorf ḍāna; die Hütten, die wie braune Platten über die Bergkuppe ausgebreitet sind, liegen schon im Schatten. Bis Petra hin schiebt sich ein Höhenzug hinter und über den andern. Unter uns in scharfen zackigen Formen das Wadi von ḍāna, eine wilde, tiefe, jäh nach der ʿaraba abstürzende Schlucht, schwarz und drohend. Am Horizont ein wunderbares Farbenspiel vom zartesten Grün und sattesten Ockergelb bis zu einem Ultramarinblau. Auf Umwegen gelangen wir durch sumpfige Wiesen — die ganze Umgegend ist von den Quellen umm ed-dscheladāt überschwemmt — zu unserem Lager; eine unbehagliche Raststätte mitten im Sumpf, und dazu eine rauhe, kalte Nacht, in welcher der Wind die Zeltwände schüttelt.

25. März.

Beim Aufgang der Sonne ersteigen wir den aus der Hochebene sich als sanft ansteigenden Hügel darstellenden ḳanān eṭ̣rār, die höchste Erhebung des Hochplateaus am Rande der ʿaraba, nach Brünnow 1627 m. Wir sind also in zwei Tagen 2000 m gestiegen. Der direkte Weg bleibt auf dem Hochplateau. Wir steigen durch das steinige Sumpfgelände steil hinab nach dem Dorfe ḍāna, die Pferde am Zügel. Die Quelle ʿēn er-riāsch stürzte in einem schönen Wasserfall über die Straße. Jetzt lag das Dorf im Sonnenschein vor uns auf einem grünen Hügel wie eine darüber gestülpte Kappe, viereckige Steinhäuser mit flachem grünen Dach, in der Mitte des Dorfs eine halbverfallene Burg zum Schutz der Bewohner gegen räuberische Beduineneinfälle. Das wādi ḍāna verläuft zwischen steilen, scharfzackigen, dunkelroten Sandsteinbergen. An den wasserreichen Abhängen im Osten wachsen Oliven und Feigen, im Norden Wacholder, das ganze Dorf mit seiner Umgebung wie eine Bergoase in einer Gebirgswüste. Während Professor Dalman einen wortkargen und etwas mürrischen alten Hirten über die Namen der Berge und Täler ausfragt, versammeln sich die Fellachen von ḍāna um uns mit höchster Neugierde, sie bekommen wohl auch selten Fremde zu sehen. Die Dorfschönen sind über und über tätowiert und mit Schmuck behangen. Wir müssen den lohnenden Abstecher mit einem langen und beschwerlichen Aufstieg bezahlen, bis wir die große Straße wieder erreichen. Der Übergang aus den wild zerklüfteten Bergen in die einförmige Hochebene ist hier ganz unvermittelt. In großen Bogen kreisen Adler um uns und erinnern uns daran, daß wir nach deutschen Begriffen auf der Höhe der Schneegrenze reiten. Die Ebene ist fruchtbar und wasserreich, aber nur wenig bebaut. Ist doch von ḍāna bis zum nächsten besiedelten Ort nach Süden zu, esch-schōbak, sieben Stunden Weg. Bei der Ruinenstätte ch. es-samra biegen wir nach Südsüdwest; das Ziel des direkten Weges würde das in der Ferne sichtbare dōschak sein, dessen Ruinen Stunden weit über die ganze flache Ebene hin bemerkt werden. Wir verlassen die Hochebene und steigen in den Oberlauf des wādi el-ẓuwēr hinab. Hier rasten wir am Bache der Quelle ʿēn ʿaḳil, ziemlich erschöpft nach einem sehr angestrengten Abstieg bei großer Hitze. Reizvoll war der Aufstieg nach dem Felsennest esch-schōbak, das wir schon von weitem her aus der Höhe ins Tal hinabschauen sahen, wie an den Felsen angeklebt. Feigen- und Olivengärten, auch Ackerland künden die Nähe der Stadt an. Die Einwohner von esch-schōbak sind Halbbeduinen, im Sommer ziehen sie mit ihren Zelten umher. Die Frauen fallen auf durch ihre regelmäßigen Züge und schöne Gestalt. Der Anblick der Festung, die in den Kreuzfahrerzeiten eine große Rolle gespielt hat, ist hochromantisch. Auf einem stark ansteigenden, fast runden Berg, in dessen herabstürzendem Geröll die leisen Spuren der Serpentinwege eingezeichnet sind, erhebt sich als Krönung die mauerumgürtete Festung. Hier baute Balduin I. ein Schloß. Die jetzige Burg stammt aus der arabischen Zeit. In die Mauer der Türme ist ein Mauerstreifen sorgfältig behauener Quadern mit arabischen Inschriften eingelassen. Ganz schōbak ist auf den Mauern versammelt, als wir von der Südwestseite her wie Ziegen die Schutthalde hinaufklimmen. Elende enge Straßen und Häuser. Der mudīr (Regierungskommissar) empfängt uns. Die Einladung zum Kaffee lehnen wir aus Mangel an Zeit ab, was er übel vermerkt, da wir Zeit genug haben, eine wohlerhaltene Ölkelter in einem dunklen, dumpfen Gewölbekeller zu besichtigen. Es ist schon dunkel geworden, als wir zu der Stelle abklettern, wo die Pferde auf uns warten. Ein tscherkessischer Reiter begleitet uns und bringt unsern ganzen Zug auf dem Weg in dem engen Tal, das um den Berg von esch-schōbak sich schließt, mit seiner Stute in arge Verwirrung. In völliger Finsternis steigen wir an der anderen Seite des Tals in die Höhe. Vom Lager aus hat man uns in Besorgnis berittene Mukaris entgegengeschickt, und es war in der Tat ein Gefühl der Erleichterung, als wir von Ferne die Lagerfeuer zwischen unsern Zelten hindurchleuchten sahen, die in einer flachen Einsenkung der Hochebene, nicht weit vom Quellbach von ʿēn nedschl (1376 m), errichtet worden waren.

26. März.

Von ʿēn nedschl führen zwei Wege nach Petra. Der eine, unser Rückweg, gewährt von der Grenze der Hochebene esch-schera fortgesetzt herrliche Ausblicke über die zackigen Grenzberge der ʿaraba hin, rückwärts zum Toten Meer, nach Westen über das endlose Wüstengebiet, vorwärts nach den nördlichen Ausläufern der Berge von Petra. Es ist wohl der schönste Zugang zu der Wunderwelt Petras, in welche man durch die niedrigen Sandsteingebilde und Hügel von el-bārid und el-bēḍa geführt wird. Wir folgten jetzt den Spuren einer alten Römerstraße, die allmählich ansteigend in einer Senkung der Hochebene über die Quellwiesen von ʿēn nedschl hin auf die Höhe leitet und dann, nach Westen abbiegend, in steilem Abfall das wādi mūsa erreicht, kurz vor dem Eintritt in das sogenannte bāb es-sīḳ.

Die Sonne ging bleich hinter einem Nebelschleier auf, das Thermometer wies 5°, aber wir blieben von den gefürchteten Unwettern esch-schōbak's verschont und ritten im Sonnenschein unter einem leichten, aus der heißen ʿaraba aufsteigenden Westwind über das Weideland der Hochebene. Der mudīr von esch-schōbak brachte in unerwünschter Fürsorge zwei berittene Gendarmen. Alle Vorstellungen dagegen halfen nichts, durch eine Kriegslist Professor Dalmans wurden wir den einen glücklich wieder los. Der andere machte am ersten Tage einen schwachen Versuch, uns in den Felsschluchten von el-medras seinen Schutz angedeihen zu lassen. Die Kletterpartie schien ihm aber doch zu unbequem zu sein, und er zog es vor, sich in der Gesellschaft des immer vergnügten Kameraden aus Hebron im Lager die Zeit zu vertreiben.

Unser Weg ging dreieinhalb Stunden in den Talmulden der edomitischen Hochebene aufwärts, der Blick war uns nach beiden Seiten durch mäßige Erhebungen des Geländes versperrt. Schwarze Ziegenherden zogen an den Abhängen hin, zum Teil war auch das Land bebaut. Die erst nur vereinzelten, noch unbelaubten Terebinthen, im Wuchs am ehesten noch unseren großen Birnbäumen zu vergleichen, mehren sich bis zu waldähnlichem Bestand. Trümmer von Wachttürmen bezeichnen die alte Römerstraße. Rechts vom Wege auf halber Höhe des Hügelgeländes breiten sich die Ruinen chirbet miḳdis aus. Der Name deutet auf ein Heiligtum, aber es sind keine Spuren davon nachzuweisen. Wo sich das breite Tal teilt, hat, nach dem Umfang der Baureste zu schließen, ein größerer Wachtturm die Zugänge nach Petra gesperrt. Links, in südöstlicher Richtung, führt die Römerstraße zur ʿēn el-mikwan, wir reiten in direkt südlicher Richtung weiter durch ein steiniges, baumloses Tal, in dem nur noch Weißdornbüsche, von grünen Schmarotzern umwuchert, stehen. Ein kurzer Aufstieg zum Rand der Hochebene — und plötzlich öffnet sich eine trotz der Dunstschleier der ʿaraba überraschend großartige Aussicht über die von tiefen Schluchten und Abgründen zerrissenen Höhen von Petra mit dem dschebel hārūn im Hintergrund, dessen scharfzackiges Profil uns schon von den Mergelhöhen des ṛōr als Ziel unsrer Reise aus der Ferne gegrüßt hatte. Schon seitdem wir das Hochplateau bei umm ed-dscheladāt erreicht hatten, befanden wir uns in der Höhe der Adlerhorste, über denen trotzig die Bergnester bṣēra (Bozra), ḍāna und esch-schōbak sich erhoben. Aber hier erst wurden uns die Drohworte der Propheten gegen Edom recht verständlich: Dein Trotz und deines Herzens Hochmut hat dich betrogen, weil du in Felsenklüften wohnest und hohe Gebirge inne hast; wenn du denn gleich dein Nest so hoch machtest wie der Adler, dennoch will ich dich von dannen herunter stürzen, spricht der Herr; also soll Edom wüste werden (Jer. 49, 16, 17, vgl. Ob. 4).

Von der Höhe ging es nun etwa 600 m hinab zum Talgrund des wādi mūsa, das vor dem Eintritt in die nach Petra führende Schlucht immer noch gegen 1000 m hoch liegt. Zwei Stunden währte der beschwerliche Abstieg in dem breit ausladenden wādi 'ēn el-ḥaij auf einem schmalen Saumpfad am steilen südlichen Abhang hin. Nur ungern waren wir an der einladenden Quelle des Tales vorübergegangen, von den Beduinen, die dort Wasser schöpften, nicht gerade freundlich gemustert. Wohlgepflegte Felder unter den grünen Triften an den Abhängen deuten die Nähe von eldschi an, das unsern Blicken verborgen bleibt. Schon von weitem fällt das erste Denkmal Petras in die Augen, ein Grab mit Säulenhallen zur Rechten und Linken in die weißen platten Sandsteinkuppen hineingehauen. Gegenüber halten wir Mittagrast im Sonnenbrand. Noch eine kurze Strecke läuft das wādi mūsa unbehindert in seinem steinigen Bett, bis sich die Felsmassen zu einer engen Schlucht, dem sīḳ, zusammenschließen. Es war ein kurzer, aber mühsamer Ritt im Geröll des ziemlich wasserreichen Baches zu unserer ersten Lagerstätte. Schon dieses als bāb es-sīḳ benannte Gebiet eröffnet den Einblick in die Eigenart Petras. Hier sind an der rechten Seite wie Wächter vor dem Eintritt in die gewaltige Gräberstadt drei freistehende Turmgräber aufgerichtet, die an das Absalomsgrab von Jerusalem erinnern, nur ohne das Spitzdach. Zur Linken ist ein großes Denkmal spätrömischer Kunst in starker Verwitterung weithin ein Wahrzeichen Petras, das in wunderlicher Mischung die Hauptgedanken der Nekropole zusammenfaßt, ein Doppelbau, der sich für den Beschauer zu einem einzigen Monument zusammenschiebt. Unten eine zweistöckige Fassade, der Giebel über dem ersten Stockwerk wird durch einen Rundbogen, welcher den Eingang zur Grabkammer überspannt, durchbrochen. Direkt über diesem Bau erhebt sich ein mit vier Obelisken gekröntes Grab, die Obelisken sind beträchtlich hoch und nebeneinander in einer Reihe über der Grabfassade angeordnet. Der Troß war eigenwillig über das Wadi gezogen, um nach dem sīḳ einzubiegen. An dieser breiten Übergangsstelle ist die ganze Talbreite von Schuttmassen und Steinblöcken angefüllt. Es war ein überaus malerischer Anblick, als in dieser Steinwüste die schwerbepackten Lasttiere in wirrem Durcheinander umkehrten und durch das Geröll die vom Leiter bestimmte Lagerstätte am „Tore des sîk" erkletterten.

4. In der Stadt des Gottes Duschara und auf dem Aaronsberge.[1]

An der Eingangspforte von Petra! Im Lande Se'ir. Heiliger Boden für die Überlieferung Israels. Daran erinnert der rauschende Mosesbach, wâdi mûsa, der von der Mosesquelle herkommt, und an der Grenze der Wüste im Westen der Berg Hor mit dem Grabe Aarons, en-nebi hârûn (4. Mos. 20, 22ff.). Es liegt kein Grund vor, an der Identität des nebi hârûn mit dem Berge Hor zu zweifeln. Und in die Kindheit des Volkes Israel, in seine Ursprünge zurück, weisen alte Lieder, in welchen der Gott Israels auf dem Gebirge Se'ir wohnend gedacht wird: „Herr, da du von Se'ir auszogest und einhergingst vom Gebirge (śadu) Edoms, da erzitterte die Erde, der Himmel troff und die Wolken troffen von Wasser" (Ri. 5, 4, vgl. 5. Mos. 33, 2). Welche Wandlungen der Geschichte liegen zwischen diesen alten heiligen Erinnerungen und dem Fluche der Propheten über Edom als Israels Todfeind: „Siehe, ich will an dich, du Berg Se'ir, und meine Hand wider dich ausstrecken, und will dich gar wüste machen. Ich will deine Städte öde machen, daß du sollst zur Wüste werden und erfahren, daß ich der Herr bin" (Ez. 35, 3f.). Nicht lange nach Jerusalems Fall wurden die Edomiter aus ihren Bergen nach Nordwesten verdrängt durch vordringende Araber. Die Anfänge des arabischen Nabatäerreichs liegen im Dunkel, die Nabatäer treten erst vom Ausgang des 4. Jahrhunderts an ins Licht der Geschichte. Vielleicht war der Araber Gesem (Neh. 2, 19; 6, 1), der gegen den Wiederaufbau Jerusalems intriguiert, ein Nabatäerfürst. In der Blütezeit des Nabatäerreiches und noch mehr unter römischer Herrschaft ist Petra zu seiner hohen Bedeutung gekommen. Aus dieser Glanzzeit rühren die Denkmäler und Grabbauten, die Zeugen einer verschwundenen Pracht. Petra war ein durch seine Lage geschütztes, fast uneinnehmbares Handelsemporium auf dem Wege von Damaskus nach den Häfen des Roten Meeres, welcher jetzt noch durch die Spuren und Reste der Römer-

[1] Bei diesem Bericht über die zweite der vier von mir geleiteten Petraexpeditionen habe ich darauf verzichtet, kenntlich zu machen, wo ich im Verständnis einzelner Punkte abweiche, und verweise auch hier auf meine Schrift „Petra und seine Felsheiligtümer", in welcher ich u. a. 60 sakrale Gruppen, 180 Pfeileridole, 71 Spitzpfeiler, 29 Altarreliefs, 29 heilige Steine (Altäre), 159 Felsenkammern, 68 Opfermahlstätten, 60 Schalenvertiefungen, 411 Nischen, 144 Lustrationsbassins, 55 Cisternen, 10 Teiche, im ganzen über 1400 Objekte, zu besprechen habe. Dalman.

straße Trajans gezeichnet wird. Es scheint, daß der Zusammenbruch Petras ein plötzlicher und gewaltsamer gewesen ist.

Man streitet darum, ob Petra in der Bibel erwähnt wird. Als Hauptstadt Edoms gilt jedenfalls den biblischen Schriftstellern Bozra an der Grenze der Landschaft Gebalene, das jetzige bṣēra, auf einer grünen, durch tiefe Täler ringsum geschützten Bergkuppe in wasserreicher Gegend gelegen. Petra ist die griechische Bezeichnung für das hebräische sela', Fels. In 2. Kön. 14, 7 wird im Zusammenhang mit einem Sieg des Königs Amazja über die Edomiter im Salztal auch die Eroberung von Sela-Joktheel erwähnt. Hier könnte Petra gemeint sein. Wenn die Lesung der Septuaginta zu 2. Chr. 26, 7 richtig ist: „Gott half wider die Araber, die zu Petra wohnen, und wider die Minäer" (sie lesen ṣūr = Petra — Fels, statt gūr im überlieferten hebräischen Text), so wäre das die früheste Erwähnung Petras unter nabatäischer Herrschaft; die Nabatäer waren den Minäern benachbart. Die Frage hat hier nur ein Interesse im Zusammenhang mit der Frage nach dem Alter der Altertümer und heiligen Stätten von Petra. Der größte Teil läßt sich zwar nach den Inschriften und nach kunstgeschichtlichen Merkmalen gruppenweise bestimmen, und es ist kein Zweifel, daß die Mehrzahl der alten Denkmäler aus der nabatäischen Zeit stammen, während die Trümmer der Stadt Petra und viele Grabbauten der römischen Periode zugehören Aber die ältesten und kulturgeschichtlich interessantesten, weil einzigartigen Denkmäler, die Höhenaltäre, geben selbst keinen Anhalt zu einer Zeitbestimmung. Mag nun aber Petra in der Bibel erwähnt sein oder nicht, auch dann, wenn Petra von den Edomitern nicht besiedelt war, ist doch nicht daran zu zweifeln, daß das Berggebiet des nebi hārūn von der ältesten Zeit her ein heiliger Ort war, und daß hier die Gottheit verehrt wurde. Das geht mit Deutlichkeit aus der biblischen Tradition hervor, welche aus dem durch Jahve geheiligten Bezirk Se'ir den Berg Hor heraushebt und zum Begräbnisplatz Aarons erwählt, ebenso wie der altheilige Berg Nebo die Grabstätte Moses war. Mit großer Wahrscheinlichkeit läßt sich die Opferhöhe von zibb 'aṭūf mit dem berühmten Altar als edomitisches Heiligtum bezeichnen, während das Alter der anderen Opferstätten nach dem Alter der umherliegenden Gräber bestimmt werden muß.

An einem Montag schlugen wir das Lager im bāb es-siḳ auf, am Sonntag darauf zogen wir noch einmal von derselben Lagerstätte durch das Ruinenfeld der alten Römerstadt über el-bōḏa auf das Hochplateau. Es waren sieben inhaltsreiche Tage der Institutsreise, reich an Mühe und außerordentlichen körperlichen Strapazen, aber noch reicher an unvergeßlichen Eindrücken. Nur ein Künstler vermöchte den Zauber der nackten Felsenzacken und bergigen Steinwüsten mit ihren Felsgrüften und Schluchten und dazu das wunderbare Farbenspiel auf dem roten und weißen Gestein, das im Sonnenlicht glüht und blendet, zu schildern. Petra, die Stadt, um welche sich die Felsengräber und Bergheiligtümer in weitem Kreis lagern, liegt auf einer Terrasse der edomitischen Hochebene in halber Höhe. Im Westen erhebt sich ein Zug zackiger Felskuppen steil aus der gelbbraunen Steinwüste der 'araba heraufsteigend mit dem dschebel hārūn als südlichem Vorposten. Im Osten stehen die Höhen von zibb 'aṭūf und el-chubṭe. Von dem welligen Stadtgebiet aus sieht man rings umher auf den in allen Nuancen des Rot spielenden Sandstein, der nach Osten zu verläuft, in die runden weißen, vom Regen glatt gewaschenen Bergkuppen des Gebiets von el-medras und in das, einem riesenhaften Gletscher gleichende und wie im Fluß erstarrte, weiße Hochplateau von el-chubṭe, das nach dem bāb es-siḳ zu ansteigt. Quer hindurch — und das gibt der ganzen Nekropole das eigenartige Gepräge — von Ost nach West verlaufend, hat sich der Mosesbach gewalttätig Bahn gebrochen und beide Bergzüge in zwei überwältigend großartigen Schluchten auseinandergerissen. Die eine Schlucht im Osten war der Hauptzugang zur Stadt, der siḳ, der von bāb es-siḳ zwischen den Berghöhen von el-ḳanṭara und el-chubṭe hindurchführt. Die Schlucht im Westen, welche zwischen umm el-bijāra und ed-dēr jäh hinunterstürzt nach der Wüste ist nur in dem vorderen Teil zugänglich. Von der 'araba her führt eine Handelsstraße südlich um den dschebel hārūn durch das wādi er-rbā'i, und eine Karawanenstraße, die einst für den Handel von Petra nach Gaza an die Mittelmeerküste bedeutend gewesen sein muß, durch den siḳ von el-bēḍa von Norden her nach der Stadt. Wenn ich auf einer der Höhen von Petra stand, so stieg vor mir immer wieder ein Bild aus der Heimat auf: die weißen Sandsteingebilde, Kegel und Kuppen der östlichen sächsischen Schweiz und dahinter die scharf gezeichneten Zackenlinien der Dittersbacher Berge; diese kleine Welt in alpiner Größe und Großartigkeit, ohne die weiche Schönheit grüner Matten und waldiger Hänge, das war mein Eindruck von Petra.

Die für kultische Zwecke eingerichteten Höhen sind auf künstlichem Wege zugänglich gemacht worden. In die felsigen Schluchten sind Treppen eingehauen. Überall kann man mit dem Auge die gewundenen schmalen Treppengänge verfolgen, die zwar zum größeren Teil zerstört und verschüttet, aber doch noch in Zwischenräumen und zum Teil in beträchtlicher Ausdehnung erhalten sind. Auch für Grabanlagen, die auf unerreichbaren Felskuppen oder hoch an Felswänden angebracht sind, wurden solche oft halsbrecherische Pfade geschaffen. Weit über 1000 Jahre ist Petra eine versunkene und vergessene Stadt gewesen. Da hat die Gewalt der Elemente eine große Verheerung an den Schöpfungen von Menschenhand angerichtet. Einige der auf die Höhen durch Felsenspalten sich windenden Treppenwege sind mit Felsblöcken gesperrt, als ob ein Erdbeben die gewaltigen Klötze herabgestürzt hätte. Aber auch Menschen haben an der Zerstörung der Heiligtümer gewirkt. Christliche Einsiedler, die sich in den Höhen Petras ansiedelten, wohl zu derselben Zeit, zu welcher Anachoreten in den wilden Tälern des jüdischen Gebirges und der Wüste ihre Lauren besiedelten, haben die Spuren götzendienerischen Greuels vernichtet. Und was sie übrig gelassen, werden die Anhänger Mohammeds im Zorn gegen allen bildnerischen Schmuck gewaltsam beseitigt haben. So sind die wertvollsten Dokumente einer alten Kultur beseitigt worden oder unkenntlich gemacht. Selbstverständlich wurden die Gräber bis auf den letzten Rest ausgeraubt. Heute dienen die geräumigen Grabkammern zeitweilig den Beduinen als Wohnung und Ställe.

Im Südwesten des bâb es-sîḳ ist das zerklüftete Felsgebiet el-medras der östliche Absturz des Gebirgsstocks, zu welchem auch der Obeliskenberg gehört. Man muß auf Händen und Füßen den versperrten Aufgang zu einer flachen und platten Felsterrasse erklettern. Ein Treppenweg führt dann erst in westlicher Richtung über die weiße Steinfläche und biegt nach Süden in eine Schlucht ein. Über ihr liegen die Hauptheiligtümer von el-medras. Ihren Namen hat die Gegend aus alter Zeit, eine nabatäische Inschrift in einer der großen Kammern nennt Dusares, den Gott von Medresa. El-medras hat eine geschlossene Eigenart der Denkmäler. Es sind vornehmlich drei Arten zu unterscheiden: in den Felsen eingemeißelte Nischen, auch solche, zu denen Treppen hinaufführen, in Felsblöcke hineingebaute große und kleine Kammern, und frei liegende Opferstätten. Ein Götterbild findet sich, das Isisbild von el-chazne (s. u.) ausgenommen, nirgends in Petra, dagegen das in zwei großen Obelisken am deutlichsten zum Ausdruck gebrachte Göttersymbol in den verschiedensten Formen. Diese Pfeileridole schmücken die Nischen als Hoch- oder Tiefrelief, sie finden sich in die Wände eingeritzt, in einfacher Würfelform, mit und ohne Sockel, konisch abgerundet oder auch geradlinig abgeschlossen, mit schrägen Seitenwänden, zuweilen auch mit einem Aufsatz in Rhombenform, dreispitzig oder pilzkopfförmig. Es ist immer dieselbe Vorstellung, die zum Ausdruck kommt, ein phallisches Symbol für die Gottheit, welche beide Seiten des Naturlebens, das Leben und Sterben, in sich vereint. Die Nischen sind das Abbild eines Tempels im kleinen. Die hinaufführenden Treppen versinnbildlichen ebenso wie Altar- und Tempelstufen den Stufenweg zu der im obersten Himmel thronenden Gottheit. Merkwürdig ist die Anlage östlich von dem Treppenweg kurz vor dem Hauptheiligtum. Dazu leitet südlich von der Nische, zu welcher eine über 15 Stufen hohe Treppe führt, noch eine bis zur halben Höhe rechtwinklig dazu angelegte flachere Treppe, welche in zwei ebenen Aushauen des Steins vor den mittleren Stufen der großen Treppe endet. Man wird an diesen Stellen Weihgeschenke niedergelegt haben. Die häufig sich findenden, in die Wände eingemeißelten Nischen werden in Erfüllung von Gelübden oder in Erwartung von göttlichen Gaben gestiftet sein. Aber welchem Zweck dienten die großen und kleinen Kammern? In den einen Felsblock im Südwesten von el-medras, um den sich eine Anzahl von Nischen gruppiert und von dem aus der Weg direkt zum Opferplatz hinaufleitet, ist ein System von drei großen Kammern eingebaut. Diese Kammern sind nach außen ganz offen. Ebenso findet sich nördlich davon, ehe die Felsenbildung nach dem sik zu abfällt, ein System von solchen Kammern und unweit davon ein großer behauener Platz, dessen Anlage gleichfalls auf eine Opferstätte zu deuten scheint. Eine dritte Gruppe kleinerer Kammern schließt oberhalb des zuerst erwähnten Opferplatzes das Gebiet von el-medras im Süden ab. Die Lage und Anlage dieses Opferplatzes weist darauf hin, diese großen Kammern als Begräbnisplätze anzusehen, und auch die Devotionalinschriften sprechen dafür, obwohl sich weder außen noch innen die gewohnten Anzeichen dafür finden, daß man es mit Gräberstätten zu tun hat. Keinesfalls aber kann man diese Kammern als Heiligtümer bezeichnen. Auch die in den Kammern befindlichen Göttersymbole in Gestalt von Reliefpfeilern, von Säulen eingeschlossen, beweisen nicht, daß eine solche Kammer als Cella angesehen werden müßte; sie finden sich in einer großen Anzahl von Gräbern. Nur wenn die Opferstätte zu Gedächtnisfeiern der hier bestatteten Großen des Nabatäerreiches diente, wird ihre Anlage verständlich und erklärlich. Sie liegt zwischen zweien der Kammergruppen, von beiden nur auf Treppenzugängen erreichbar, ganz eingeengt in einer Schlucht, der Hauptteil der Anlage unter überhängenden großen Felsblöcken und auf einer platten Felsenkuppe, die nach Osten jäh abfällt. Das ist für eine Bama der denkbar ungeeignetste Platz, um so geeigneter für eine Nekropole unter dem Schutz des Berges, der das große Heiligtum, die Hauptbama, trug. Es ist hier alles auf einen engen Platz zusammengedrängt. Die nur von der Felswand aus zugängliche nach Osten abfallende Rundung des Plateaus trägt ein System von Bassins. Eine große und tiefe Grube befindet sich außerdem noch von der überhängenden Felswand überdeckt rückwärts mit einem besonderen Treppenzugang. Zwischen den beiden von Norden und Süden herauffführenden Treppen liegt nach Westen zu der

Hauptplatz: ein behauener und vorn in der ganzen Höhe ausgehöhlter Block, daneben eine kleinere, oben offene Höhlung, links davon vier hohe Stufen und vor dem Platz ein sehr beschränktes Triklinium. Anscheinend in organischer Verbindung mit dieser Anlage auf der Felswölbung lehnt sich an den Aufstieg von Norden her rechts von dem Treppengang ein System von drei Treppen, die beiden äußeren schmalen Treppen endigen in kleine Nischen ohne weiteren Schmuck, links eine, rechts zwei, die breite mittlere Treppe schließt mit einer tafelförmig vertieften Stufe mit geradlinig abgeschnittener Felswand ab. Der Block mit der Höhlung, die nach unten in einer flachen Mulde endigt, könnte als Schlachtplatz gedient haben. Mir scheint es beachtenswert, daß sich an der Vorderwand Spuren von geronnenem Blut fanden, die von einem Beduinenopfer herrühren konnten.

27. März.

Die frühen Morgenstunden wurden auf einen nochmaligen Besuch von el-medras verwandt, die Sonne goß einen blendenden Glanz über die weißen Platten, Spitzen und Kuppen des Felsengewirrs. Nun ging es nach Petra hinein. Mit Unrecht gilt der sīḳ als einziger Zugang zur Stadt von Osten her. Ein Beduinenpfad führt noch jetzt von der Gegend des Portikusgrabes über das Felsplateau von er-ramle im Osten durch eine enge, von riesigen Felsblöcken gesperrte Schlucht in das wādi el-meṭāḥa und damit in die Terassensenkung, welche von Norden nach Süden in verschiedenen Talläufen zwischen den beiden großen Bergzügen verläuft und in der Mitte das Stadtgebiet von Petra mit dem wādi mūsa einschließt.

Die **Wanderung durch den sīḳ** währt etwa 30 Minuten, ein Märchen. Am schönsten sind die Farben- und Lichtwirkungen am frühen Morgen. Der sīḳ ist eine Felsschlucht, die sich in großen Schlangenwindungen zwischen senkrecht aufsteigenden hohen Felswänden hindurchbricht. Das rote Gestein spielt in einem wunderbaren Farbenwechsel von Rosa und Kupferrot, bis zum brennenden Ziegelrot und Zinnober und zum dunklen Purpur. Stellenweise geht man unter den überhängenden Felsen hin. Den Eingang zur Schlucht überspannte ehedem ein Triumphbogen Er erhob sich über zwei kunstvollen gleichmäßig gestalteten Nischen zur Rechten und Linken, diese im Halbrund ausgehöhlt, von Säulen eingefaßt, ein zierlich gewundener Bogen als Abschluß, das Ganze wiederum von einem großen Säulenpaar flankiert. In der Mitte erweitert sich die Schlucht zu einem kurzen ovalen Talkessel, um dann in den engsten Teil einzubiegen, wo die Felswände steil und hoch aufragen und sich oben fast zusammenschließen. Der Hauptteil der roten und weißen und grauen

Gesteinmassen lag noch im Schatten, scharf schneidet das Licht an den oberen Partieen der Klamm ab und verwandelt das Rot der Felsspitzen in Leuchten. Kleine Schichten sind bunt wie Achat gemustert. Wo Spalten in den Wänden den Regen herabrinnen lassen, schimmert in den Ritzen ein wenig Grün, vereinzelt wurzeln auch Oleanderbüsche und Kapernsträucher. Am Ausgang der engsten Passage ist der Fels von oben bis unten in einen scharfen Spalt zerrissen, der von der Höhe herab entzückend mit Epheu überhangen ist. Nach einigen Windungen durch das immer mehr eine rosarote Färbung annehmende Gestein kommt man zu dem schönsten Denkmal von Petra, el-chazne.[1] Zwei Seitentäler laufen an der Stelle zusammen und bilden einen Felsenkessel. Gerade gegenüber dem Felsenspalt, aus dem man heraustritt, erhebt sich in zwei Stockwerken das Grabmal mit seiner Tempelfassade im unteren Stockwerk und der durch ein Rundtempelchen gebrochenen Fassade des oberen Stockwerks. Der erste Eindruck ist überwältigend. Die Felsen der Schlucht geben den Rahmen zu dem Bild, das plötzlich wie aus der Erde gezaubert nach einer Wegbiegung vor den Augen steht. Das Zinnoberrosa des Gesteins glüht im Sonnenlicht wie Alpenglut, und die Sonne spielt in dem feinen Geäder der Steine mit dem zartesten Wechsel von Licht und Schatten. Das verleiht ja den Bauten in Petra besonderen Reiz, daß sie zum größten Teil aus dem lebendigen Stein herausgearbeitet sind. So tritt el-chazne aus der Felsenwand hervor, ein Wundergebilde von Menschenhand inmitten einer großartigen, einsamen und wildromantischen Landschaft und lehnt sich doch wieder wie Schutz suchend in die Felsenwand hinein. Die Wirkung wird noch verstärkt durch die Verheerung, welche die Jahrhunderte und der Fanatismus an dem Werke ausgerichtet haben. Eine Säule des Portikus vor dem Eingang in die Grabkammern fehlt und die Lücke starrt aus dem Dunkel der Vorhalle. Dichtes und wildes Gestrüpp läuft über den Vorplatz und schlingt sich bis an die Eingangsstufen. El-chazne hat von Anfang an die Aufmerksamkeit der Petrabesucher erregt und ist als Kunstwerk ausgiebig untersucht und vielfach beschrieben worden. Lange Zeit hat man es für einen Tempel gehalten. Aber es ist ein Prachtgrab mit Tempelfassade. Die in dem Grab von el-chazne bestatteten Großen ruhten unter dem Schutze der Göttin Isis, wie die Gräber um den Berg von zibb ʿaṭûf sich des Schutzes von Dusares und Allat, deren Altar und heilige Symbole der Berg trug, versahen. Daß aber el-chazne in seiner Eigenschaft als Grabmonument auch kultischen Zwecken gedient hat bei den Gedächtnisfeiern der Verstorbenen, ist nicht zu bezweifeln. Tod und Auferstehen

[1] S. Tafel V, Nr. 3.

sind die Mysterien des Isis-Osiriskult wie des Dusares-Allatkult gewesen. Die trotz der gewalttätigen Zerstörung doch noch zu deutenden Bildwerke der Fassade sind für die Kultgeschichte Petras von größter Bedeutung. Denn der Isis(-Osiris)kult konnte in Petra nur deshalb in den Vordergrund treten, weil er dem petrāischen Dusares-Allatkult entsprach.

Noch einmal tritt nach der kurzen Unterbrechung durch die Seitentöter bei el-chazne der Bach in den Engpaß ein. Jetzt kündet sich die Nekropole mit den Grabbauten an, die sich nun hundertfältig wiederholen in verschiedenen Variationen. Aus der Erde schaut zur Linken eins der großen sogenannten Hedschr-Gräber heraus, bis unter den Giebel der Grabpforte verschüttet. Eine Reihe ähnlicher Gräber folgt noch, wir befinden uns schon an dem Absturz des durch ein Dusaresheiligtum geweihten Berges. Man kann hier die charakteristischen Merkmale der Grabarchitektur Petras studieren. Noch einmal wird die Schlucht ganz eng, dann bietet sich ein Anblick, der in eindrucksvoller Weise den Zerstörungskampf der Zeit gegen die trotzig sich wehrenden, wie für ewige Zeit geschaffenen Gebilde der Menschen veranschaulicht. Die Berghänge von zibb ʿaṭūf und el-chubṭe treten auseinander und gewähren dem Lauf des wādi mūsa ein breiteres Bett, bis es dann hinter dem Theater in die freie Ebene des Stadtgebiets von Petra ausläuft. Zur Linken, gleich nach dem Ende des sīḳ, erscheint nun eine greuliche Verwüstung: im Hintergrund große Hedschr- und Pylonengräber in starker Verwitterung, davor türmt sich eine Masse halb umgestürzter, freistehender Pylonen, eine Ruine von der andern noch gestützt und getragen. Gegenüber war unser Lager aufgestellt, in der Nähe eines durch seine Inschrift und merkwürdig geformte in die Wand geritzte Obelisken wichtigen Grabes. Wir vertauschten indes die Lagerstelle bald mit der schöneren im alten Theater Petras am Nordabhang von zibb ʿaṭūf.

28. März.

Um 5 Uhr klang der Ruf der Sirene und weckte uns zu neuen Taten. Südlich vom Eingang der Schlucht führt der alte Weg auf den Obeliskenberg. Reste der Treppen sind noch erhalten und der Zugang ist trotz der Schuttmassen und Felsblöcke leidlich gangbar. Auf einem unregelmäßigen, künstlich hergestellten Terrain von Felsenplatten stehen zwei Obelisken. Sie sind aus dem natürlichen Gestein herausgearbeitet, ziemlich roh, vierkantig nach oben sich verjüngend, annähernd 7 m hoch. Auf dem Felsplateau um diese Obelisken her finden sich keine Opferstätten. Wo die Felsenflächen behauen sind, hat man Bausteine gewinnen wollen. Auf dem höchsten Gipfel, den Obelisken in nordwestlicher Richtung gegenüber, erheben sich die Mauern einer verfallenen Burg. Die senkrecht abfallende Wand der Schlucht nordwärts enthält tief eingeschnittene Zeichen, unter denen die deutlichen Symbole der weiblichen Gottheit und eine primitive Zeichnung eines Altars mit Hörnern in Gestalt eines lateinischen M, unten abgeschlossen und in der Mitte geteilt, auffallen. Über die Erhebung der Burg hin gelangt man zu dem wichtigsten und einzigartigen Kultusrest Petras, der Opferhöhe mit dem Doppelaltar. Dieser Höhenplatz[1] hat außer dem oben genannten Wege nach dem Obeliskenberg zwei Zugänge gehabt. Der eine führte von Südwesten her von el-farasa herauf. Reste der Treppen sind noch bei dem sogenannten Gartengrab erhalten. Er wird bei der Südwest-Ecke des Altars die Höhe erreicht haben. Dieser Weg, den wir als Abstieg wählten, kann wohl als ungangbar bezeichnet werden. Der audere Weg führte ziemlich direkt von Norden her auf den Altarplatz zu, und läßt sich von da aus noch in seiner künstlichen Ausgestaltung eine Strecke weit gut verfolgen. Treppen führen auf der Höhe des Bergrückens allmählich abwärts zu einer bemerkenswerten Nische: der heilige Stein in sorgfältig umrahmter Reliefierung, und zu beiden Seiten zwei mit dem Halbmond gekrönte Säulen.[2] In der Nordwestecke sind wieder Stufen, die direkt abwärts leiten. Dieser Weg führt in einer Schlucht an dem Westabhang des Berges hinab und ist jetzt von den Gräbern der Nordwand aus, wo er endete, nicht mehr ohne Klettern zugänglich, auch gänzlich von Gestrüpp überwuchert. Unweit der Höhe führt er an einem großen Steinblock vorüber, der schräg abgeplattet ist und Reste von Stufen zeigt, also wahrscheinlich als Altar zu bezeichnen ist. Für die Lage des Opferplatzes scheint mir noch zweierlei bemerkenswert. Es unterliegt keinem Zweifel daß in den Obelisken die Gottheiten symbolisiert sind, welchen auch auf der Hzhe Opfer gebracht wurden. Aber die Obelisken und die Opferstätte sind nicht als zusammengehöriger Kultort aufzufassen, sie haben keine organische Verbindung. Die beiden Steinsäulen sind in der Weise orientiert, daß man zwischen ihnen hindurch, nach Norden gewendet, sieht. Zwischen ihnen und der Opferstätte erhebt sich trennend der Hügel mit den Burgtrümmern. Andererseits erwecken die vorhandenen Situationspläne vom Opferplatz den Eindruck, daß der Altar genau nach Westen und der große Platz vor dem Altar in seiner Längsausdehnung genau von Südeu nach Norden gerichtet sei. Beides ist ungenau und irreführend. Der Vorplatz weicht nicht unbedeutend von der Richtung Süd-Nord nach Westen zu ab. Der Altar steht um eine geringe Wendung schräg zu dem Vorplatz, und die erhöhte

[1] Tafel V, Nr. 2.
[2] Tafel V, Nr. 3.

Platte in der Mitte dieses Platzes korrespondiert weder in der Richtung noch in der Lage mit dem Altar und seiner Treppe. Die sorgfältige Ausführung der Opferhöhe läßt voraussetzen, daß diese Abweichung absichtlich ist und einen Grund hat. Es ergibt sich, daß die ein wenig nach Süden von der genauen westlichen Richtung abweichende Achse des Altars auf die Höhe des nebi hārūn und zwar auf den Punkt, wo jetzt das Aaronsheiligtum steht, gerichtet ist.

Die Opferstätte ist wiederholt unter Angabe der Maßverhältnisse beschrieben worden. Die Erklärungsversuche weichen voneinander in wesentlichen Punkten ab. Auffälliger Weise sind sie vorwiegend auf den archäologischen Befund gerichtet, ohne Rücksichtnahme auf den Kult von Petra. Wir haben die Gesamtanlage mit allen Einzelheiten nochmals sorgfältig vermessen. Die Ergebnisse der Messung in allen Einzelheiten mitzuteilen ist ohne Beifügung eines Plans und einzelner Skizzen zwecklos. Ich versuche, einen Überblick zu geben von dem natürlichen Standpunkt vor dem Altar aus. Nach Westen zu am Rand des Abhanges erheben sich zwei voneinander durch einen schmalen Gang getrennte, aus dem lebendigen Stein gehauene Altäre, die zusammengehören, von denen aber der rechts liegende sowohl der Lage nach innerhalb des ganzen heiligen Bezirks als auch der Bauart nach der Hauptaltar ist. Dieser Hauptaltar ist ein in rohen Umrissen annähernd regelmäßiger würfelförmiger Felsblock. Rings herum führt in dem Felsen, der sich in der Höhe des Altars hält, ein schmaler Umgang, nur an der Stelle zwischen den beiden Altären nach dem Absturz des Berges zu abgebrochen. Vier bequeme Stufen führen bis zur halben Höhe des Altarblocks, die vierte Stufe ist eine Art Plattform, die einen bequemen Standort für den vor dem Altar handelnden Priester abgiebt. An drei Seiten ist die Oberfläche des Blocks behauen, links und rechts vorn sind die Ecken in Form von Winkelmaßen vertieft behauen und ebenso findet sich ein längerer Falz an der Ecke rechts hinten. Diese Einschnitte, welche nicht in gleicher Höhe sind, werden in den ungleichmäßigen Felsblock eingemeißelt worden sein, um irgendwelche Metallbekleidung zu halten. Es ist auch möglich, daß in den rechtwinkligen Einschnitten die Hörner des Altars eingesetzt waren. In der Mitte der Oberfläche befindet sich eine rechteckige etwa 8 cm tiefe Grube mit einem schwachen Ansatz einer Zuleitungsrinne vorn. Die Oberfläche des Altars hat einen Flächeninhalt von 5 qm. Der Nebenaltar ist ein natürlicher, unregelmäßiger Felsblock, oben nur ganz leicht gewölbt, nach vorn stark ausladend. Auf der Oberfläche ist in den glatten Felsen eine flache, regelmäßige, kreisförmige Vertiefung von 1,13 m Durchmesser und innerhalb dieser kreisförmigen Pfanne konzentrisch eine

Tafel 5.

1. Opferhöhe bei Petra.

Aufnahme von Fr. Jeremias.

2. Mondennische bei Petra.

Aufnahme von Ritter v. Zepharovicz.

3. Fassade von el-chazne bei Petra.

Aufnahme von A. Forder.

zweite runde Pfanne, 0,75 m im Durchmesser, beträchtlich tiefer als der äußere Einschnitt, eingelassen. Von der kleineren Pfanne aus führt eine tiefe Abflußrinne nach dem Gang zwischen beiden Altären an der Altarwand hinunter auf den Boden und verläuft am Rand des Felsens hin. Diese Abflußrinne ist außerhalb der Doppelpfanne teilweise überbrückt. Wo die Rinne an der Wand heruntergeleitet ist, beginnt die in einen Vorsprung des unregelmäßigen Felsens eingehauene Treppe. Die erste Stufe ist unverhältnismäßig hoch, weil an dieser Stelle die Rinne herabkommt und um ihretwillen die Treppe verkürzt, d. h. steiler gebaut worden ist. Am Ende biegt die Treppe rechtwinklig um, zwei kleine schmale Stufen ermöglichen es, vor dem Doppelkreis zu stehen, ohne auf die Felsplatte, den Altar, zu treten. Bemerkenswert sind noch zwei Gruben im Felsen. Eine an der rechten Seite, vor der Abflußrinne, aber ohne Zusammenhang mit derselben. Sie ist rund nach hinten zu ausgehöhlt, vertieft vom Felseinschnitt aus, und im Boden noch mit einer kleinen Höhlung versehen. Einen Abfluß hat sie nicht. Die zweite ist vorn in die schräg abfallende Böschung des Felsens eingeschnitten, von dem vorderen Rand aus 0,40 m tief. Höher gelegen als der Vorderrand ist ein in die Hinterwand eingelassener Falz, der also nicht einen Deckel der Grube, sondern irgend eine andere Vorrichtung gehalten hat. Er reicht auch nicht von Seitenwand zu Seitenwand, sondern läßt an beiden Seiten Lücken. Links unterhalb der Grube ist deutlich ein Abflußloch, das in den Boden der Grube gemündet haben muß, zu bemerken. Vor dem Doppelaltar und nach rechts noch beträchtlich darüber hinaus dehnt sich langgestreckt nach beiden Seiten ein regelmäßig in die Felsplatte flach eingeschnittener rings herum an den Rändern erhöhter Hof, 14,25 : 6,40 m. Spuren einer Erhöhung über dem Rand lassen darauf schließen, daß um den ganzen Hof eine sanfte Wellung des Felsens gegangen ist. Das Terrain steigt unmerklich nach rechts (NNW.) an und senkt sich nach links hinten (SSO.), wo auch noch die Anfänge einer Abflußrinne zu sehen sind. Inmitten dieses Hofes erhebt sich als Überrest des weggehauenen Gesteins eine rechteckige 11 cm hohe Platte, 1,52 : 0,80 m, vor dem Hauptaltar, um etwas nach der rechten Seite verschoben, so daß eine neben der Steinplatte stehende priesterliche Person direkt vor dem Altar stehen würde. In beträchtlicher Entfernung links seitwärts ist ein größeres Felsenbassin, das bei unserm Besuch der Bama mit Wasser gefüllt war.

Eine Opferhöhe ist ein Heiligtum ohne Tempel. Petra hat noch mehr solcher Höhen gehabt, auch wenn man die Opferstätten von el-medras und das Heiligtum bei der Akropolis als zu den Gräbern gehörige Kultstätten nicht im eigentlichen Sinne zu den Höhen rechnen darf. Aber die Berge ed-dēr und en-nmēr werden Höhenkultstätten getragen haben. War der dschebel nebi hārūn als Thron der Gottheit gedacht und waren die Höhenaltäre dahin gerichtet? Oder war der Obeliskenberg selbst der Hauptsitz der Gottheit? Oder standen nur die Gräber — die Grabanlagen um den Obeliskenberg sind die ältesten — unter dem Schutze der Gottheit durch das Heiligtum? Die noch lebendige Tradition spricht für den dschebel hārūn als Göttersitz und die auffällige Orientierung des Doppelaltars unterstützt diese Vermutung. An der Deutung der Bama auf dem Obeliskenberg wird durch diese Fragen nichts geändert.

Über die Bedeutung des Hauptaltars als Altar ist kein Zweifel. Die Bedeutung des linken Felsens ist strittig. Einige halten ihn für die zu dem Altar gehörige Schlachtstätte, andere für einen Schlachtaltar, ich möchte ihn für einen Spendealtar ansehen. Die ganze Anlage besteht nicht aus zwei Altären, sondern ist ein Doppelaltar, ein zusammengehöriges Ganzes, ebenso wie die beiden Hauptgottheiten von Petra, Dusares und Allat, zusammengehören. Ist der Nebenaltar ein Altar zu Spenden (es müssen durchaus nicht Blutspenden gewesen sein), so erklärt sich auch die Anlage befriedigend. Dann ist es erklärlich, daß die Treppe verkürzt wurde, um der Rinne Platz zu lassen. Ebenso erklären sich die nach dem Doppelkreis gewandten Stufen auf der Höhe der Treppe. Dort stand der Priester beim Spenden, er stand natürlich nicht auf dem Altar. Schon deshalb kann man wohl sagen, daß sowohl die Gestaltung der Felsenoberfläche, wie die Anlage der Treppe verbietet, diesen Teil des Altars als Schlachtstätte oder Schlachtaltar in Anspruch zu nehmen. Es wäre an sich möglich, daß die Grube in der Vorderwand als Schlachtgrube zu erklären wäre. Das widerspricht aber wohl dem Charakter des Altars. Eher dürfte an die Möglichkeit zu denken sein, daß die Grube an der Seitenwand ein Sammelbecken für das zu spendende Blut (oder sonstige Spenden) war, die Grube vorn mit der durch den Falzeinschnitt angedeuteten Einrichtung und dem Abfluß nach außen irgendwie zu Reinigungszwecken für die Spendegeräte oder für die Opferstücke gedient hat.

Der große Hof vor dem Altar ist nicht als Platz für die Teilnehmer anzusehen. Er gehört vielmehr zu dem heiligen Bezirk und die Festteilnehmer gruppieren sich um die drei Seiten des Hofes an den Erhöhungen, die in der Weise eines Trikliniums eingerichtet sind. Die Platte vor dem Altar eignete sich als Platz zur Darstellung des Opfers, das der darbringende Priester zu seiner Rechten stehen hat, wenn er angesichts des Altars fungiert. Das Gefälle des Hofes nach Südosten und die dort ablaufende Rinne legt die Möglichkeit nahe, daß die Steinplatte selbst die Schlachtstätte war und das Blut, das nicht aufgefangen wurde, im Hofe abfloß.

Mag die Erklärung der Bama in Einzelheiten unsicher sein: dieser Höhenaltar von Petra gibt uns ein unvergleichliches Anschauungsmittel für den israelitischen Höhenkult. Israel hat seinen Gott immer auf Höhen verehrt. Das himmlische Weltall wird als ein Berg vorgestellt, auf dessen Höhe der höchste Gott thront. Die heiligen Berge sind als Abbild dieses Götter- und Weltbergs der Gottesthron. Jahve ist der Gott, der über den Keruben thront, welche das himmlische Weltall tragen, der ēl ʿeljōn, der höchste Gott, der Jahve Zebaoth, der über den Sternen Thronende. Auf Fels- und Bergheiligtümer als Abbilder des göttlichen Thronsitzes weisen die alten Gottesnamen ēl ʿeljōn, ēl schaddaj, und der Name Jahves, der so innig und vertrauensvoll bei den Propheten und in den Psalmen erklingt: Jahve ṣūrī — ein feste Burg ist unser Gott. „Wie bist du vom Himmel gefallen, du schöner Morgenstern“ — singt der Prophet über den Titanenfrevel des Königs von Babel — „gedachtest du doch in deinem Herzen, ich will in den Himmel steigen und meinen Stuhl über die Sterne Gottes erhöhen, ich will mich setzen auf den Berg der Götterversammlung im Norden; ich will über die hohen Wolken fahren und gleich sein dem Höchsten“ (Jes. 14, 13 f.). Der Sinai ist Jahves Thron, vom Edomiterberg (Seir) fährt er daher, zum Horeb wandert Elias, sich von Jahve Kraft zu holen, auf dem Karmel verzehrt Jahves Feuer vom Himmel her das Opfer. So wohnt Jahve auch auf Zion. Auf den Höhen Israels wird ihm geopfert.

Hier auf der Bama werden uns die biblischen Geschichten lebendig. Wir sehen den Zug der Opfernden mit ihren Gaben hinaufsteigen auf den Berg, das Blut fließt über den Altar und rinnt an dem Felsen herab über den Hof. Um den heiligen Platz lagert sich die fröhliche Schar der Feiernden zum Opfermahl, während die besten Stücke auf dem Altar für Jahve verbrannt werden. Er selbst nimmt so an dem Mahl seiner Gläubigen teil und läßt sein Antlitz vom Himmel her über sie leuchten. An den Ehrenplätzen, welche rings um den heiligen Bezirk sich erheben, lagern angesichts des Altars und der feiernden Priester die Großen des Reichs. Da schaut Ahab den Baalspriestern zu, die bis zur Besinnungslosigkeit um den Umgang des Altars wanken, mit heiseren Stimmen und verzerrten Gebärden, während das Blut ihnen von den Wangen, von Armen und Brust herabfließt. Dann stellt sich Elias vor den Altar mit erhobenen Händen. Wo das Blut sonst strömt, fließen Wasserbäche und ergießen sich auch über den großen Hof, und wo das Feuer aus der Grube des Brandopferaltars sonst lodert, gießen die Prophetenschüler einen Wasserkrug nach dem andern über den Holzstoß aus. Und mit den Glaubenshänden holt Elias von seinem Gott das Feuer herab, Blitze zucken hernieder und verzehren das Wasser und fressen das Holz samt den Opferstücken. Wir aber dachten unter solchen Erinnerungen an den, der wohl in einsamen Nächten auf Bergeshöhen stieg um zu beten, der aber am Jakobsbrunnen im Blick auf Israels heilige Berge hinwies auf eine neue Zeit: Weib, glaube mir, es kommt die Zeit, daß ihr weder auf diesem Berg noch zu Jerusalem werdet anbeten. Wir dachten an den Einen heiligen Berg, von dem uns Hilfe kommt, an den Einen Altar und das Eine Opfer auf Golgotha.

Eiuige Bemerkungen über den Kult von Petra sind zur Ergänzung des Gesaglen notwendig. Die geringen Überreste an Denkmälern und Inschriften der Nabatäer und die spärlichen Notizen später griechischer Schriftsteller müssen ihre Erklärung aus der den alten Orient umspannenden Weltanschauung empfangen. Auch die Nabatäer haben zugleich mit dem Land das Erbe einer alten Kultur in Besitz genommen. In Zusammenhang mit der altorientalischen Lehre, welche in dem Wandel der Gestirne das himmlische Vorbild für den Kreislauf der Zeiten und den Wechsel von Leben und Sterben auf Erden sah, und welche aus dem gestirnten Himmel Wesen und Willen der Götter erforschte, fällt einiges Licht auch auf die wenigen Nachrichten über die Götter Petras. Die Hauptgottheiten von Petra waren Dusares[1] und Allat. Sie wurden hier und auch an anderen Orten unter dem Bild eines Steins in Würfelform verehrt. Suidas berichtet, daß der heilige Stein des Dusares auf einem goldenen Sockel ruhte. Die Abbildungen des heiligen Steins an den Felswänden und in den Gräbern sind oft mit einem Unterbau versehen. Den heiligen Stein der Allat nannten die Araber nach Epiphanius ka'ba. Sie feierten die Allat unter dem Bild der ka'ba als Jungfrau und als Göttermutter zugleich. Die große Festfeier von Petra fiel nach demselben Zeugen in die Zeit der Wintersonnenwende. „Sie singen zu Ehren der Jungfrau Lieder und nennen sie kaaba, d. i. Kore oder Parthenos, und ihren Sohn Dusares, d. i. der einzige Sohn des Allherrn (μονογενης του δεσποτου)." Also Dusares ist der Gott von Petra und zugleich das Frühlingskind, das die Muttergöttin gebiert. Das Wintersonnenwendfest ist das Fest der wiedererwachenden Natur und das Geburtsfest des Jahrgottes. Die jungfräuliche Göttin erwacht aus dem Winterschlaf, sie steigt aus der Unterwelt empor und wird zur Muttergöttin, die den neuen Jahrgott

[1] Dusares ist kein Eigenname. Den Namen des Gottes von Petra erfahren wir nicht. duschará heißt „Gott von schara". Die Gegend von Petra führt jetzt noch diesen Namen.

gebiert. kaʿaba heißt die Jungfrau, die zur Mutterschaft reift. Der Jahrgott ist der Sieger über die als Schlange (Drachen) dargestellten Unterwelts- und Wintersmächte. Seine Vermählung mit der Göttin, die zugleich Mutter und Gattin ist, bringt das neue Leben in der Welt hervor, bis der Jahrgott wieder stirbt und in die Unterwelt hinabsinkt, und von der trauernden Gattin gesucht wird, die ihm in den Tod folgt. In diesem Verhältnis stehen auch Dusares und Allat. Der Jahrgott kann ebenso die Züge einer Sonnengottheit wie einer Mondgottheit haben, da Sonne und Mond in ihrem Lauf dieselben Erscheinungen zeigen, welche sich im Wechsel der Jahreszeiten abspiegeln. Ist der Jahrgott Sonnengott, dann ist die Göttermutter Mondgottheit und umgekehrt. Für Petra ist das Verhältnis von Mond (männlich) und Sonne (weiblich) anzunehmen, Dusares als Mondgottheit, Allat als Sonnengottheit. Diese Verteilung des männlichen und weiblichen Prinzips auf die beiden Hauptgestirne ist in arabischen Kulten gewöhnlich. Eine Bestätigung der Angaben des Epiphanius geben die Skulpturen von el-chazne, das unter dem Schutz der Isis steht. In Petra konnte der Isiskult einwurzeln, weil Isis dieselbe göttliche Erscheinung repräsentiert wie Allat, und weil Osiris-Isis dem Götterpaar Dusares-Allat entspricht. Isis ist die Sonne und Osiris der Mond. Unter dem Tempelchen in der Mitte des ersten Stockwerks zu Füßen des Isisbildes findet sich ihr Symbol: die Sonnenscheibe zwischen Stierhörnern. In der Vorderfront des Rundtempels ist Isis dargestellt, mit dem Getreidemaß auf dem Haupt und dem Füllhorn in der Linken, die Göttin, welche den früchtereichen Sommer bringt. Als Kore-Parthenos trägt sie den Schleier über dem Haupt. Zum Kultus der Göttin der Fruchtbarkeit gehören auch die Erscheinungen der Prostitution und der Selbstverstümmelung. Zu beiden Seiten der Isis in den Seitennischen des Rundtempels und in den Nischen zur Rechten und Linken unter dem gebrochenen Giebel sind Amazonen in rasendem Tanz mit über dem Haupt geschwungenen Äxten dargestellt.

Ebenso wie der Isiskult an die Stelle des Allatkult, konnte der Bacchus-Dionysoskult an die Stelle des Dusareskult treten. Nach Hesychius wurde Dusares im Hauran mit Dionysos identifiziert. Auch Dionysos bringt das neue Jahr und führt die neue Zeit herauf.[1] Daß

[1] Dionysos ist Sonnengottheit. Die Ersetzung des Dusareskult durch den Dionysoskult würde, wenn Dusares Mondgott war, nicht einen Wechsel der Vorstellung, aber eine Kultusreform bedeuten, welche wie in Babylonien seit der Weltherrschaft Babylons den Sonnengott als Götterkönig einsetzt. Und Strabo berichtet ausdrücklich, daß in Petra die Sonne mit Trankopfern und Räucheropfern verehrt worden sei. Als siegreicher Jahrgott trägt Dusares die Züge des Ares-Mars, was Suidas verleitet, den Namen „Theusares“ als Gott Ares zu deuten.

aber Dusares bei den Nabatäern als Mondgottheit verehrt wurde, wird auch durch einzelne Bildwerke nahegelegt. Es ist schon wiederholt darauf hingewiesen worden, wie häufig sich das Reliefbild des heiligen Steines findet. Nicht selten stellen die Nischen ein Abbild des Heiligtums dar, das Göttersymbol zwischen zwei Säulen, welche den Weg der großen Gestirne vom Aufgang zum Niedergang, vom Frühlingspunkt zum Herbstpunkt, ihr Aufgehen und Niedersinken, Leben und Sterben abbilden. Solche Nischen finden sich z. B. am Eingang zum sīk, zur Rechten und Linken unter dem Triumphbogen; hier sind die Nischen noch einmal von einem stattlichen Säulenpaar eingerahmt. An dem Weg zum Doppelaltar, der von Norden herführt, ist dort, wo der Weg die Bergeshöhe erreicht und sich dann weiter dem Gipfel zuwendet, eine besonders sorgfältig gehauene Nische zu finden (S. 149). Hier tragen die beiden flankierenden Säulen das Zeichen des Halbmondes.[1] Eine ähnlich gestaltete Nische entdeckten wir unter den etwa 80 Cippen in einer Schlucht am Nordabhang von el-chubṭe. Daselbst war auch eine Nische, welche über dem die Säulenkapitäle verbindenden Bogen die Figur des Halbmondes aufwies. In diesem Zusammenhang möchte ich die Reliefs erwähnen, welche unter dem Trümmerschutt der Stadt halb vergraben liegen. Wir fanden zu dem schon bekannten Exemplar ein zweites nahezu gleiches. Ein geflügelter Knabe, rechts und links von geflügelten Löwen mit erhobener Vordertatze umgeben, würgt in den Händen zwei aus dem Boden aufsteigende Schlangen. Auf dem zweiten Relief ist es besonders deutlich, daß auch die Löwen mit der einen Vordertatze den Schlangenleib umkrallen. Eine ähnliche Darstellung findet sich auf dem Räucheraltar von Taanach, wo ein Knabe eine Schlange würgt. Es ist die Darstellung des Drachentöters; der Jahrgott, der neu zum Leben ersteht, besiegt den Drachen und schafft eine neue Welt. Wird das Fest des Jahrgottes im Frühling gefeiert, so ist der Drachensieger der göttliche Held, der als Götterkönig den himmlischen Thron besteigt, wie Marduk in Babylon. In Petra aber wurde die Geburt des Jahrgottes an der Wintersonnenwende gefeiert. Dem entspricht die Vorstellung des Drachentöters als Kind, das die Schlange erwürgt. — Der Mond ist in besonderem Sinne das Zwillingsgestirn, wie dann auch abgeleitet jede Gottheit, welche den Kreislauf der Natur in Leben und Sterben in sich vereinigt. Das älteste bekannte Symbol für den Zwilling sind zwei gegeneinander stehende Steinböcke mit geschwungenen Hörnern, dem Abbild des ab- und zunehmenden Mondes. Dieses Symbol der Zwillinge sieht man nicht selten in Gräbern in den Stein geritzt, es fand sich auch auf einem aus dem Felsen gearbeiteten

[1] S. Tafel V, Nr. 1.

Altar. Es ist auch ohne inschriftliches Zeugnis anzunehmen, daß Dusares, der in der Wintersonnenwende geboren wird, d. h. zu neuem Leben aufersteht, in der Sommersonnenwende stirbt, wie Tammuz-Adonis. Er ist Gatte und Sohn der Muttergöttin, die dem Gatten den Tod bringt und ihm in den Tod folgt, wie Ischtar dem Tammuz.

Eine wichtige Rolle hat auch der Schlangenkult in Petra gespielt. Aus babylonischen Quellen wissen wir, daß die Schlange als Unterweltsgottheit nicht nur die Mächte der Finsternis und des Todes repräsentiert. In der Unterwelt sind auch die Lebensquellen, und aus der Unterwelt steigt das Leben empor. Schlangen hüten den Lebensquell. An den babylonischen Tempeln waren Schlangenbilder als Bilder schützender Gottheiten angebracht. Auch im Heiligtum von Gezer ist ein kleines Schlangenbild von Bronze gefunden worden, und bis auf die Reform des Hiskia räucherten die Israeliten vor der Schlange Nehusthan (2. Kön. 18, 4). Die Mythologie kennt die Schlange als heiliges Tier des Gottes der Heilkunde. Die Wüste, auf welche man von den Höhen Petras hinabschaut, ist Schlangengegend. Hier spielt die Geschichte von der Schlangenplage und der Schlange, die Moses in der Wüste erhöhte (4. Mos. 21, 4—9). Wer sollte nicht an diese Geschichte denken angesichts des Schlangenmonuments auf dem Wege nach dem dschebel hārūn, das weit in die Landschaft hinausragt und zwischen Felswänden hindurch frei nach dem dschebel hārūn schaut. Auf einem gewaltigen Felswürfel erhebt sich das Denkmal wie eine Riesenschnecke, eine Schlange, die sich um einen Omphalos windet. Ist's der von der Schlange umwundene Weltberg, wenn in der Winterszeit die Welt in das Wasserreich hinabsinkt? Ist das Grab in dem unteren Felswürfel ursprünglich, und die Schlange darauf gesetzt als Hüterin des Lebens? Auch im Innern eines Grabes am Westabhang des Obeliskenbergs entdeckte Professor Dalman das Relief einer vielfach gewundenen lang gestreckten Schlange mit erhobenem Halsstück; der Kopf war unkenntlich. In einem runden Steinblock auf der Pilgerstraße nach dem dschebel hārūn fanden wir an der Wegbiegung angesichts des Schlangenmonuments unter anderen Pilgerzeichen das rohe Bild einer anscheinend schreitend gedachten Schlange tief eingeschnitten.

Von der Opferstätte des Obeliskenberges bahnten wir uns unter beträchtlichen Schwierigkeiten den Weg nach el-farasa hinab und gelangten vor dem letzten Abstieg an einer dicht am Abgrund laufenden Wasserleitungsrinne hin in eine Seitenschlucht. Hier sah Kollege Baumann zuerst in der vollen Breitseite der die Schlucht abschließenden Wand ein großes Löwenrelief in dem dunkelroten Gestein, 2,5 : 4,5 m.

Leider sind die unteren Partien stark verwittert und der Kopf durch eine direkt darauf geleitete Wasserrinne zerstört. Es konnte ein Streit entstehen, ob die Überreste auf eine in archaischer Weise plump nach vorn gerichtete Vollansicht des Löwenkopfes schließen lassen oder ob der Kopf des schreitenden Löwen im Profil mit geöffnetem Rachen ähnlich wie bei dem bekannten Löwen von Babylon nach rechts gerichtet war, wie ich deutlich zu erkennen glaubte. An der Seite steht auf einer ausgemeißelten Felsenplattform ein schöner, an den lebendigen Fels gelehnter und aus ihm herausgearbeiteter Altar mit Sockel und vier Hörnern, an welchem die oben erwähnten Steinbockzeichen eingeritzt waren. Eine Menge solcher eingeritzter Bilder (Steinböcke, Schützen, tanzeude Krieger) findet sich in dem sogenannten Gartengrab, auch ein Malstein, der an der Stelle der Schalenvertiefung ein Kreuz in der Form des Johanniterkreuzes in einem Kreis aufweist.

Unser neues Lager war jetzt im Theater aufgeschlagen, das unter dem Schutz des nördlichen Ausläufers des Obeliskenberges am Nordostabhang in die Gräberfelsen sich einschmiegt. Die Zelte standen im Raum vor der einstmaligen Szene. Hinter uns stiegen in dem roten Gestein die runden Sitzreihen in hohen Stufen auf. Hier waren die ältesten Gräber der Nabatäer in vier Etagen übereinander getürmt. Drei Etagen hat der Theaterbau verschlungen und von der obersten Reihe sind nur die halb zerstörten Eingangshöhlungen übrig. Von rechts her dunkelt ein hoher Felsspalt, der Ausgang des sik. Nach links schaut man über das Bachgeröll des wādi mūsa durch eine Lücke der Felsen auf die Trümmer der einstigen Stadt. Zu beiden Seiten erheben sich die hohen, in der Abendbeleuchtung dunkelroten Sandsteinmassen, aus denen grausig wie erloschene Augen die Löcher der Grabhöhlen herausschauen. Aus einem der ferneren Gräber flackert gespenstisch der Lichtschein vom Lagerfeuer unserer chaijāls (Gendarmen). Der funkelnde Sternhimmel spannt sein glitzerndes Dach über uns aus, und wie ein weicher Schleier fließt der matte Schein des Mondlichts, das noch flüchtig der untergehenden Sonne nacheilt, durch das nächtliche Dunkel wie ein leichter Hauch. Wir aber bewegen in unserem Abendgebet die Erinnerungen ereignisvoller Tage mit dem dankbaren Gefühl: er wird deinen Fuß nicht gleiten lassen, und der dich behütet schläft nicht.

29. März.

Einen Tag verwandten wir auf den Besuch der Höhe von ed-dēr. Nach einem starken Regenguß brachen wir um 8 Uhr bei köstlich frischer Luft auf. Der Weg führt an den Ruinen der römischen Stadt vorüber, von denen Reste eines Triumphtores, eines Tempels und eine einsame Säule von weitem in die Augen fallen. Wir überschreiten das Bachbett und wenden uns in nordöstlicher Richtung aufwärts. Der durch die Schlucht auf das Plateau gebahnte Weg ist bequem zum Steigen und bietet wenig Hindernisse. Einen längeren Aufenthalt widmeten wir der Untersuchung einer nach Norden ausbiegenden und in einer Felsenwölbung endigenden Seitenschlucht. Am Ende der Schlucht links ist die Seitenwand eine lange Strecke hin mit Nischen und nabatäischen Inschriften bedeckt, davor eine größere Kammer mit Triklinium und Nische, vor der ganzen Anlage ein System von Bassins. Am auffälligsten war eine rechteckig ausgeschnittene, sehr sorgfältig gearbeitete Nische mit einem tief eingeschnittenen ☨ in einem in Hochrelief gearbeiteten Pfeiler, daneben ein kleiner und schmaler Pfeiler in demselben Rahmen. An der gegenüberliegenden Wand fand sich dasselbe Zeichen in den bloßen Fels geritzt unter einer großen Anzahl von Schalenlöchern. Möglicherweise haben auch hier christliche Einsiedler gehaust wie in einer weiter oben befindlichen Felsenkammer, welche die Inschrift I X NIKATOR aufweist [IC XP NK]. Auf dem Wege, unweit einer Nische mit gänzlich zerstörtem figürlichen Relief, bemerkte Prof. Dalman drei umgestürzte Masseben (Malsteine). Das eine Exemplar dürfte das besterhaltene Beispiel einer Massebe sein von allen bisher gefundenen. Es ist 1,70 m hoch, 0,48 m breit, 0,41 m tief, oben abgerundet, mit starker Rinne an den beiden Schmalseiten und einer großen Schalenvertiefung an der Vorderseite unter der Rundung. Die Seltenheit dieses Kultgegenstandes, der zu jedem Heiligtum gehörte, ist wohl daraus zu erklären, daß die Zerstörung der Heiligtümer sich mit besonderer Energie gegen die Masseben und Ascheren richtete. Das große Grabheiligtum, gewöhnlich als Tempel von ed-dēr bezeichnet, ist offenkundig eine Nachbildung von el-chazne, von der aber absichtlich jeder figürliche Schmuck ausgeschlossen ist. Es stammt aus römischer Zeit. Die untere Etage enthält zwischen drei Säulenpaaren links und rechts eine Nische mit flachem Rundbogenabschluß, in der Mitte den Eingang, der noch von einem besonderen Säulenpaar flankiert und mit einem dreieckigen Giebel gedeckt ist. In der Mitte des zweiten Stockwerks ist ganz wie bei el-chazne ein Rundtempelchen, über dessen spitz zulaufendem Dach eine riesige Urne ist, welche den ganzen Bau krönt. Zu beiden Seiten des Rundtempels erheben sich zwischen Säulenpaaren zwei Seitennischen, der Giebel, welcher sich über den ganzen Mittelbau ausbreiten sollte, ist durch die Kuppelung des Rundtempels gebrochen. Die Flanken des zweiten Stockwerks bilden zwei massive Anten, der Attika und dem Giebel des Mittelstücks entsprechend gekrönt. Läßt der Bau von ed-dêr den Reiz und die Zierlichkeit von el-chazne vermissen, so wirkt er doch groß und geschlossen und durchaus nicht plump oder unedel. Das Innere ist ein fast schmuckloser Riesensaal. Der Altar ist weggehauen. Die Umrisse sind noch deutlich zu erkennen. Er stand auf einem in Stufen erhöhten Sockel, zu beiden Seiten führten kleine Treppen empor zu der tiefen Altarnische. Über den Umrissen des Altars sind Kreuze in die Wand eingeritzt. Nördlich von dem Grab ist ein gewaltiger zum Altar gewandelter Steinblock, schräg abgeplattet, mit Stufen in der Mitte. Ein merkwürdig geschmücktes Grab liegt im äußersten Ende einer nach Nordosten auslaufenden Seitenschlucht versteckt auf halber Höhe. Neben der Grabkammer, rechts, ist ein großes stark verwittertes Relief, dessen linke Seite fast völlig zerstört ist. In der Mitte erhebt sich wie auf einem Unterbau eine Nische mit dem Ansatz eines Pfeileridols. Zu beiden Seiten führt ein Mann ein zweihöckriges Kamel herzu. Bemerkenswert ist das Kostüm. Die Kameltreiber tragen Hosen. Die Grabkammer selbst enthält als einzigen Schmuck eine Nische mit einem Pfeiler.

Ein herrlicher Ausblick bietet sich von einer Erhebung im Nordwesten des Plateaus. Man sieht in den schauerlichen Absturz des sêl es-sijar hinab. Durch den unteren Teil der Schlucht zieht sich der Rücken eines niederen nackten Felsgrats und ein kleiner Gebirgszug, der drohend aus dem Grunde aufsteigt. Im Hintergrund erhebt sich stolz der dschebel hârûn. Nach der Seite des sêl es-sijar zu ist an ziemlich versteckter Stelle eine schön gearbeitete Altarnische. Auf hohem Sockel steht die Nische von zwei mit Bogen überspannten Pfeilern eingerahmt. In der Nische ein Pfeileridol auf einem Unterbau. Das verwitterte Zeichen am oberen Rand des Idols schien nach meiner Auffassung ein Stern zu sein. Neben der Nische rechts ist eine große Torbogenkammer.

Recht ermüdet stiegen wir vom Plateau nach dem Stadtgebiet hinab und flüchteten uns vor dem Regen in den Schutz des römischen Stadttempels. Aber die ungastliche Ruine schützt die Theemaschine nicht vor dem Sturm. Matt und hungrig schleichen wir durch das Geröll zu den Zelten, um endlich um 4 Uhr auch dem Leib zu seinem Rechte zu verhelfen.

30. März.

Es ist wieder Sonnenschein. Wir klettern die Bänke des Theaters empor über die Gräber hinweg unter den Grabdenkmälern des Obeliskenbergs umher; hier entdeckt Prof. Dalman das schon erwähnte Schlangenrelief in einer Kammer. Es zeigen sich Ansätze zu einer aufwärts führenden Straße, die aber durch steile Felsblöcke gesperrt ist. An einem Baum in die Höhe kletternd machte ich den Versuch, den Weg weiter zu verfolgen, und gelangte von Nordwesten her zu der Bama des Obeliskenbergs. Unterwegs schreckte mich ein durch das Gestrüpp in großen Sprüngen davoneilendes schwarzes Tier. Wir vermuteten, daß es eine unserm Koch entsprungene Ziege war, welche den Mukaris zu besonderer festlicher Veranstaltung und zum Lohn nach den Strapazen der Wüstentour verheißen worden war. Das ganze Lager wurde mobil gemacht. Von den Felszacken herab riefen uns die Leute, die auf eifriger Suche waren, an, wo denn das schwarze Tier gelaufen sei. Aber die Jagd war vergeblich, und ich kam, statt den ausgesetzten Lohn zu verdienen, in den Verdacht, Gespenster gesehen zu haben. Der Abstieg war schwerer als der Anstieg. Ich gelangte nur mit Hilfe des uns treu geleitenden und bewachenden Beduinen unversehrt wieder auf festen Boden, indem ich auf seinen Händen und Schultern an glatter Felswand zu den wartenden Gefährten abstieg.

Unter den Gräbern am Hange des Obeliskenberges liegen Triklinien, teils in runder Form, teils wie ein Tivoli gestaltet. Wir hielten in der Nähe eines solchen zwar keinen Opferschmaus, aber ein wohlverdientes Mittagsmahl, für das unser treuer Begleiter Chalil einen geschützten Platz im Tal von en-nmēr ausfindig gemacht hatte. Die Eifrigsten maßen immer noch Triklinien aus, die weniger Eifrigen versuchten ihre Reitkünste an dem störrischen Eselein, das uns immer mit dem Proviant begleitete und ebensowenig ermüdete wie der immer fröhliche Chalil.

Nach dem Mittagessen stiegen wir in einer südlichen Gebirgsschlucht nach en-nmēr. Es ist ein rings von Höhen eingeschlossenes eng begrenztes Plateau, fast direkt südlich von den Obelisken. Berühmt ist es durch eine Kammer mit einer Inschrift aus der Zeit von Haritat IV. Schon beim Aufstieg lockten uns die Treppenreste, die wir auf einem Bergkegel gegenüber sahen und deren zerstörte Teile wir bis auf den Gipfel verfolgen konnten. Der Beduine erklärte, es sei nicht möglich, da hinaufzukommen. Und es war auch wirklich eine mühselige Kletterei, bei der unsere Hände tüchtig zerschunden wurden. Der Erfolg entsprach kaum den Mühen. Oben nach Südwesten zu erhob sich ein gewaltiger einsamer Steinblock in auffällig isolierter Lage, aber ohne Merkmale, die auf kultische Verwendung schließen lassen. Von da ging es auf der Höhe hin über Steinplatten und Geröll zu einer Ruinenstätte, die wohl ein Heiligtum oder ein Kastell gewesen sein könnte. Der Grundplan läßt sich aus den Resten der Mauerfundamente noch feststellen. Es ist ein quadratischer Bau von 11 m im Geviert. Etwas tiefer gelegen ist eine mit künstlichen Gewölbebogen gedeckte Zisterne. Rings um das Ganze Spuren von Treppen und ein Bassin. Ein merkwürdiger glatt gewaschener weißer Naturstein, eine Kuppe mit wulstigem Kragen, fällt noch auf. Der Abstieg ging entsetzlich steil über Haufen von Felsblöcken. An einem Stück des erhaltenen Treppenwegs war ein Relief wie eines römischen Soldaten, klein und stark verwittert. Beim Abstieg in der Schlucht sahen wir noch vor uns eine Treppe von über 100 Stufen steil aufsteigend.

Die letzte Exkursion galt noch einer Opferhöhe an der Akropolis. Am Ausgang des Plateaus von Petra nach dem westlichen Durchbruch des wādi mūsa, dem sijar, zu, ist ein Bergzug vorgelagert, welcher das Stadtgebiet beherrschte, der Akropolisberg, el-ḥabìs. Auf der Höhe liegen Trümmer einer Burg, an den Abhängen viele zerstörte Grabanlagen. Hier liegt nun westlich von der Burg und auf halber Höhe ein Opferplatz: um einen durch Stufen erhöhten Altar ein Triklinium und ein weiterer Vorplatz, von höheren Felswänden eingeschlossen. Es ist vermutlich eine Stätte zu Opfermahlzeiten und Gedächtnisfeiern wie die Opferstätte von Medresa. Mit der Bama auf dem Obeliskenberg ist es an Bedeutung keineswegs zu vergleichen.

Der letzte Sonnenglanz ist über die Berge ringsum ausgegossen. Das Abendrot wird immer leuchtender und intensiver im ganzen Umkreis, die Berge und die Felsen fangen an zu glühen, aus der Schlucht des sijar dringt es wie Feuerschein heraus. Dann suchen wir auf schon wohlbekannten Pfaden den Heimweg zu den Zelten. Wir waren zwölf Stunden unterwegs gewesen und einen großen Teil der Zeit auf ungebahnten Felspartieen umhergeklettert. Am nächsten Abend soll wieder im bāb es-siḳ gelagert werden. Wir gestehen uns ein, daß wir trotz aller Schönheiten Petras der Strapazen etwas müde sind.

31. März.

Ein Höhepunkt der Petratage sollte noch der Besuch des dschebel hārūn werden. Zu Pferd! Nach den Klettertouren der vergangenen Tage war es ein Hochgefühl, wieder in den Sattel steigen zu können. Die Pilgerstraße nach dem Aaronsberg zieht sich in großem Bogen südlich um die Berge herum. Wir ritten durch die Felspartieen der Südgräber, unter denen sich das Schlangenmonument heraushebt. Der Weg führt auf glatten Felsplatten hin durch recht schwierige Passagen. Vor uns liegt das scharfe zackige Profil des Höhenzugs, welches den Berg Hor auf weite Entfernungen hin charakteristisch auszeichnet. Immer zahlreicher werden am Wege die kleinen Steinhäufchen, welche pilgernde Moslems zum Zeugnis angesichts des Heiligtums aufgerichtet haben. Der Rücken des Berges ist durch eine Einsattelung in zwei Gipfel gespalten. Auf dem einen liegt das Heiligtum mit dem Grabe Aarons. Wir stiegen die letzte steile Kuppe des Bergs zu Fuß hinauf, zuletzt in einem Riß des Berges auf gewundenem steilen Pfad, in den Stufen eingehauen waren, über Wölbungen einer Zisterne hinweg. Das Weli, das von ferne so reizend den Berggrat ziert, ist weder äußerlich noch innerlich irgendwie besonders bemerkenswert ausgestattet. Über einem massiven quadratischen Quaderbau eine weißgetünchte Kuppel. Vom Dach des Weli hat man eine herrliche Fernsicht. Der Eingang zum Grab liegt auf der Westseite. Die Tür war durch einen rohen Lattenverschlag verschlossen. Man sah genug vom Innern durch seine Ritzen. In einem Kreuzgewölbe steht der Sarkophag, in der Weise mohammedanischer Gräber am Kopf- und Fußende verziert und mit einem Tuch bedeckt.

Vom Dache des Weli aus lag die Felsenwelt und Gräberwelt von Petra wie eine ausgebreitete Landkarte vor uns. Im Osten das breite Tal, durch das wir beim Abstieg nach Petra von der Hochebene herabgekommen sind. Nach Norden zu schoben sich die nach der ʿaraba abfallenden Bergketten wie Kulissen unter einem Schleier — die Aussicht war etwas getrübt — reihenweise voreinander bis in die Gegend des wādi ḍāna, wie ein vom Sturme erregtes und in hohen Wogen gehendes Meer. Vor uns im Westen breitete sich die Wüste aus mit ihren gelbbraunen Farben und den breiten, träge im Wüstengeröll verlaufenden Tälern. Deutlich erkennt man den Lauf des mächtigen wādi ed-dscherāfe, welches die „Wüste der Wanderung" von der ʿaraba trennt. Bei klarem Wetter soll man vom Berge Hor die Spitzen des Sinai erkennen. Nach Süden zu verliert sich der Blick in der Richtung auf Ezeon Geber und ʿaḳaba.

Der Berg Hor ergibt einen festen Anhaltspunkt für die Vorstellungen von der Wüstenwanderung der Israeliten. Hier sind wir an der Edomitergrenze. Von Kades — das dann freilich kaum in der weit westlich gelegenen ʿēn ḳudēs, wie jetzt geschieht, gesucht werden darf — zieht das Volk auf den Berg Hor. Moses und Aaron besteigen den Berg mit Eleasar, der seine feierliche Investitur als Aarons Nachfolger erhält. Aaron aber stirbt auf dem Berge und wird hier begraben. Und das Volk trauert um ihn dreißig Tage (4. Mos. 20, 22 ff.). Von den folgenden Lagerstätten lassen sich einige mit Sicherheit identifizieren. Oboth ist im Namen der ʿēn wēbe weiter nördlich erhalten. Phunon ist in fēnān wiedergefunden. Der Bach Sered ist das wādi el-aḥsa, die Grenze der Moabiter, und der Arnon das wādi-l-mōdschib. Vom wādi-l-mōdschib an nördlich am Toten Meer hin zieht sich das Gebirge Abarim.

Der Abstieg vom Berge Hor war für uns ein wichtiger Einschnitt der Reise. Wir hatten die äußerste Grenze unserer Route überschritten.

und es war wie ein Beginn der Heimreise. Unsere Pferde ließen wir, als wir den Akropolisberg wieder erreicht hatten, zu den Zelten gehen, um die Höhen und Heiligtümer des wādi el-hīsche zu durchforschen. Oben in einer Schlucht vor dem Turkmanengrab auf der Höhe stieß ich auf einen heiligen Platz mit Opferstätte und Kammern, zu dem von zwei Seiten auffällig gut erhaltene Treppen hinaufführten. Die Zeit war zu kurz, um die Anlage genau zu bestimmen und auszumessen. Wir durchquerten die Thalmulde und stiegen über die flache Erhebung zum wādi el-meṭāḥa. Hier gerieten wir, schon in der Dämmerung, in eine von Wasser gesperrte enge Schlucht mit zahllosen Nischen an den Wänden, zum Teil in den merkwürdigsten Formationen, aber durch sorgfältige Arbeit ausgezeichnet. Unser beduinischer Führer war über den Aufenthalt wenig erfreut. Er rief unablässig: die Sonne geht unter. Und er hatte mit seinen Warnungen recht. Die Heimkehr im Dunkel war nicht unbedenklich. Hätten wir nicht den matten Schimmer der Viertelmondsichel gehabt, so wäre die Gefahr beträchtlich gewesen. Die Felsmassen von el-chubṯe trennten uns von unserem Lager. Wir mußten sie nach Norden und Osten zu umgehen — von ferne sahen wir die Ruinen des Kreuzfahrerschlosses el-wuʿēra — um dann über das Hochplateau der weißgrauen Gesteinmasse von rückwärts in das wādi mūsa am bāb es-sīḳ zu gelangen. In der Erinnerung gehört dieser Heimweg zu den unvergeßlichen Eindrücken von Petra. Der Beduinenpfad ging zum Teil in den Rinnen einer Wasserleitung, dann durch eine Felsspalte aufwärts, die durch Berge von grauen, kahlen und glatten Riesenblöcken gesperrt war, daß wir uns im Dunkel nur hindurchtasten und mit den Füßen Schritt für Schritt Halt suchen mußten. Als wir aus der Felsenge heraustraten, befanden wir uns auf einer sanft ansteigenden Hochebene, die von glattem weißen Sandstein gebildet war. Der matte Schein des Mondes warf ein magisches Licht über das bläulich schimmernde Gestein. Es war als ob die Steinmassen in schwerem Fluß zu einem steinernen Gletschermeer erstarrt wären. Rührend war die Sorgfalt des Beduinen, der wie ein treuer Hirt auf seine Herde achtete und immer abzählte, ob wir auch alle beisammen wären. Es war uns feierlich zumute in dieser überwältigend großartigen Umgebung. Aber wir freuten uns doch von Herzen, als wir von Ferne die Lagerfeuer blinken sahen und die müden Glieder in den Zelten ausstrecken konnten. An solchen Tagen kam es wohl vor, daß schon bei der Abendmahlzeit und vor der Andacht, in der wir uns allabendlich mit den Unsern im Gedenken vor Gott begegneten, der Schlaf wie ein gewappneter Mann einen oder den anderen von der Tafelrunde überfiel.

1. April.

Abschied von Petra! Noch einmal ging an einem unvergleichlich klaren Morgen die ganze Schönheit der letztvergangenen Tage an uns vorüber, denn wir beschlossen in letzter Minute, den Weg nach el-bêḍa und el-bâred von Petra aus zu gewinnen, mußten also noch einmal durch den sîk, am Theater vorüber, und durch das wâdi el-hîsche. Das Thermometer zeigte nur 6½°. Die Luft war blitzklar. Die Morgensonne schaute strahlend über die höchsten Spitzen der Felsen, welche den sîk begrenzen. El-chazne lag da wie ein Schloß im Märchen, als ob das Gestein von innen heraus glühte. Wir waren wohl auch besonders aufnahmefähig, hoch zu Roß und ohne Ermüdung durch vorhergegangene Klettertouren. Es glückte uns, unter den Trümmern der Stadt nicht nur das schon durch Reproduktion bekannte Relief des Schlangen würgenden Knaben zu finden, sondern auch noch zwei zusammengehörige Bruchstücke einer gleichen Darstellung, die wir mit großer Mühe aus der Erde gruben, um sie zum Photographieren nebeneinander zu stellen. Auch eine neulich vergeblich gesuchte große Opferstätte mit drei Triklinien und einer Kammer fanden wir jetzt mühelos. Das wâdi el-hîsche zieht sich aufwärts nach den Höhen von el-bêḍa im Norden. Die weißen Sandsteinberge verlieren sich in der Ebene als vereinzelte Bodenerhebungen. Auf der breiten Fläche zwischen den Ausläufern des Gebirges zur Rechten und Linken sind die Spuren einer Römerstraße zu verfolgen. Noch einmal gewinnt das Terrain den Charakter eines geschlossenen Gebirgszuges. Nach Westen zweigt die Schlucht el-bârid ab, ein sîk im kleinen. Sie endigt am westlichen Ausgang in einem hohen Treppenaufgang, der nach der Seite der ʿaraba zu wieder abfällt. Die großen Kammern in den Felswänden der Schlucht mögen Handelszügen als Zuflucht gedient haben, obwohl es ursprünglich Grabanlagen gewesen sind.

Hier verläßt uns unser bewährter Führer, nachdem er sich als Bachschisch noch den Kaufpreis einer Kaffeekanne gesichert hat. Bald beginnt der Aufstieg auf die Höhen von esch-schera. Immer schöner und umfangreicher wird der Rückblick auf die Bergzüge von Petra. Am Scheidewege auf der Höhe geht der Blick weit hinaus bis zu den Bergen von ʿaḳaba im Süden, über die Wüste eṭ-ṭîh und die ʿaraba bis zum dschebel usdum. Deutlich hebt sich vom Spiegel des Toten Meeres die Halbinsel ab. Wir sehen noch einmal im Überblick unsere ganze Reise. Von Westen her bläst uns ein starker Wind an, der Vorbote schlimmer Tage, während wir etwa zwei Stunden am Abhange des Hochplateaus von esch-schera hinaufreiten. Zur Rechten rauschen Eichen mit stattlichen Kronen, die fast so dicht wie ein Wald stehen, lange vermißte heimatliche

Klänge. Zur Linken steigen die zackigen Bergwände aus der ʿaraba herauf. Unter dem eisig wehenden Wind verstummt allmählich das Zwiegespräch. Der Weg kreuzt die Straße, auf der wir von ʿōn nedschl aus den Zugang nach Petra gewannen, und führt uns in der einförmigen Talmulde der Quelle von nedschl zu unserem früheren Lagerplatz zurück. Bei Sternenhimmel und Mondenschein wird es eine bitter kalte und stürmische Nacht. Der Wind schlägt an die Zeltwände, die über den Betten flattern, und das Thermometer sinkt auf 2° herab. Die Glanztage der Reise sind vorüber. Wir haben ein seltenes Wetterglück genossen und können nun auch einige Sturmtage vertragen.

E. S. Mittler & Sohn, Berlin SW., Kochstr. 68–71.

Lightning Source UK Ltd.
Milton Keynes UK
UKHW020712050119
334854UK00004B/243/P